高速铁路
自密实混凝土技术

李化建 ● 编著

化学工业出版社

·北京·

本书以高速铁路为工程背景，以自密实混凝土在板式无砟轨道中的应用为立足点，从板式无砟轨道用自密实混凝土技术要求、自密实混凝土性能表征评价技术、基于施工性能的自密实混凝土配制技术、自密实混凝土施工技术、面向全过程的自密实混凝土质量控制技术以及自密实混凝土常见问题与对策等方面，系统地阐述了高速铁路自密实混凝土应用过程的基础理论问题、应用技术问题以及标准规范问题，旨在推进自密实混凝土在高速铁路工程以及其他领域现浇混凝土结构中的规模应用。

本书力求从工程现场问题入手来解决高速铁路自密实混凝土应用过程的技术难题，实用技术与基础理论并重，内容丰富，图文并茂，可供铁路、建材、建筑、交通、水利工程及相关专业设计、研究、试验、施工与监理等方面技术人员以及大专院校师生学习参考。

图书在版编目（CIP）数据

高速铁路自密实混凝土技术/李化建编著. —北京：化学工业出版社，2018.9
ISBN 978-7-122-32575-4

Ⅰ.①高… Ⅱ.①李… Ⅲ.①高速铁路-铁路施工-混凝土施工　Ⅳ.①U238

中国版本图书馆 CIP 数据核字（2018）第 149123 号

责任编辑：韩霄翠　仇志刚　　　　　　　　文字编辑：孙凤英
责任校对：宋　夏　　　　　　　　　　　　装帧设计：王晓宇　刘丽华

出版发行：化学工业出版社（北京市东城区青年湖南街 13 号　邮政编码 100011）
印　　刷：大厂聚鑫印刷有限责任公司
装　　订：三河市宇新装订厂
787mm×1092mm　1/16　印张 16¾　字数 379 千字　2018 年 11 月北京第 1 版第 1 次印刷

购书咨询：010-64518888　　　　　　　　　售后服务：010-64518899
网　　址：http://www.cip.com.cn
凡购买本书，如有缺损质量问题，本社销售中心负责调换。

定　　价：98.00 元　　　　　　　　　　　　　　　　　　版权所有　违者必究

序
Foreword

高速铁路工程建设质量问题是影响运营安全和效率效益的重大问题，一些混凝土隐蔽工程的质量控制长期困扰着建设、施工和监理单位，尽管在管理上采取了强化的信息化手段和更为严厉的处罚措施，但是，质量隐患和安全风险依然存在。我在京沪高速铁路工作的时候，为解决 CRTS Ⅱ 型板式无砟轨道的板下 CA 砂浆充填层充填质量问题，先后开展揭板试验长达半年时间，虽然有的单位不断改进施工工艺，但试验的结果仍不理想。实质上这种无法振捣的板下砂浆层，施工工艺固然重要，更为重要的还是提升 CA 砂浆材料的性能，将施工工艺改进和配合比优化相结合，才能灌注出符合标准的充填层。所以，要解决隐蔽工程施工质量问题，不仅要加强管理、强化工艺，在材料上寻求保障也是非常必要的一条途径。

中国研发出 CRTS Ⅲ 型板式无砟轨道以后，板下灌注的自密实混凝土不仅要具有充填调整的作用，还要能和预制的轨道板紧密结合形成复合式结构，从而对自密实混凝土提出了更高的要求。尽管我们已经积累了 CA 砂浆充填层的工程经验，但是，与 CRTS Ⅰ 型、Ⅱ 型板不同的是，CRTS Ⅲ 型板下设置了门型钢筋和底层钢筋，自密实混凝土的可施工性就更为重要。近日，化建博士将其《高速铁路自密实混凝土技术》书稿送来并嘱我作序，认真阅读之后，对自密实混凝土的自身智能动力特性有了更深入的了解，并对化建博士提出的利用材料性能解决由施工因素导致的结构质量和耐久性问题表示认同。

化建博士在京沪高速铁路建设过程中，就高性能混凝土和道岔区板下自密实混凝土给我提供了很多帮助，后来他在盘营、沈丹、郑徐高速铁路 CRTS Ⅲ 型板式无砟轨道自密实混凝土方面作了大量的工作。《高速铁路自密实混凝土技术》一书是化建博士及其团队在高速铁路自密实混凝土方面的最新研究成果及其工程应用的总结与升华。该书从应用的角度去探讨理论问题，从标准的角度去规范应用过程的控制问题，体现了基础理论与应用技术及工程实践的统一，既有理论深度，又具实用价值，对大专院校相关专业师生、科研院所科技人员及工程技术人员具有重要的参考价值。

我和化建博士曾讨论过隧道衬砌混凝土问题，能否提升其自充填、自密实性能，以解决既有混凝土衬砌的不密实问题，对解决衬砌开裂掉块意义重大，化建博士正开展相关的研究。我相信，该书的出版对推进智能动力型混凝土在工程中应用意义重大。

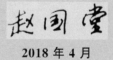

2018 年 4 月

前言

自密实混凝土因其高流动性、高填充性以及高间隙通过性等突出特点，被应用于钢筋比较密集以及振捣较为困难的混凝土结构中。自密实混凝土在高速铁路中的应用始于京津城际铁路无砟轨道的道岔区，并在 CRTSⅢ型板式无砟轨道中得以推广应用。高速铁路自密实混凝土层封闭结构空间与柔性隔离层基础的特殊使用场合以及自密实混凝土性能自身的高敏感性，决定了高速铁路高性能混凝土的复杂性以及规模施工的不可控性。基于现场施工人员对自密实混凝土知识的匮乏以及现浇结构自密实混凝土质量控制的难度大，因此萌生了写作《高速铁路自密实混凝土技术》一书的念头。

本书围绕着自密实混凝土在高速铁路无砟轨道结构应用中存在的问题，从板式无砟轨道自密实混凝土评价指标与标准（新拌混凝土、硬化混凝土以及实体结构）、原材料要求、配制与性能、施工技术、质量控制以及常见问题与对策等方面，系统阐述了高速铁路的自密实混凝土关键技术。第1章阐述了自密实混凝土的内涵与起源，分析了自密实混凝土敏感性内涵，重点讨论高速铁路与其他领域用自密实混凝土的异同，提出高速铁路自密实混凝土技术的关键难点。第2章根据高速铁路自密实混凝土层服役环境、结构特征以及施工方式等，分析自密实混凝土在模腔中的运动状态，提出了高速铁路新拌混凝土评价指标；从结构承载力、服役耐久性等方面，提出了自密实混凝土硬化体的评价指标；基于实体结构的客观真实模拟提出了自密实混凝土工艺性试验；阐述了国内外自密实混凝土性能指标的表征技术，并提出了自密实混凝土稳定性评定的新方法。第3章研究了原材料对自密实混凝土性能的影响规律，尤其是流变性能、稳定性能以及剪切变形性能等，根据技术可行、经济合理的原则，并结合我国高速铁路混凝土原材料生产控制水平，给出了高速铁路自密实混凝土用原材料的技术指标。第4章分析了国内外自密实混凝土配合比设计方法，综合考虑可操作性、可实施性，提出了基于性能的高速铁路自密实混凝土制备技术；阐述了配合比参数对自密实混凝土拌合物性能影响规律，揭示了自密实混凝土力学性能、收缩行为的时变规律，研究了自密实混凝土硬化体的抗氯离子渗透性及其抗冻性。第5章介绍了自密实混凝土生产质量控制技术，探讨了原材料波动对自密实混凝土性能的影响，提出了自密实混凝土用原材料均质性控制要求；研究了自密实混凝土生产过程的关键参数，提出了自密实混凝土生产过程投料顺序、搅拌时间以及搅拌功率等建议指标。第6章介绍了自密实混凝土施工过程关键环节，包括施工设备、施工工艺以及施工控制参数等，分析了施工工艺对自密实混凝土性能的影响，分施工前、施工过程以及施工后三个阶段，介绍自密实混凝土质量控制，重点强调容易造成自密实

混凝土性能敏感性因素的质量控制要点。第7章针对自密实混凝土原材料敏感性、温度敏感性、施工敏感性以及时间敏感性特征,结合高速铁路条状结构分布、自密实混凝土层结构隐蔽性特征、自密实混凝土需求分散等现实问题,以高速铁路CRTSⅢ型板式无砟轨道自密实混凝土层这一特殊结构,提出了高速铁路自密实混凝土"四固二强"的管理理念,即固定原材料、固化配合比、固化施工工艺、固化施工装备,强化工艺性试验和强化过程管理。第8章在分析自密实混凝土常见问题出现原因的基础上,结合实际工程案例,给出了自密实混凝土常见问题的解决途径。本书从理论的角度来阐述自密实混凝土中复杂的应用技术问题,其主要特点为以高速铁路为工程背景,力求做到理论联系实践,以科研成果为基础,实现技术与管理的有机结合。

本书在写作的过程中得到了中国铁路总公司赵国堂主任、中国铁道科学研究院谢永江研究员的鼓励与支持。感谢赵国堂老师对本书的写作风格、写作提纲提出的建设性意见以及为本书作序。感谢中国铁道科学研究院铁道建筑研究所领导的大力支持和帮助。特别感谢我的同事谭盐宾、易忠来、朱长华、杨鲁、李林香、仲新华等对自密实混凝土试验工作的辛勤付出,感谢我的学生黄法礼、王振、张勇、李亚龙、陶建强、孙德易等所做的大量试验研究工作和文字整理工作。自密实混凝土主要应用于京沪高速铁路、盘营客专铁路、武汉城际铁路、沈丹客专铁路以及郑徐高速铁路等工程,在此向所有建设单位与施工单位的辛勤劳动表示感谢。最后,感谢我的爱妻王聪慧与我的孩子,是他们给予我信念与力量。

本书是在国家自然科学基金项目"无砟轨道充填层自密实混凝土流动过程能量耗散机制研究"(51378499)、"混凝土施工过程流变行为及其微结构形成机制"(51578545)和铁道部科技开发计划项目"岔区板式无砟轨道自密实混凝土材料试验研究"(2009G022-A)等科研课题资助下取得的,特此致谢。本书的出版得到了化学工业出版社的支持,特此致谢!

本书参考了国内外相关文献资料,在此谨向这些文献作者们以及致力于自密实混凝土研究的学者们表示衷心的感谢!碍于自密实混凝土在高速铁路工程中应用较少、涉及专业较多,再加上作者学识水平有限,书中疏漏之处在所难免,敬请批评指正!

李化建

2018年4月

目录 Contents

1 绪论 1

1.1 自密实混凝土的起源与分类 / 2
1.2 自密实混凝土的特点 / 3
   1.2.1 自密实混凝土性能敏感性 / 3
   1.2.2 自密实混凝土的性能特点 / 4
   1.2.3 自密实混凝土的优势 / 5
   1.2.4 自密实混凝土可能存在的劣势 / 6
1.3 自密实混凝土规范性文件 / 7
   1.3.1 日本 / 7
   1.3.2 欧洲 / 7
   1.3.3 美国 / 7
   1.3.4 英国和德国 / 7
   1.3.5 中国 / 8
1.4 自密实混凝土在高速铁路工程中的应用 / 9
   1.4.1 CRTS Ⅱ型板式无砟轨道岔区 / 9
   1.4.2 CRTS Ⅲ型板式无砟轨道 / 9
1.5 自密实混凝土在高速铁路中应用存在的问题 / 9
1.6 自密实混凝土相关术语 / 11
参考文献 / 13

2 高速铁路自密实混凝土性能要求与评价技术 15

2.1 新拌自密实混凝土性能与评价技术 / 16
   2.1.1 新拌自密实混凝土性能要求与分类 / 16
   2.1.2 新拌自密实混凝土性能评价技术 / 19
2.2 新拌自密实混凝土稳定性的评价技术 / 27
   2.2.1 混凝土稳定性机理 / 27
   2.2.2 自密实混凝土稳定性评价方法 / 31
   2.2.3 自密实混凝土静态稳定性影响因素 / 39
   2.2.4 简化柱状法表征自密实混凝土静态稳定性 / 45
   2.2.5 自密实混凝土工作性能与其静态稳定性间的关系 / 49
2.3 高速铁路自密实混凝土拌合物性能评价指标 / 55
   2.3.1 无砟轨道自密实混凝土层结构特点 / 55

2.3.2 高速铁路无砟轨道自密实混凝土施工方法 / 59
2.3.3 高速铁路自密实混凝土评价指标 / 61
2.4 高速铁路自密实混凝土硬化体性能评价指标 / 62
2.5 高速铁路自密实混凝土工艺性试验评价指标 / 63
　2.5.1 自密实混凝土工艺性试验的目的 / 63
　2.5.2 自密实混凝土工艺性试验评价指标 / 63
2.6 自密实混凝土工作性能的模拟 / 65
参考文献 / 66

3 自密实混凝土用原材料

69

3.1 自密实混凝土与高性能混凝土用原材料的异同 / 70
　3.1.1 相同点 / 70
　3.1.2 不同点 / 70
3.2 原材料对自密实混凝土工作性能的影响 / 72
　3.2.1 粗骨料最大粒径 / 72
　3.2.2 细骨料 / 73
　3.2.3 功能型外加剂 / 75
　3.2.4 矿物掺合料 / 78
3.3 原材料对自密实混凝土流变性能与剪切变形行为的影响 / 78
　3.3.1 胶凝材料组成 / 79
　3.3.2 粗骨料最大粒径 / 82
　3.3.3 黏度改性材料类型 / 84
　3.3.4 小结 / 87
3.4 自密实混凝土用原材料技术要求 / 87
　3.4.1 水泥 / 87
　3.4.2 矿物掺合料 / 88
　3.4.3 细骨料 / 91

3.4.4　粗骨料 / 92
　　3.4.5　减水剂 / 94
　　3.4.6　引气剂 / 94
　　3.4.7　黏度改性材料 / 95
　　3.4.8　膨胀剂 / 97
　　3.4.9　拌合水 / 97
　　3.4.10　纤维 / 98
参考文献 / 98

4 自密实混凝土的配制与性能

4.1　**自密实混凝土配合比设计方法** / 102
　　4.1.1　配合比设计方法 / 106
　　4.1.2　配合比设计关键参数 / 109
4.2　**配合比参数对自密实混凝土工作性能的影响** / 113
　　4.2.1　单位粉体含量 / 113
　　4.2.2　含气量 / 114
　　4.2.3　砂率 / 115
4.3　**配合比参数对自密实混凝土剪切变稠性能的影响** / 116
　　4.3.1　水胶比 / 116
　　4.3.2　坍落扩展度 / 121
　　4.3.3　含气量 / 124
　　4.3.4　粗骨料体积分数 / 126
　　4.3.5　小结 / 128
4.4　**自密实混凝土的力学性能** / 128
　　4.4.1　原材料与配合比参数对自密实混凝土强度的影响 / 131
　　4.4.2　自密实混凝土抗压强度发展规律 / 134
　　4.4.3　自密实混凝土抗折强度发展规律 / 136
　　4.4.4　自密实混凝土弹性模量发展规律 / 138
　　4.4.5　自密实混凝土抗压强度和抗折强度、弹性模量之间的关系 / 139
　　4.4.6　自密实混凝土的黏结强度 / 142

4.5　自密实混凝土的体积稳定性 / 142
　　4.5.1　塑性阶段收缩变形性能（塑性收缩）/ 142
　　4.5.2　竖向塑性收缩率 / 146
　　4.5.3　硬化阶段收缩变形性能（干缩变形和自身收缩变形）/ 147
4.6　自密实混凝土的耐久性能 / 153
　　4.6.1　抗氯离子渗透性能 / 153
　　4.6.2　抗盐冻性能 / 155
　　4.6.3　抗水冻性能 / 155
4.7　自密实混凝土配合比参数要求 / 158
　　4.7.1　自密实混凝土配合比组成耐久性要求 / 158
　　4.7.2　自密实混凝土配合比参数要求 / 159
4.8　新型自密实混凝土材料 / 162
　　4.8.1　高强自密实混凝土 / 162
　　4.8.2　高聚物自充填混凝土 / 164
参考文献 / 168

5

高速铁路自密实混凝土生产质量控制技术

171

5.1　自密实混凝土的生产 / 172
　　5.1.1　自密实混凝土性能要求与控制 / 174
　　5.1.2　自密实混凝土原材料管理 / 178
　　5.1.3　自密实混凝土搅拌 / 181
　　5.1.4　工艺性试验 / 183
　　5.1.5　现场验收 / 184
5.2　搅拌方式对自密实混凝土流变性能的影响 / 184
　　5.2.1　投料顺序 / 184
　　5.2.2　搅拌时间 / 187
　　5.2.3　搅拌速率 / 189
5.3　小结 / 192
参考文献 / 192

6 高速铁路自密实混凝土施工质量控制技术 195

6.1 自密实混凝土的施工工艺 / 196
  6.1.1 自密实混凝土的施工工序 / 196
  6.1.2 自密实混凝土的灌注工艺 / 199
6.2 模板技术 / 201
  6.2.1 模板要求 / 201
  6.2.2 模板创新技术 / 202
6.3 自密实混凝土的输送技术 / 205
  6.3.1 外部输送技术 / 205
  6.3.2 内部输送技术 / 206
6.4 施工质量控制关键技术 / 208
  6.4.1 施工前质量控制 / 208
  6.4.2 施工中质量控制 / 211
  6.4.3 施工后质量控制 / 212
6.5 CRTSⅢ型无砟轨道自密实混凝土特殊季节施工控制 / 214
  6.5.1 自密实混凝土冬季施工管理 / 214
  6.5.2 自密实混凝土夏季施工管理 / 216
6.6 CRTSⅢ型无砟轨道自密实混凝土智能化灌注设备研究 / 219
  6.6.1 自密实混凝土智能化灌注车功能的确定 / 219
  6.6.2 自密实混凝土智能化灌注车的研制 / 220
参考文献 / 222

7 高速铁路自密实混凝土应用管理技术 223

7.1 自密实混凝土施工质量控制要点 / 224
7.2 固定自密实混凝土材料 / 227
  7.2.1 固定自密实混凝土原材料 / 227
  7.2.2 固定自密实混凝土配合比 / 228
7.3 固化自密实混凝土施工 / 229
  7.3.1 固化自密实混凝土生产 / 229
  7.3.2 固化自密实混凝土施工工艺 / 231
7.4 固化自密实混凝土施工人员 / 231
  7.4.1 细化人员分工 / 231
  7.4.2 强化人员培训 / 232

7.4.3 实施一把手负责制 / 232
7.5 强化自密实混凝土工艺性试验 / 232
7.6 强化自密实混凝土施工过程检测 / 233
 7.6.1 强化过程检查 / 233
 7.6.2 树立重检慎修理念 / 233

8 自密实混凝土常见问题与对策

8.1 自密实混凝土常见问题的汇总 / 236
 8.1.1 日本对自密实混凝土技术问题总结 / 236
 8.1.2 欧洲相关规范对技术问题总结 / 240
8.2 高速铁路自密实混凝土拌合物性能常见问题与对策 / 242
 8.2.1 拌合物流动性不足 / 243
 8.2.2 自密实混凝土离析和泌水 / 244
 8.2.3 自密实混凝土气泡上浮 / 245
 8.2.4 自密实混凝土工作性能快速损失 / 245
 8.2.5 自密实混凝土工作性能返大 / 246
 8.2.6 自密实混凝土超缓凝 / 247
8.3 高速铁路自密实混凝土硬化体的问题与对策 / 248
 8.3.1 自密实混凝土充填层表面泡沫层 / 249
 8.3.2 离缝（自密实混凝土与上部结构分离）/ 249
 8.3.3 自密实混凝土的收缩裂缝 / 250
 8.3.4 自密实混凝土的塑性开裂 / 251
 8.3.5 自密实混凝土表面工艺性气泡 / 252
 8.3.6 浮浆层 / 252
 8.3.7 充填层表面水纹 / 253
 8.3.8 充填层贯穿孔 / 254
 8.3.9 充填层灌注不饱满 / 254
 8.3.10 充填层四周疏松多孔 / 255

参考文献 / 256

1 绪论

自密实混凝土是指拌合物具有高流动性、高间隙通过性和高抗离析性，浇筑时仅靠其自重作用而无需振捣便能均匀密实成型，且硬化体具有和传统振捣混凝土相当的力学性能、耐久性能以及体积稳定性的混凝土[1,2]。自密实混凝土是一种具有极高工作性能的混凝土，虽然没有从流动性指标上来定量描述自密实混凝土，但通常将坍落扩展度大于550mm的混凝土称为自密实混凝土，如图1.1所示。

图1.1 自密实混凝土

本章将主要介绍自密实混凝土的定义、历史沿革及其分类，阐述自密实混凝土敏感性的内涵，基于自密实混凝土的性能特点分析自密实混凝土的优势和潜在的劣势；介绍自密实混凝土在高速铁路工程中的应用现状，重点讨论自密实混凝土在高速铁路工程应用中存在的问题。并针对板式无砟轨道自密实混凝土层的封闭空间，探讨板式无砟轨道用自密实混凝土的新要求，在分析国内外自密实混凝土共性问题的基础上，总结出高速铁路自密实混凝土技术的关键难点。

1.1 自密实混凝土的起源与分类

20世纪80年代初，混凝土结构的耐久性问题在日本引起了广泛的关注，究其原因是日本施工企业熟练技术工人减少而导致混凝土施工质量下降。1986年，日本东京大学冈村甫教授提出研制无需振捣、仅靠混凝土自重作用便能密实充填到模板每一个角落的混凝土，这便是自密实混凝土思想的起源[3,4]。1988年，冈村甫教授在东京大学采用市售原材料开发的第一号"不振捣的高耐久性混凝土"，并确认了该混凝土自身收缩、干缩、水化热以及硬化后的强度和致密性等综合性能与传统振捣混凝土相当。1996年，冈村甫教授在美国德克萨斯大学讲学时，将该混凝土称为自密实高性能混凝土[3]。

自密实混凝土得到一致认可的分类方法是按照配制技术进行分类，按照配制技术的不同可将自密实混凝土分为三类，即粉体系自密实混凝土、黏度改性系自密实混凝土以及粉体-黏度改性复合系自密实混凝土。标准中按扩展度将自密实混凝土分为三类，即SF1（550～650mm）、SF2（660～750mm）和SF3（760～850mm），对于扩展度为SF3级别的自密实混凝土，石子最大粒径不大于 16mm。

1.2 自密实混凝土的特点

1.2.1 自密实混凝土性能敏感性

自密实混凝土高粉体用量、高外加剂用量、低水胶比、低骨料用量的配合比特征以及高流动性决定了自密实混凝土的主要性能特点为高敏感性，具体表现为原材料敏感性、温度敏感性、施工敏感性以及时间敏感性。

(1) 原材料敏感性

原材料敏感性是指与传统振捣混凝土相比，自密实混凝土的性能（尤其是拌合物性能）受原材料质量波动影响较大。原材料质量波动包括两个方面，一是不同批次原材料之间的稳定性；二是同一批次原材料不同部位之间的均质性。针对不同批次原材料，应控制不同批次原材料性能指标的波动在一定范围内。第二种情况多发生于骨料和外加剂，对于骨料而言，骨料堆不同部位的细颗粒含量与含水率会存在一定差异；对于外加剂而言，主要是由于沉淀而导致不同部位外加剂的浓度不同。以细骨料含水率为例，当细骨料含水率变化1%时，混凝土中的单方用水量将变化6～10kg；当细骨料含水率增加1%时，自密实混凝土会出现离析泌水；当细骨料含水率减少1%时，自密实混凝土流动性变小，就会无法满足自密实的效果。《欧洲自密实混凝土指南》提出了新拌混凝土稳健性（robustness）的概念，一种设计较好的自密实混凝土，当用水量变化范围为5～10kg/m^{3}时，新拌自密实混凝土的性能不能超出自密实混凝土拌合物规定的目标等级[1]。有学者在系统研究砂率、粉煤灰掺量、胶集比、单方用水量及外加剂用量波动对自密实混凝土工作性和强度影响的基础上，确定了其投料精度控制范围，得出了骨料的波动对自密实混凝土质量影响较大的结论，并提出了骨料（砂和石）控制精度应在0.9%以内，这比普通混凝土要求的2%要高得多[5]。

(2) 温度敏感性

温度敏感性是指自密实混凝土拌合物性能随温度变化而产生大幅度的变化。自密实混凝土的核心是其拌合物的自密实性能，由于自密实混凝土中胶凝材料用量较大、外加剂用量也较大，当环境温度较高或者原材料的温度较高时，会加快水泥的水化以及外加剂减水作用的发挥，自密实混凝土的工作性能也将随着温度的提高而加快损失，无法满足自密实的流动性需求。当环境温度较低时，由于外加剂在低温下发挥减水作用所需时间较长，自密实混凝土的工作性能可能出现"返大"现象，在冬季施工或者气温骤降时，一定要注意自密实混凝土工作性能的低温敏感性。因此，在自密实混凝土温度敏感性控制过程中，要确保自密实混凝土拌合物的入模温度为5～30℃[6]。

(3) 施工敏感性

施工敏感性是指自密实混凝土拌合物性能经现场输送（泵送、自卸等）前后发生显著变化的特性。施工对自密实混凝土性能的影响主要表现为两个方面。一是泵送对自密实混凝土流动性能的影响，通常而言，泵送会降低自密实混凝土的流动性，但由于自密实混凝土黏度较大,泵送自密实混凝土所需的压力也较大。二是自密实混凝土对模板的要求较高,由于自密实混凝土极高的工作性能,近似流体,一方面自密实混凝土对模板支撑刚度的要求很高,自密实混凝土对模板的侧压力增加,所以必须提高模板的支撑刚度;另一方面,自密实混凝土对模板的密封性要求很高,密封不好的模板经常会出现漏浆现象。当采用泵送施工时,一定要通过模拟试验来验证施工工艺,主要验证泵送后自密实混凝土的流动性能否满足施工要求,泵送后的含气量能否满足耐久性要求。通常而言,泵送会降低自密实混凝土的流动性,但对含气量的影响还没有定论[7,8]。

(4) 时间敏感性

时间敏感性是指自密实混凝土搅拌完成后,拌合物工作性能随时间非线性变化,导致一段时间后工作性能显著降低,无法实现自密实功能。这也是由混凝土的半成品特性所决定的,混凝土不是我们的最终目标,而满足设计要求的结构才是我们所追求的最终目标。好的结构需要材料与施工的密切配合,对于传统振捣混凝土而言,当材料满足要求时主要是由人为因素影响较大的施工所决定的,而对于自密实混凝土而言,材料性能和施工效果都是靠自密实混凝土自身性能来实现,一旦自密实混凝土的工作性能损失,就无法浇筑出满足设计要求的结构。自密实混凝土的时间敏感性决定了在施工过程中必须要有良好的施工衔接和施工组织,保障在可施工时间内完成自密实混凝土的施工。自密实混凝土搅拌到入模的时间应控制在120min以内,美国ACI协会编制的《自密实混凝土(Self-Consolidating Concrete)》(ACI 237R—07) 要求控制在90min以内[9]。

1.2.2 自密实混凝土的性能特点

(1) 新拌混凝土性能

自密实或自充填是自密实混凝土的显著特征,即不需要人工振捣,仅依靠其自重便能充填和密实。自重是自密实混凝土流动的源动力,因此自密实混凝土又被称为智能动力混凝土 (smart dynamic concrete)[10]。这就要求自密实混凝土具备足够的工作性能,但由此可能会带来由于用水量过大导致的收缩开裂、胶凝材料用量过大导致的温度应力以及骨料下沉而导致离析泌水等问题。

(2) 早龄期性能

早龄期性能关注的主要是避免自密实混凝土产生原始缺陷。自密实混凝土的使用,避免了人工漏振、过振等施工缺陷而引起的耐久性不足,对于有抗冻要求的引气混凝土而言,还会减少由于振捣而造成的混凝土含气量损失过大导致抗冻性不足的问题。但自密实混凝土与传统振捣混凝土一样,具有塑性收缩和塑性开裂的风险。对比自密实混凝土与传统振捣混凝土(强度等级为30~50MPa)塑性收缩开裂可知[11]:当蒸发速率适中(环境温度为20℃,相对湿度为50%),塑性开裂发生在凝固前及凝固过程中;当蒸发速率高(有风的条件),塑性开裂发生在塑性阶段,即在凝固之前;有风的条件下,自密实混凝土与传统振捣混凝土具有相似的塑性收缩和限制收缩,自密实混凝土开裂的宽度比传统振捣混凝土的要小;在蒸发速率较小的情况下,自密实混凝土具有比传统振捣混凝土高的塑性收缩,其原因是自密实混凝土泌水较少。

(3) 硬化体性能

硬化体性能是指混凝土要具有足够抵抗外部荷载、环境侵蚀以及抗裂的能力。混凝土的所有性能都是为了其硬化体结构能够满足设计要求，在设计使用年限内安全服役，因此自密实混凝土硬化体的性能必须具有足够的抵抗外部荷载和侵蚀的能力，这样才能确保自密实混凝土结构满足设计要求。所以，在自密实混凝土定义中特意强调自密实混凝土应具备与传统振捣混凝土相当的力学性能、耐久性能与体积稳定性。

1.2.3 自密实混凝土的优势

经过合理配合比设计与规范施工的自密实混凝土，由于独特的自密实特点，与传统振捣混凝土相比，具有无可比拟的技术与经济优势[1,9,10]。

(1) 节约人力与设备

自密实混凝土依靠自重充填成型，免去了混凝土振捣工序。自密实混凝土具有自流平功能，减少了对混凝土表面的抹面收光等工作，可以节省部分施工人员。另外，自密实混凝土施工不需要购买和维护振捣、抹面等施工设备，节约了设备的投入。

(2) 缩短施工工期

自密实混凝土施工受人为因素影响小，更为方便快捷。自密实混凝土的大流动特性减少了频繁移动泵管和混凝土搅拌车，节省施工时间。工程实践证明，采用自密实混凝土施工，可以提高混凝土浇筑速度，缩短工程总施工工期；另外，还可以避免由于施工设备故障所耽误的施工工期。

(3) 提高结构耐久性

自密实混凝土的应用减少了由于施工工人误操作或漏操作所引起的施工质量问题，特别是一些无法或难以进行浇筑和振捣的部位。这不仅能解决传统振捣混凝土施工过程中的漏振、过振以及钢筋密集部位难以振捣的问题，还避免了由于振捣不足而引起的空洞、蜂窝、狗洞、麻面等质量缺陷，可保证钢筋、预埋件、预应力孔道的位置不因振捣而移位，显著提高了结构的耐久性。

(4) 设计灵活度大

自密实混凝土可用于传统振捣混凝土难以浇筑甚至无法浇筑的结构部位，可以浇筑成型形状复杂、薄壁和密集配筋的结构，因此提高了设计人员的设计空间，大大增加了结构设计的自由度和灵活度。

(5) 减少污染

自密实混凝土不需要振捣，大大减少了施工噪声，尤其对于一些需要强力振捣的结构部位，如纤维钢筋混凝土结构、预制结构等，在减轻噪声对施工工人危害的基础上，更有利于文明施工；另外，避免了振捣施工噪声对周围居民居住环境的影响，改善了施工工人的工作环境，确保了施工工地周围居民免受噪声的干扰。

(6) 社会和环境效益显著

与传统振捣混凝土相比，自密实混凝土配制需要粉体量更多，可以掺加大量的工矿业固体废弃物——如粉煤灰、矿渣粉、石粉等，具有显著的社会和环境效益。

1.2.4 自密实混凝土可能存在的劣势

自密实混凝土的配合比与传统振捣混凝土最大的区别是自密实混凝土中粉体含量较多，而骨料含量相对较少，如图1.2所示。由于过分追求工作性能，或采取的制备技术途径不当，致使自密实混凝土可能存在以下劣势。

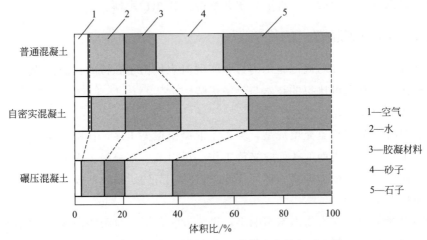

图1.2　不同类型混凝土各组分体积含量相对比较

① 水化热高：自密实混凝土设计技术路线之一是依靠增加胶凝材料或粉体用量来提高混凝土的工作性能，从而实现混凝土的自密实和自充填特性。这种制备方法往往由于胶凝材料的使用量过大，造成自密实混凝土水化热增加，从而引起大体积自密实混凝土结构内部温升过高、内外温差过大，容易产生温度裂缝。

② 收缩大：自密实混凝土浆体含量通常为 $0.32\sim0.42m^3$，高于普通混凝土浆体含量（小于 $0.32m^3$），如图1.2所示。过多的浆体会增加自密实混凝土的干燥收缩和化学减缩，致使自密实混凝土发生收缩开裂的风险增大。

③ 成本高：在混凝土组分中胶凝材料成本最高，由于自密实混凝土使用较多的胶凝材料，其原材料成本会有所增加；另外，要使自密实混凝土具有高的流动性，需要添加高效减水剂，为确保自密实混凝土的高抗离析性，还需要根据具体情况，添加黏度改性剂（viscosity modifying admixture，VMA），这样势必会增加自密实混凝土的成本。

自密实混凝土潜在水化热高、收缩大等问题，可以通过配合比设计来解决。通过精心设计的自密实混凝土的温度应力和收缩应力基本与传统振捣混凝土相当。自密实混凝土的原材料成本比同强度等级的传统混凝土高50%～80%，但采用自密实混凝土节约了施工人员的费用、减少了固定设备的投资、节省了施工时间，其综合成本有可能降低。在国外预应力混凝土梁、大桥桥墩、桩基、箱式管道四种形式的结构中，达到与常规混凝土相当性能时，采用自密实混凝土施工可以节约总工程造价3%左右[7]。因此，自密实混凝土的劣势是可以通过技术途径来避免的，综合考虑材料、设备、施工、人员以及施工工期等因素，采用自密实混凝土结构的综合成本与传统振捣混凝土相当。

1.3 自密实混凝土规范性文件

日本土木学会于 2001 年颁布了《高性能自密实混凝土结构的设计和施工规范（Design and Construction Recommendations for Self-Compacting，High-Strength and High-Durability Concrete Structures）》，随后欧洲各国、美国和中国也相继颁布了关于自密实混凝土的规范性文件。

1.3.1 日本

日本土木学会编制了《高性能自密实混凝土结构的设计和施工规范》[12]，第一部分为自密实混凝土的介绍，第二部分为自密实混凝土配合比指南，第三部分为自密实混凝土制造与施工指南，第四部分为自密实混凝土标准检测方法。

1.3.2 欧洲

五个欧洲联盟组织（欧洲预制混凝土组织 BIBM、欧洲水泥协会 CEMBUREAU、欧洲预拌混凝土组织 ERMCO、欧洲混凝土外加剂协会联盟 EFCA、化学建材和混凝土体系欧洲联盟 EFNARC）于 2005 年颁布《自密实混凝土指南》[1]。该指南包括引言、范围、参考标准、术语与定义、工程特性（抗压强度、抗折强度、弹性模量、徐变、收缩、热膨胀系数、与钢筋和预应力钢丝的黏结强度、剪切能力、耐火性、耐久性等）、预拌合现场拌合自密实混凝土要求、组成材料、混合料、预拌合现场拌合混凝土生产、现场要求、现场浇筑与处理、预制混凝土生产、外观与表面处理等，共有 13 章内容。

1.3.3 美国

美国混凝土协会于 2007 年编制了《自密实混凝土》（ACI 237R—07）[9] 报告，主要包括引言、新拌混凝土性能、硬化混凝土性能、自密实混凝土配合比选择指南、生产、运输浇筑和抹面、自密实混凝土指南和测试方法八个部分。另外，美国材料与试验协会（ASTM）编制了自密实混凝土工作性能的检测方法。

1.3.4 英国和德国

欧洲标准委员会（CEN）于 2010 年编制了《自密实混凝土补充规则》（Concrete Part 9：Additional Rules for Self-Compacting Concrete，BS EN 206-9：2010）[13]，给出了自密实混凝土的定义、组成材料、新拌混凝土与硬化混凝土性能、自密实混凝土组成物限值、自密实混凝土规格、工程生产控制程序以及一致性要求等。该标准中根据自密实混凝土工作性能对其进行分类，如表 1.1 所示。另外，欧盟标准《Testing Fresh Concrete Consists》（EN 12350）编制了系列新拌自密实混凝土性能测试方法。

表1.1 自密实混凝土规格

等级	分类依据	限值	备注
SF1	坍落扩展度/mm	550~650	坍落扩展度等级不适用于最大骨料粒径大于40mm的混凝土
SF2	坍落扩展度/mm	660~750	
SF3	坍落扩展度/mm	760~850	
VS1	t_{500}/s	<2.0	黏度等级不适用于最大骨料粒径大于40mm的混凝土
VS2	t_{500}/s	≥2.0	
VF1	V形漏斗流出时间/s	<9.0	黏度等级不适用于最大骨料粒径大于22.4mm的混凝土
VF2	V形漏斗流出时间/s	9.0~25.0	
PL1	L形仪(H_2/H_1)	≥0.80(2个螺纹钢筋)	通过能力等级的规定可以被可选择最小值取代
PL2	L形仪(H_2/H_1)	≥0.80(3个螺纹钢筋)	
PJ1	J环高差/mm	≤10(12个钢筋)	通过能力等级规定可以被最大可选值代替;不适用于最大骨料粒径大于40mm的混凝土
PJ2	J环高差/mm	≤10(16个钢筋)	
SR1	离析比例/%	≤20	抗离析能力等级规定可以被最大可选值代替;不适用于掺纤维或轻骨料混凝土
SR2	离析比例/%	≤15	

1.3.5 中国

中国土木工程学会于2004年颁布了《自密实混凝土设计与施工指南》（CCES 02—2004）[14]，规定了自密实混凝土性能与配制、自密实混凝土结构设计、自密实混凝土设计与施工以及自密实混凝土质量检验与验收等。中国工程建设标准化协会于2006年颁布了《自密实混凝土应用技术规程》（CECS 203：2006）[15]，规定了自密实混凝土用原材料、自密实混凝土性能（自密实性能等级、硬化自密实混凝土性能）、自密实混凝土配合比设计、生产与运输、施工以及质量检验与验收等。随着自密实混凝土的推广应用，我国铁路、建工、水工、核电等不同行业陆续制定了自密实混凝土相关标准，如表1.2所示。在新颁布的《普通混凝土拌合物性能试验方法标准》（GB/T 50080—2016）中将测试自密实混凝土工作性能的间隙通过性试验（J环试验）、漏斗试验、扩展时间试验、抗离析等纳入其中。

表1.2 不同行业自密实混凝土相关标准

序号	标准名称	标准号
1	高速铁路CRTSⅢ型板式无砟轨道自密实混凝土	Q/CR 596—2017
2	自密实混凝土应用技术规程	JGJ/T 283—2012
3	水工自密实混凝土技术规程	DL/T 5720—2015
4	核电厂自密实混凝土应用技术规程	NB/T 5720—2015

1.4 自密实混凝土在高速铁路工程中的应用

1.4.1 CRTSⅡ型板式无砟轨道岔区

自密实混凝土在我国高速铁路中的应用，始于京津城际铁路亦庄车站，亦庄车站 2/4#渡线道岔设计铺设 2 组 18 号板式无砟道岔。道岔下的充填层设计采用 C40 自密实混凝土（原设计文件中称为自流平混凝土），灌注采用重力式灌注方式，按每组道岔分别施工。自密实混凝土设计要求为：扩展度大于 700mm，28d 抗压强度大于 40MPa[16]。高速铁路板式无砟轨道岔区大规模使用自密实混凝土始于京沪高速铁路，京沪高速铁路共 16 个车站道岔区采用了自密实混凝土，并编制了《京沪高速铁路道岔板充填层自密实混凝土暂行技术要求》[2]、《京沪高速铁路道岔板充填层自密实混凝土现场工艺性实验管理实施细则》[17] 等，有效地指导了道岔区自密实混凝土的施工。另外，石武客专和京石客专也参照京沪高速铁路自密实混凝土技术要求，来配制自密实混凝土和指导自密实混凝土施工[18,19]；武广高铁花都车站道岔区也采用了 C40 自密实混凝土进行施工。

1.4.2 CRTSⅢ型板式无砟轨道

成灌铁路路基地段 CRTSⅢ型无砟轨道结构的充填层最早设计采用强度等级为 C40 的自密实混凝土，自密实混凝土层内配置 12mm 的构造钢筋网，钢筋纵横间距均为 200mm[20]。随后武汉城市圈铁路、盘营客专铁路、沈丹客专铁路、郑徐客专铁路等都设计采用 CRTSⅢ型板式无砟轨道，自密实混凝土层成为 CRTSⅢ型无砟轨道复合板中重要的结构部位，突破了自密实混凝土在现浇结构中规模应用的技术瓶颈。

1.5 自密实混凝土在高速铁路中应用存在的问题

高速铁路条状结构分布、无砟轨道自密实混凝土层封闭空间特征、自密实混凝土高敏感性以及自密实混凝土大规模施工技术储备少，决定了高速铁路用自密实混凝土的特殊性，有可能由此而产生工程质量缺陷，影响高速铁路无砟轨道工程结构耐久性及其服役寿命[21]。

(1) 应用空间发生变化引起对自密实混凝土性能要求的改变

应用空间的变化对自密实混凝土提出了特殊的要求，用于工业与民用建筑工程开放体系的自密实混凝土，应用于高速铁路自密实混凝土层，可能无法满足要求，其原因是高速铁路无砟轨道结构特征、施工方式以及辅助振捣方式便捷性等。与工业及民建结构不同，表 1.3 列举了自密实混凝土在高速铁路和工业与民用建筑使用的差异性以及存在的问题。

表 1.3 用于高速铁路和工业与民用建筑工程自密实混凝土特征及问题

序号	项目	工业与民用建筑	板式无砟轨道	存在问题
1	使用场合	开放体系	封闭体系	1.气泡无法排出； 2.多余浆体无法排出

续表

序号	项目	工业与民用建筑	板式无砟轨道	存在问题
2	基底情况	混凝土刚性基础	土工布柔性基础	混凝土流动摩擦力增加
3	阻碍条件	单因素阻碍（钢筋）	多重阻碍（门型钢筋、限位凹槽、钢筋网片等）	1. 增加混凝土流动阻力； 2. 增加混凝土离析的可能； 3. 增加骨料堵塞的可能
4	施工地点分布	集中分布	条状分布	1. 原材料控制难度大； 2. 运输距离长，要求混凝土具有足够的保坍能力； 3. 受气候环境影响大
5	灌注方式	自由流动	单点灌注	混凝土必须一次灌注到位，无补救措施
6	辅助振捣	可方便实施	不可实施	混凝土必须具备足够的自充填、自密实功能

（2）铁路条状结构分布与自密实混凝土对原材料敏感性之间的矛盾

高速铁路是一种条形结构，客观上必须穿越不同的环境区域，具有跨距大、作用环境复杂等特点[15]。不同地域原材料性能差异大与铁路混凝土用原材料必须就地取材之间的矛盾，是制约铁路混凝土配制最为关键的因素。另外，与常规振捣混凝土相比，自密实混凝土具有显著的原材料敏感性，尤其对砂、石含水率，这就要求高速铁路自密实混凝土原材料必须相对稳定和固定。

（3）搅拌站分散分布与自密实混凝土工作性能经时损失大之间的矛盾

高速铁路混凝土搅拌站多是沿铁路线分布，每几十千米设置一个混凝土搅拌站，这些常规搅拌站多为现浇结构混凝土服务，主要配制 C30～C50 的现浇混凝土和 C15 的水硬性支承层材料。自密实混凝土是以高工作性能为特征，并且这些高工作性是以浇筑现场为评价指标，并不是在搅拌站内的测试结果，有时自密实混凝土的运输时间会达到 2h，这就对自密实混凝土的工作性能的保持提出了很高的要求。

（4）自密实混凝土与常规振捣混凝土混用搅拌站

自密实混凝土与常规振捣混凝土混用搅拌站，如果两类混凝土所使用的原材料不同，就有可能出现两种问题，一是使用常规振捣混凝土原材料来配制自密实混凝土，如果所使用的外加剂不同，生产过传统振捣混凝土后，不进行清洗，就进行搅拌自密实混凝土，可能会出现外加剂相容性问题；如果使用品质要求比较低的原材料，就可能无法配制出满足工作性能要求的自密实混凝土。这在高速铁路岔区自密实混凝土施工时很可能遇到，因为板式无砟轨道路基上的道岔下充填层使用自密实混凝土，而路基支承层采用 28d 强度为 12～18MPa 的水硬性支承层材料，水硬性支承层原材料要求相对较低（如骨料含泥量、针片状含量、矿物掺合料等级、外加剂的品质等），使用支承层原材料不可能配制出自密实混凝土。另一种问题是搅拌参数设置问题，由于自密实混凝土中使用大量粉体材料，浆体黏度较传统振捣混凝土大，需要更长的搅拌时间，才能将自密实混凝土拌合物搅拌均匀，如果没有及时修改搅拌机的搅拌参数设置，就有可能出现质量问题。

（5）缺少自密实混凝土配制技术以及施工控制经验

自密实混凝土技术在高速铁路工程中的应用时间较短，大部分技术人员尚未掌握自密实混凝土制备和施工的关键技术，无法很好地解决自密实混凝土高流动性与高体积稳定性（少离析、少泌水）之间的矛盾。工程技术人员在进行自密实混凝土配合比设计时多以在传统振捣混凝土配合比基础上，通过简单提高胶凝材料用量、降低骨料体积含量的方式来配制自密实混凝土（如部分自密实混凝土胶凝材料总用量达到 650kg/m³ 及以上），如此高的胶凝材料用量会大大增加自密实混凝土材料的收缩变形，造成自密实混凝土层与道岔板或轨道板间出现离缝或充填层出现收缩裂缝，危及轨道结构的稳定性和可靠度，降低其服役寿命。

基于此，本书从全过程控制理念出发，从性能指标（目标值）的确定、原材料选择、配合比设计、施工控制、质量检验以及问题解决措施等方面阐述高速铁路自密实混凝土的基础理论与应用技术问题。

1.6 自密实混凝土相关术语

为方便理解，本节将介绍书中涉及的自密实混凝土的相关术语。

（1）自密实混凝土（self-compacting concrete）

拌合物具有高流动性、间隙通过性和抗离析性，浇筑时仅靠其自重作用而无需振捣便能均匀充填密实成型，并具有高耐久性和高体积稳定性的高性能混凝土。

（2）自密实性能（self-compacting ability）

浇筑时，混凝土拌合物仅依靠自身势能不需要任何辅助振捣便能均匀密实充填到模板的每个角落以及紧密握裹钢筋的能力。

（3）稳健性（robustness）

当原材料在性能及其比例发生小变化时，或者外界环境发生变化时，自密实混凝土能够保持其拌合物性能的容忍度。

（4）用水量敏感度（sensitivity of water dosage）

在满足目标要求的新拌自密实混凝土中额外加水时，不引起单方自密实混凝土产生离析泌水所能加入的最大水量。

（5）粉体材料（powder material）

自密实混凝土所用原材料中粒径小于 0.075mm 的颗粒，包括胶凝材料（水泥、粉煤灰、矿渣粉、硅灰等）、惰性矿物掺合料以及骨料中粒径小于 0.075mm 的颗粒。《欧洲自密实混凝土指南》中定义粉体材料为粒径小于 0.125mm 的颗粒。

（6）胶凝材料（cementitious material）

用于配制混凝土的水泥和活性矿物掺合料的总和。

（7）矿物掺合料（mineral admixture）

在混凝土搅拌过程中加入的，具有一定活性或惰性的、用于改善新拌合硬化混凝土性能的某些矿物类物质的总称。活性矿物掺合料包括粉煤灰、矿渣粉、硅灰等，惰性矿物掺合料包括石灰石粉、白云石粉、石英粉等。

(8) 水胶比（water to binder ratio）

混凝土拌合物中总用水量与具有活性胶凝材料总量的质量比。

(9) 水粉比（water to powder ratio）

单位体积混凝土拌合物中用水量与粉体用量的体积比或质量比。

(10) 浆体体积（paste volume）

混凝土中水泥、水、外加剂、矿物掺合料以及空气体积之和。

(11) 砂浆体积（mortar volume）

混凝土中除粗骨料以外所有组分的体积之和。

(12) 骨料密实体积（close-grained volume of aggregate）

单方混凝土中粗骨料实际所占体积。

(13) 骨料松堆积体积（accumulation volume of aggregate）

单方混凝土中粗骨料在松散堆积状态下的体积。

(14) 坍落扩展度（slump-flow）

自密实混凝土拌合物坍落扩展终止后扩展面相互垂直的两个直径的平均值，单位：mm。

(15) 扩展时间 t_{500}（slump-flow time）

自坍落度筒提起开始计时至自密实混凝土坍落扩展度达到500mm时经历的时间，单位：s。

(16) 障碍高差 B_J（blocking step B_J）

采用J环试验测试混凝土拌合物抗离析性时，混凝土扩展终止后，扩展面中心混凝土距J环顶面高度与直径300mm处混凝土距J环顶面高度的差值，单位：mm。

(17) L形仪通过能力 H_2/H_1（L-box passing ability）

采用L形仪测试混凝土拌合物间隙通过能力，当自密实混凝土静止时，测量L形仪两端混凝土的高度比，即 H_2/H_1。也有使用高度差来评价，即 H_1-H_2，单位：mm。

(18) V形漏斗流出时间（V-funnel flow time）

将自密实混凝土拌合物装满V形漏斗，从打开出料口盖子开始计时，记录混凝土拌合物全部流出出料口所经历的时间，单位：s。

(19) U形箱流动高度（U-channel height）

将自密实混凝土拌合物装满U形箱的一端，打开阀门，自密实混凝土从一侧经过阻碍流向另一侧，等混凝土静止后，检测自密实混凝土在另一侧上升的高度，单位：mm。

(20) 填充性（filling ability）

自密实混凝土拌合物在无需振捣的情况下，能均匀密实成型的能力。

(21) 间隙通过性（passing ability）

自密实混凝土拌合物均匀通过狭窄间隙的能力。

(22) 抗离析性（segregation resistance）

自密实混凝土拌合物中各种组分保持均匀分散的能力。

（23）触变性（thixotropy）

自密实混凝土静置时逐渐失去流动能力，但在外界力作用下能够重新获得流动性的能力。

参 考 文 献

[1] BIBM C，ERMCO，EFCA，et al. The European Guidelines for Self-Compacting Concrete [S]. 2005.
[2] 谢永江，李化建，等. Q/CR 596—2017，高速铁路 CRTSⅢ型板式无砟轨道自密实混凝土 [S]. 2017.
[3] Hajime Okamura M O. Self-Compacting Concrete [J]. Journal of Advanced Concrete Technology，2003，1：5-15.
[4] Hajime Okamura M O. Self-Compacting Concrete Development，Present Use and Future [C]. 1st International RILEM Symposium on Self-Compacting Concrete，1999.
[5] 赵庆新，孙伟，杨正辉，等.自密实混凝土生产投料控制精度研究 [J].建筑技术，2006，37（1）：52-54.
[6] 李化建，谢永江，等.京沪高速铁路道岔板充填层自密实混凝土暂行技术条件 [S]. 2010.
[7] Skarendahl P B. RILEM TC 188 Casting of Self Compacting Concrete [R]. RILEM Publications SARL，2006.
[8] 李化建.岔区板式无砟轨道自密实混凝土材料试验研究 [R].北京：中国铁道科学研究院，2011.
[9] Institute Concrete Institute. Self-Consolidating Concrete（ACI 237R—07）[R]. 2007.
[10] 安雪晖，黄绵松，大内雅博，等.自密实混凝土技术手册 [M].北京：中国水利水电出版社，知识产权出版社，2008.
[11] Loukili A，Turcry P. Evaluation of Plastic Shrinkage Cracking of Self-Consolidating Concrete [J]. ACI Materials Journal，2006，103（4）：170-180.
[12] JSCE. Design and Construction Recommendations for Self-Compacting Concrete [S]. Self-Strength Concrete and High-Durability Concrete，2001.
[13] BSI. BS EN 206-9 Additional rules for self-compacting concret [S]. UK：BSI Group，2010：1.
[14] 余志武，郑建岚，谢友均，等. CCES 02 自密实混凝土设计与施工指南 [S]. 北京：中国建筑工业出版社，2004.
[15] 高延继，安雪晖，赵霄龙，等. CECS 203 自密实混凝土应用技术规程 [S]，北京：中国计划出版社，2006.
[16] 京津城际铁路有限责任公司.京津城际铁路道岔板技术研究 [R].北京：京津城际铁路有限责任公司，2008.
[17] 李化建，谢永江，等.京沪高速铁路道岔板充填层自密实混凝土现场工艺性实验管理实施细则 [S]. 2010.
[18] 辛永平.石武客专河南段新乡东站自密实混凝土配合比设计及施工质量控制 [J].粉煤灰综合利用，2011（5）：45-47.
[19] 张庆广.板式无砟道岔自密实混凝土灌筑施工工艺研究 [J].铁道建筑技术，2011（3）：121-122.
[20] 周立新，王君楼，李保友，等.成都至都江堰铁路工程新型板式无砟轨道自密实混凝土（暂行）技术条件 [S]. 2009.
[21] 李化建，潭盐宾，谢永江，等.自密实混凝土的特点及其在高速铁路中的应用 [J].铁道建筑，2012（8）：143-145.

2 高速铁路自密实混凝土性能要求与评价技术

自密实混凝土的性能主要包括新拌混凝土的性能与硬化混凝土的性能,硬化混凝土的性能与传统振捣混凝土相同,主要包括力学性能(抗压强度、抗折/抗拉强度、弹性模量)、耐久性能(抗渗性、抗冻性、抗氯离子渗透性、抗化学侵蚀性、抗碱骨料反应等)、体积稳定性(自收缩、干燥收缩和徐变)等。力学性能通常是基于结构承载力考虑,结构设计师最为关注,配制自密实混凝土的强度要满足设计中结构的承载力要求;铁路工程条状结构分布与露天服役环境等特点决定了其混凝土结构必然会经受外部气候和所接触土体与水体的腐蚀作用,这就要求铁路混凝土结构应具备足够的耐久性要求。耐久性能是基于作用环境,作用环境不同其腐蚀机理不同,《铁路混凝土结构耐久性设计》(TB 10005—2010)对不同环境作用下的铁路混凝土结构提出相应的耐久性评价指标[1]。体积稳定性多是针对预应力结构,如梁体、轨道板、轨枕等,设计时要考虑收缩徐变对结构长期变形性能的影响。对于高速铁路无砟轨道自密实混凝土层这种特殊结构在设计时要考虑自密实混凝土的收缩性能,包括塑形阶段的塑形收缩和硬化阶段的干燥收缩性能。

本章系统分析了基于自密实混凝土拌合物的性能分类标准,指出了现有自密实混凝土分类存在的不足,梳理了新拌自密实混凝土评价方法与评价指标,尤其是自密实混凝土稳定性的评价方法,探讨了简化柱状法自密实混凝土评价方法。剖析了高速铁路无砟轨道自密实混凝土层的结构特征,结合高速铁路自密实混凝土的施工现状,提出了用于高速铁路无砟轨道用自密实混凝土拌合物的性能要求。分析了高速铁路无砟轨道自密实混凝土层的功能定位,提出了包括力学性能、耐久性能和体积稳定性的自密实混凝土硬化体性能指标。鉴于自密实混凝土层结构的隐蔽性特征,提出了自密实混凝土工艺性揭板试验要求。

2.1 新拌自密实混凝土性能与评价技术

2.1.1 新拌自密实混凝土性能要求与分类

自密实混凝土与传统振捣混凝土的主要区别在于其新拌混凝土性能的差异。自密实混凝土拌合物主要特征为自密实特性,自密实的内涵包括流动性、填充性、抗离析性与间隙通过性等,通常根据新拌混凝土性能可将自密实混凝土分成 2~3 个等级,如表 2.1 所示[2~8]。

表 2.1 基于新拌混凝土性能的自密实混凝土分级

序号	性能	评价指标	等级			出处
			一/Ⅰ级	二/Ⅱ级	三/Ⅲ级	
1	流动性	坍落扩展度 SF/mm	700±50	650±50	600±50	CECS 203:2006
2			650≤SF≤750	550<SF≤650		CECS 02—2004
3			760~850	660~750	550~650	BE EN 206
4			>650	550~650	<550	ACI 237R—07
5			650~750	600~700	500~650	JSCE
6			>660	560~660	<560	PCI TR-6—03

续表

序号	性能	评价指标	等级			出处
			一/Ⅰ级	二/Ⅱ级	三/Ⅲ级	
7	抗离析性（黏度）	t_{500} 流动时间/s	5~20	3~20	3~20	CECS 203:2006
8		V形漏斗通过时间/s	10~25	7~25	4~25	
9		t_{500} 流动时间/s	2~5			CECS 02—2004
10		t_{500} 流动时间/s	<2	≥2		BE EN 206
11		V形漏斗通过时间/s	<9	9~25		
12		t_{500} 流动时间/s	5~20	3~15	3~15	JSCE
13		V形漏斗通过时间/s	9~20	7~13	4~11	
14		t_{500} 流动时间/s	<3	3~5	>5	PCI-TR-6
15		V形漏斗通过时间/s	<6	6~10	>10	
16	自充填性和间隙通过性	U形箱试验填充高度/mm	隔栅型障碍Ⅰ型（5根φ10mm光圆钢筋）	隔栅型障碍Ⅱ型（3根φ13mm光圆钢筋）	隔栅型障碍Ⅲ型（无钢筋）	CECS 203:2006
17		L形仪($H_2/H_1 \geq 0.8$)	钢筋净距40mm	钢筋净距60mm		CECS 02—2004
18		L形仪($H_2/H_1 \geq 0.8$)	3根钢筋	2根钢筋		BE EN 206
19		J形环($P_J \leq 10mm$)	16根钢筋	12根钢筋		
20		U形或箱式上升高度300mm以上	障碍R1	障碍R2	无障碍	JSCE
21		U形箱试验填充高度320mm以上	隔栅型障碍Ⅰ型	隔栅型障碍Ⅱ型	隔栅型障碍Ⅲ型	PCI TR-6
22		L形仪(H_2/H_1)/%	<75	75~90	>90	
23	抗离析性	拌合物稳定性跳桌试验 f_m/%	≤10			CECS 02—2004
24		筛分离/%	≤15	≤20		BE EN 206
25		可视化稳定性指标 VSI	分为四个等级,如表2.2所示			PCI TR-6 ASTM C 1611

表 2.2 视觉稳定型指数（VSI）等级与指标

VSI 分级	PCI TR-6 描述	ASTM C 1611 描述
0（稳定性好）如图 2.1(a)所示	坍落扩展度饼周围、搅拌圆筒、手推车中无可见离析	无明显离析或泌水
1（稳定性一般）如图 2.1(b)所示	坍落扩展度饼周围无砂浆环或骨料堆积,但在搅拌圆筒、手推车中有轻微泌水或气泡上浮	无明显离析,轻微泌水(如拌合物表面出现光泽)
2（稳定性差）如图 2.1(c)所示	坍落扩展度饼周围有轻微的砂浆环(<10mm),在搅拌圆筒、手推车中有明细泌水	出现轻微的砂浆环(≤10mm)和骨料堆积现象
3（稳定性极差）如图 2.1(d)所示	坍落扩展度饼周围有较大的砂浆环(>10mm)和(或)中间有大的骨料堆积,在搅拌圆筒、手推车中放置的混凝土表面有一层较厚的浆体	出现明显离析,砂浆环大于10mm,骨料堆积较多

图 2.1　不同 VSI 自密实混凝土状态

由表 2.1 可知，自密实混凝土等级的划分尚存在以下问题：①等级分类区间不一致，如欧洲将自密实混凝土的扩展度放到 850mm，但大多数国家是将自密实混凝土扩展度的最大值控制到 750mm；②等级区间划分跨度太大，最为突出的是 t_{500} 流出时间，《自密实混凝土应用技术规程》（CECS 203：2006）规定 t_{500} 为 5～20s，最大值为最小值的 4 倍，这显然跨度区域太大，不利于自密实混凝土的评价；③不同等级区间有重叠区域，《自密实混凝土应用技术规程》（CECS 203：2006）中各等级自密实混凝土的扩展度均存在 50mm 的重叠区域，而这个区域是否能通过其他检测指标中较小差别分辨尚待研究。有学者提出了如表 2.3 所示的自密实混凝土划分等级[9]。表 2.3 将自密实混凝土扩展度按 50mm 区间进行划分，但《混凝土质量控制标准》（GB 50164—2011）混凝土扩展度检测的允许误差为±30mm[7]，这样将区间范围占允许误差的 60% 以上，就很容易出现自密实混凝土等级归属混乱的问题。

表 2.3　自密实混凝土划分等级

V 形漏斗值/s	扩展度/mm			
	<600	600～650	650～700	>700
7～10	待定	一级	二级	一级
10～15	待定	二级	一级	一级
15～20	待定	三级	一级	三级

2002年颁布的《自密实混凝土规范与指南》(EFNARC)并没有对自密实混凝土进行分级,而是给出自密实混凝土的验收准则(如表2.4所示),这样可以方便设计值与用户的选择[10]。

表 2.4 自密实混凝土验收准则

序号	方法	单位	典型范围	
			最小值	最大值
1	扩展度	mm	650	800
2	t_{500}	s	2	5
3	J环	mm	0	10
4	V形漏斗	s	6	12
5	5min V形漏斗时间增加值	s	0	+3
6	L形仪(H_2/H_1)/%		0.8	1.0
7	U形箱(H_2-H_1)	mm	0	30
8	充填箱	%	90	100
9	筛分稳定性试验	%	0	15
10	Orimet仪	s	0	5

2.1.2 新拌自密实混凝土性能评价技术

自密实混凝土工作性能测试方法主要包括:坍落度与坍落扩展度试验、Orimet流速试验、V形漏斗试验、J环试验、L形仪试验、U形箱试验、湿筛离析试验(wet-sieving segregation test)、渗入试验(penetration test)等[8,11,12]。其中坍落扩展度试验、t_{500}流动时间试验、V形漏斗试验用于检验自密实混凝土的填充性;J环试验、L形仪试验、U形箱试验可以综合评价混凝土的填充性、间隙通过性和抗离析性。一般而言,仅采用上述方法中的一种难以全面评价自密实混凝土拌合物性能,要较全面地评价自密实混凝土拌合物性能,需要采用以上两种或两种以上的方法才能达到目的。《新拌自密实混凝土测试指南》中提出了推荐给欧洲标准化委员会的新拌自密实混凝土性能检测的标准方法和选择方法,如表2.5所示[11]。

表 2.5 新拌自密实混凝土推荐方法

标准方法		选择方法	
坍落扩展度+t_{500}	适用于实验室或现场来评价填充能力	Orimet仪试验	适用于实验室或现场评价填充能力和阻塞能力
L形箱试验	适用于实验室来评价通过能力	V形漏斗试验	适用于实验室或现场评价填充能力和阻塞能力
J环试验	适用于实验室或现场来评价通过能力	渗透试验	评价抗离析能力,和筛分试验配合使用
筛分稳定性试验	适用于实验室或现场来评价抗离析能力		

新拌自密实混凝土性能是决定其是否能够到达自密实的关键,也是对自密实混凝土进行分类的核心指标,其工作性能检测方法应给予足够关注。目前纳入不同国家标准中的指标有坍落扩展度试验、t_{500}试验、V形漏斗试验、L形仪试验、筛分试验、J环试验和动态稳定性试验等,具体如表2.6所示,但不同标准所规定方法之间也存在一些差异。

表 2.6 新拌自密实混凝土性能试验方法及相关标准

试验名称	检测指标	相关标准规范	备注
坍落扩展度试验	坍落扩展度	普通混凝土拌合物性能试验方法标准(GB 50080—2016)	测定自重下扩散直径,其值主要与拌合物的屈服应力有关
		Testing Fresh Concrete Consists (EN 12350) Part 8:Slump spread	
		Standard Test Method for Slump Flow of Self-Consolidating Concrete (ASTM C1611/C1611M—14)	
	t_{500}	普通混凝土拌合物性能试验方法标准(GB 50080—2016)	测定自重下拌合物扩散直径达500mm时所经历的实际,其值主要与拌合物的塑性黏度有关
L形仪试验	H_2/H_1、H_2-H_1	Testing Fresh Concrete Consists (EN12350) Part 10:L-box test	测定L形仪内混凝土拌合物自重下扩散后流平状态,其值主要与拌合物的屈服应力有关
J环试验	J环高差	普通混凝土拌合物性能试验方法标准(GB 50080—2016)	混凝土扩展终止后,扩展面中心混凝土距J环顶面高度与直径300mm处混凝土距J环顶面高度的差值,来反应混凝土抗离析性
		Testing Fresh Concrete Consists (EN12350) Part 12:J-Ring test	
		Standard Test Method for Passing Ability of Self-Consolidating Concrete by J-Ring (ASTM C1621/C1621M—14)	
V形漏斗试验	V形漏斗通过时间	普通混凝土拌合物性能试验方法标准(GB 50080—2016)	测定模子内混凝土拌合物自重下流出时间,其值主要与拌合物的塑性黏度有关
		Testing Fresh Concrete Consists (EN12350) Part 9:V-Funnel Test	
筛分试验	筛分通过率	Testing Fresh Concrete Consists (EN12350) Part 11:Seieve Segregation Test	
静稳定性试验	拌合物离析率	Standard Test Method for Static Segregation of Self-Consolidating Concrete Using Column Technique (ASTM C1610/C1610M—14)	测定粗骨料与砂浆的分离量,把分离极限定量化
	针入深度	Standard Test Method for Rapid Assessment of Static Segregation Resistance of Self-Consolidating Concrete Using Penetration Test	
	VSI	PCT I	定性直观评价

续表

试验名称	检测指标	相关标准规范	备注
拌合物稳定性跳桌试验	粗骨料振捣离析率	自密实混凝土设计与施工指南（CCES 02—2004）自密实混凝土应用技术规程（JGJ/T 283—2012）	测定混凝土拌合物在振动作用下粗骨料的沉降量

(1) 坍落扩展度和 t_{500} 流动时间检测

试验原理：坍落扩展度是自密实混凝土工作性能最基本的指标，也是最为常用的评价指标。坍落扩展度可以表征混凝土拌合物的水平自由流动能力，t_{500} 流动时间可以评价拌合物的黏度，t_{500} 流动时间越小拌合物黏度越低，拌合物流动速度越快。坍落扩展度与 t_{500} 流动时间试验可以较好地反映自密实混凝土的填充性能，其试验方法如图 2.2 所示。

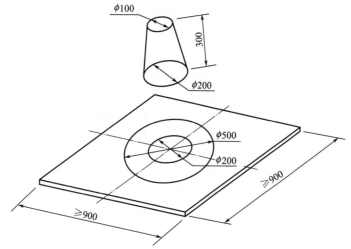

图 2.2 坍落扩展度和 t_{500} 流动时间试验（单位：mm）

试验仪器：主要仪器为混凝土坍落度筒和硬质底板，坍落度筒应符合《混凝土坍落度仪》（JG/T 248—2009）中有关技术要求的规定。底板为硬质不吸水的光滑正方形平板，边长大于 900mm，最大挠度不超过 3mm。在平板表面标出坍落度筒的中心位置和直径分别为 200mm、300mm、500mm、600mm、700mm、800mm、900mm 的同心圆，辅助工具为铲子、抹刀、钢尺（精度 1mm）和秒表等。

试验步骤：用湿布将底板和坍落度筒润湿，保证坍落度筒内壁和底板上无明水；底板放置在坚实的水平面上，坍落度筒放在底板中心位置，下缘与 200mm 刻度圈重合，然后用脚踩住坍落度筒两边的脚踏板，装料时保持坍落度筒位置不变。用铲子将混凝土加入到坍落度筒中，不分层一次填充至满，且整个过程中不施以任何振动或捣实，加满后用抹刀抹平。用抹刀刮去坍落度筒中已填充混凝土顶部的余料，使其与坍落度筒的上缘齐平，将底盘坍落度筒周围多余的混凝土清除，随即垂直平稳地提起坍落度筒，使混凝土自由流出，坍落度筒的提离过程应在 5s 内完成。从开始装料到提离坍落度筒的整个过程应不间断地进行，并在 150s 内完成。

试验记录：当混凝土拌合物不再扩散或扩散持续时间已达 50s 时，用钢尺测量混凝土扩展后最终的扩展直径,测量在相互垂直的两个方向上进行,并计算两个所测直径的平均值(单位:mm),精确至5mm。混凝土扩展度测试时,如扩展开的混凝土偏离圆形,测得两直径之差在50mm以上时,需从同一盘混凝土中另取试样重新试验。观察最终扩展后混凝土的状况,如发现粗骨料在中央堆积或最终扩展后的混凝土边缘有较多水泥浆析出,表示此混凝土拌合物抗离析性不好,应予以记录。

测定扩展度达到500mm时所经历的时间即为t_{500},计时从提离坍落度筒开始,至扩展开的混凝土外缘初触平板上所绘直径500mm的圆圈为止,以秒表测定时间,精确至0.1s。

表征指标:坍落扩展度在600~750mm之间,且$2s \leq t_{500} \leq 10s$时,可满足自密实的要求,但不同的应用场合存在一定的差异。

试验精度:扩展度和t_{500}被应用于评价自密实混凝土的工作性能,但该方法存在误差大、受人为因素影响等缺点。有的学者提出采用扩展度达到最大值所需时间来评价自密实混凝土的工作性能。高速铁路道岔板充填层自密实混凝土暂行技术要求曾提出采用t_{700}来评价,但当自密实混凝土扩展度达到不700mm时,该指标就无法获得。根据ISO 5725,重复性(r)是指用相同的方法、相同的试验材料,在相同的条件下获得的一系列结果之间的一致程度(概率大于95%);重现性(R)是指用相同的方法,同一试验材料,在不同的条件下获得的单个结果之间的一致程度,不同的条件指不同操作者、不同实验室、不同或相同的时间。欧洲 Testing-SCC 项目使用来自8个实验室的16个操作者2次重复检测t_{500}所得的时间精度如表2.7所示[12]。

表2.7 坍落扩展度和t_{500}流动时间的精度

坍落扩展度/mm	<600	600~750	>750
重复性(r)/mm	不适用	42	22
重现性(R)/mm	不适用	43	28
t_{500}/s	≤3.5	3.5~6.0	>6
重复性(r)/mm	0.66	1.18	不适用
重现性(R)/mm	0.88	1.18	不适用

(2) J环试验

试验原理:J环用于检测自密实混凝土的充填能力和通过能力,还可以通过比较两部分自密实混凝土的量来评价自密实抗离析能力。J环试验测试三个参数:扩展度、流动时间t_{500}和阻碍高差。J环流动扩展度评价自密实混凝土由于钢筋阻碍作用的限制变形能力,t_{500}评价流动一定距离变形速度,阻碍高差可描述阻塞效应。

试验仪器:J环试验所用主要仪器为J环、混凝土坍落度筒,J环由16根ϕ18mm钢筋组成,J环的直径为300mm,试验装置具体尺寸如图2.3所示。混凝土坍落度筒应符合《混凝土坍落度仪》(JG/T 248—2009)中有关技术要求的规定。底板应为硬质不吸水的光滑正方形平板,边长为900mm,最大挠度不超过3mm。在平板表面标出坍落度筒的中心位置和直径分别为200mm、300mm、500mm、600mm、700mm、800mm的同心圆。辅助工具为铲子、抹刀、钢尺(精度1mm)、秒表和10L铁桶等。

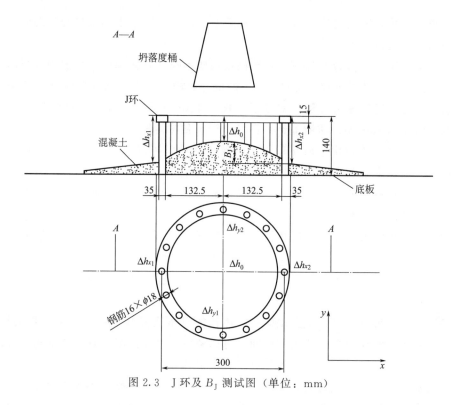

图 2.3 J 环及 B_J 测试图（单位：mm）

试验步骤：在 10L 铁桶中装入 6～7L 新拌混凝土，静置 1min（±10s）。在混凝土静置的 1min 时间内，用海绵或毛巾润湿底板和坍落度筒，使坍落度筒内壁和底板上无明水；底板应放置在坚实的水平面上，坍落度筒放在底板中心位置，下缘与 200mm 刻度圈重合，J 环则套在坍落度筒外，下缘与 300mm 刻度圈重合，坍落度筒在装料时应保持位置固定不动。将铁筒内混凝土加入到坍落度筒中，不分层一次填充至满，且整个过程中不施以任何振动或捣实。用刮刀刮除坍落度筒中已填充混凝土顶部的余料，使其与坍落度筒的上缘齐平，将底盘坍落度筒周围多余的混凝土清除，随即垂直平稳地提起坍落度筒，使混凝土自由流出，坍落度筒的提离过程应在 5s 内完成。从开始装料到提离坍落度筒的整个过程应不间断地进行，并应在 150s 内完成。

试验记录：J 环扩展度（SF_J）与 t_{500} 的记录方法同坍落扩展度。J 环障碍高差的记录方法为：用钢尺测量 J 环中心位置混凝土拌合物顶面至 J 环顶面的高度差（Δh_0），然后再沿 J 环外缘两垂直方向分别测量 4 个位置混凝土拌合物顶面至 J 环顶面的高度差（Δh_{x1}，Δh_{x2}，Δh_{y1}，Δh_{y2}）（单位：mm）。J 环障碍高差 B_J 按式（2-1）计算，结果精确至 1mm。

$$B_J = \frac{\Delta h_{x1} + \Delta h_{x2} + \Delta h_{y1} + \Delta h_{y2}}{4} - \Delta h_0 \tag{2-1}$$

表征指标：采用这种方法评价自密实混凝土的工作性能，一般要求 $600\text{mm} \leqslant SF_J \leqslant 700\text{mm}$，$B_J \leqslant 30\text{mm}$。

（3）L 形仪试验

试验原理：测试自密实混凝土通过规定钢筋间距流动一定距离后的高度。通过所测得的高度,可以评价自密实混凝土流动性能和阻塞性能。可以用来测试自密实混凝土在有阻挡情况下的钢筋通过能力。

试验仪器:主要仪器为L形仪,L形仪用硬质不吸水材料制成,由前槽(竖向)和后槽(水平)组成,具体外形尺寸见图2.4。前槽与后槽之间有一活动门隔开。活动门前设有一垂直钢筋栅,钢筋栅由3根(或2根)长为150mm的ϕ12mm光圆钢筋组成,钢筋净间距为40mm或60mm。辅助工具为钢尺、铲子和抹刀等。

试验步骤:将L形仪水平放在地面上,保证活动门可以自由开关。用湿布湿润L形仪内表面,并清除多余明水。将搅拌好的混凝土拌合物装入L形仪前槽,用抹刀将混凝土表面抹平,并保持与前槽上口平齐。静置1min后,迅速提起活动门使混凝土拌合物流进水平部分,如图2.4所示。

试验记录:当混凝土拌合物停止流动后,测量并记录"H_1""H_2",精确至0.1mm(单位:mm),计算通过率$P_L = H_2/H_1$或阻塞率$B_L = 1 - H_2/H_1$。

表征指标:通常认为$H_2/H_1 \geqslant 0.8$的自密实混凝土能够满足自密实性能。

(4) V形漏斗试验

试验原理:V形漏斗试验主要检验一定体积的自密实混凝土在不发生离析的情况下,受自重的作用下从漏斗中全部流出的时间。可以考察自密实混凝土拌合物的填充性能,流出的速度受拌合物的黏度影响,与塑性黏度有一定的关系。

试验仪器:V形漏斗试验装置如图2.5所示,试验装置由硬质不吸水材料制成,有一个扁平的、垂直的顶部,放在一个垂直支撑上。下面设置一个不透水的、可瞬间打开的阀门。可精确到0.1s的秒表。

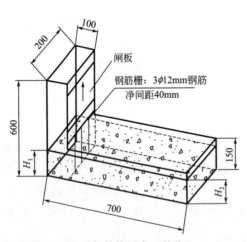

图2.4 L形仪结构示意(单位:mm)

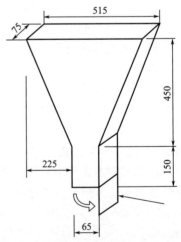

图2.5 V形漏斗试验装置(单位:mm)

试验步骤:将V形漏斗放置在一个水平、稳定的地面上,保证漏斗上表面水平。用湿毛巾或海绵将漏斗内打湿,通过阀门将多余的水排出。关上阀门,并在阀门正下方放置一个小桶。在V形漏斗中装入有代表性的自密实混凝土,不需要任何振捣操作。用刮刀从上表面清除多余的混凝土。当混凝土在V形漏斗中停留(10±2)s后打开阀门,秒表开始计时。观察 V 形漏斗,当 V 形漏斗阀门净空可以清晰看到时为终止试验时间,用秒表记录拌合物从漏斗完全漏出来的时间 t_V,整个试验过程不要接触或移动 V 形漏斗。试验结束后清洗 V 形漏斗。

表征指标:通常认为 $t_V \leqslant 15s$ 的自密实混凝土能够满足要求。

(5) U 形箱试验

试验原理:通过测定混凝土经过钢筋阻碍之后上升的距离来评价自密实混凝土拌合物的充填能力和间隙通过能力,尤其是在有阻隔作用情况下自密实混凝土的钢筋通过能力和抗离析性。

试验仪器:U 形箱试验仪器如图 2.6 所示。U 形仪由硬质透明不吸水材料制成,箱中央有一闸板,将容器分成等容积的两室,隔板下开一间隙,间隙尺寸为 60mm,隔板处设置闸板,抽出闸板可打开间隙,使两室相通。

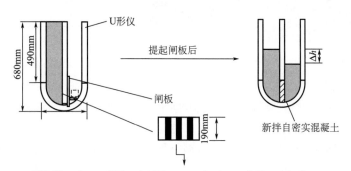

钢筋栅:3ϕ12mm 钢筋,净间距 60mm;或 2ϕ12mm 钢筋,净间距 40mm

图 2.6 U 形箱试验装置

试验步骤:取 20L 左右的混凝土待测;将 U 形仪放置在水平的地面上,确保活动阀门能够自由打开和关闭;润湿 U 形仪内壁,并擦去多余的水分;混凝土从一侧装满,静停 1min 后打开闸板,自密实混凝土通过障碍物流入到另一侧;测量混凝土在 U 形仪两次的高度,并计算其高度差。

表征指标:充填高度应不小于 30cm,两侧高度差应小于 30mm。

(6) Orimet 试验

试验原理:规定体积自密实混凝土从一个小孔中全部流出所需要的时间,在一定程度上和塑性黏度相关。

试验仪器:Orimet 仪如图 2.7 所示,材质为钢。圆筒的直径为 120mm,高度为 600mm。其他所需要的辅助仪器为秒表、料桶和抹布等。

试验步骤:把 Orimet 试验仪支撑在坚实的地面上,调整三脚架使竖管保持垂直。用刷子润湿竖管内壁,打开活动门放出多余的水。关上活动门,将拌合物装入竖管至距上缘 10mm 处(拌合物体积为 11.2L),将容重筒放在活动门的正下方。打开活动门的同时用秒表计时,并从竖管上口观察,待拌合物流尽(管内见亮)即按下秒表,测出流下时间和重力下扩展度,计算流出速度。试验结束后清洗 Orimet 试验仪。

表征指标:Orimet 流出时间要小于 5s。

 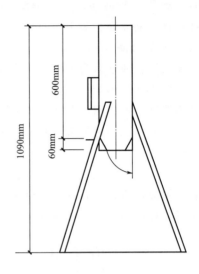

图 2.7　Orimet 仪

（7）竖向膨胀率

试验原理：新拌自密实混凝土在垂直方向上由于塑形沉降或塑形膨胀所产生的体积变化，用于表征自密实混凝土塑形阶段的变形性能。

试验仪器：竖向膨胀率试验装置：由钢垫板、百分表架、百分表、试模、硬质有机玻璃板等组成，如图 2.8 所示。

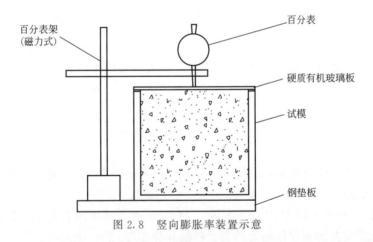

图 2.8　竖向膨胀率装置示意

试验步骤：在环境温度（20±2）℃、相对湿度大于 50% 的房间内放置钢垫板、试模和竖向膨胀率测定装置，试模内侧要涂刷脱模剂。搅拌好混凝土后，立即将混凝土装入试模内，使得混凝土高出试模上表面 3～5mm。用抹刀清除试模上缘上多余的混凝土。然后将有机玻璃板放置在混凝土表面，尽量排出有机玻璃板和混凝土之间的空气，保持有机玻璃板四边与试模四边平行，垂直向下轻压有机玻璃板，使有机玻璃板与混凝土完全密贴，且保证有机玻璃板与试模上表面有一定空隙。安装好磁力表架，将百分表测头垂直放在有机玻璃板中心位置，下压表头，使表指针指到量程的 1/2 位置处，静置 2h，然后记录百分表读数，记为初始读数 h_0。初始读数 h_0 以百分表安装完成后 30s 内读数为准；24h 时，再次读取百分表读数，记为最终读数 h_1。测试过程中，测量装置和试件应保持静止不动，并不得受任何振动干扰。竖向膨胀率按式(2-2)进行计算：

$$\zeta_t = \frac{h_1 - h_0}{h} \times 100\% \tag{2-2}$$

试验结果取一组三个试件的算术平均值，计算精确至 0.1%。

表征指标：竖向膨胀率 0~1.0% 适合于高速铁路 CRTS Ⅲ 型板式无砟轨道自密实混凝土，即对于封闭模腔无砟轨道自密实混凝土层塑形阶段不得收缩，塑形收缩会引起自密实混凝土层与无砟轨道板产生离缝。

自密实混凝土的这些评价方法在一定程度上能够反映自密实混凝土的流变特性，但往往需要多种方法综合起来才能评价自密实混凝土的工作性能。由于自密实混凝土的稳定性极其重要，下面将专门介绍自密实混凝土稳定性评价方法。

2.2 新拌自密实混凝土稳定性的评价技术

新拌自密实混凝土的稳定性包括动态稳定性和静态稳定性。静态稳定性指的是在混凝土浇筑后静置在模具内时，粗骨料抵抗沉入砂浆底部的性能；动态稳定性指的是自密实混凝土在运输、浇筑、泵送、流动等条件下抵抗骨料落后浆体流动的性能。本节从混凝土稳定机理出发，阐述了静态稳定性和动态稳定性的原理，总结了自密实混凝土稳定性的评价方法，介绍了新拌自密实混凝土稳定性评价新方法。

2.2.1 混凝土稳定性机理

2.2.1.1 静态稳定性机理

(1) 单颗粒骨料沉降机理

在混凝土的静态离析研究过程中，多数研究是围绕单颗粒球体骨料展开的，有时也会根据经验使用斯托克斯公式乘以骨料形貌系数来对结果进行修正；而对于非球体颗粒来说，其在流体中运动不仅会受到平行于流动方向的阻力，同时其侧面也会受力，导致其运动不稳定，使运动过程变复杂[13]。图 2.9 为单个球体颗粒在牛顿流体中的运动受力情况。

图 2.9 牛顿流体中单个骨料受力情况

根据斯托克斯定律，颗粒在实际流体中运动，当运动速度较小时，可将雷诺数控制在一定范围，此时颗粒周围流体流动类型可认为是流线型，其所受黏滞力 D 和下沉力 F_m 可分别用式(2-3) 和式(2-4) 表示：

$$D = 3\pi d v \eta \tag{2-3}$$

式中　D——颗粒所受黏滞力，N；
　　　v——颗粒运动速度，m/s；
　　　d——颗粒直径，m；
　　　η——流体黏滞系数，Pa·s。

$$F_m = G - B = \rho_s V g - \rho_f V g = \frac{\pi d^3 g}{6}(\rho_s - \rho_f) \tag{2-4}$$

式中　G——颗粒重力，N；
　　　B——颗粒浮力，N；
　　　ρ_s——颗粒密度，kg/m³；
　　　ρ_f——浆体密度，kg/m³；
　　　d——颗粒直径，m。

当骨料密度大于浆体密度时，骨料会在浆体中加速下沉，此时，其所受黏滞阻力亦会随着运动速度增大而增大。当黏滞阻力与重力和浮力合力为零，即式(2-3) 和式(2-4) 相等时，黏滞阻力达最大值，骨料运动速度亦达到最大值，此时，骨料匀速下沉，其运动速度可用式(2-5) 表示：

$$u_s = \frac{d^2 g(\rho_s - \rho_f)}{18\eta_{pl}} \tag{2-5}$$

式中　η_{pl}——浆体塑性黏度，Pa·s；
　　　u_s——骨料颗粒最终运动速度，m/s。

但是，骨料在实际运动过程中接触到的浆体并非牛顿流体，浆体的屈服应力并不为零，此时可将混凝土拌合物视为宾汉姆流体，骨料颗粒的最终运动速度可按以下方法来进行计算。采用浆体的表观黏度替代式(2-3) 中的黏滞系数：

$$\mu_a = \frac{\tau}{\gamma} = \frac{\tau_0 + f(\gamma)}{\gamma} \tag{2-6}$$

式中　μ_a——浆体表观黏度，Pa·s；
　　　τ_0——浆体的屈服应力，Pa；
　　　γ——浆体的剪切速率，s^{-1}。

而要获得流体的表观黏度需要求得浆体对骨料颗粒的剪切速率，此时，可用引入系数 k 来获得：

$$\gamma = k\frac{V_s}{d} \tag{2-7}$$

式中　k——取决于如图 2.10 所示的骨料颗粒形状及其周围非屈服层厚度；
　　　V_s——骨料的沉降速率，m/s；
　　　d——骨料直径，m。

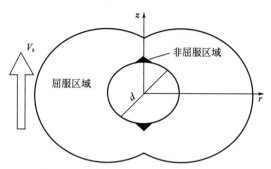

图 2.10 运动球体骨料在非牛顿流体中的屈服及非屈服区域

当骨料沉降过程中,其受力达到平衡时:

$$F_m = \frac{\pi d^3}{6}(\rho_s - \rho_f)g = D \tag{2-8}$$

即:

$$\frac{kd}{18}(\rho_s - \rho_f)g = \tau_0 + f\left(\frac{kV_s}{d}\right) \tag{2-9}$$

简化得到:

$$V_s = \frac{d}{k} f^{-1}\left(\frac{kd}{18}|\rho_s - \rho_f|g - \tau_0\right) \tag{2-10}$$

进而得到骨料的最终运动速度为:

$$u_s = \frac{d^2 g(\rho_s - \rho_f) - 18d\tau_0}{18\eta_{pl}} \tag{2-11}$$

综上可见,在宾汉姆流体中,混凝土的静态稳定性随骨料与其浆体的密度差、骨料半径的增大而增大,随混凝土的流变参数增大而减小。然而,也有文献表明,在宾汉姆流体中,骨料的沉降与流体的塑性黏度无关,并给出了混凝土的稳定性准则为[14]:

$$\frac{d}{18}|\rho_s - \rho_f|g = \frac{\tau_0}{k} \tag{2-12}$$

另外,文献 [15,16] 认为,只有当关于屈服应力的无量纲量 Y_g 小于 0.143 时,骨料才会产生沉降。

$$Y_g = \frac{3\tau_0}{2R(\rho_s - \rho_f)g} \tag{2-13}$$

式中 R——骨料半径,m。

(2) 多颗粒骨料沉降机理

混凝土中骨料的实际沉降过程要复杂得多,除了受到以上作用力外,还会受到骨料间的相互作用力及骨料形状的不规则性等多因素影响,但骨料颗粒在沉降过程中,其与浆体接触面的总体沉降速率却可认为是一致的[13,17],并可用式(2-14)进行计算:

$$u_a = u_s(1-\varphi)^n \tag{2-14}$$

式中 u_a——所有骨料颗粒的最终平均沉降速率,m/s;
u_s——单骨料颗粒的最终沉降速率,m/s;
φ——骨料颗粒的体积分数;
n——常数。

以此为基础，Shen 等[13]将骨料颗粒体积分数进行了正态处理，认为当 φ 接近于 φ_m 时，骨料颗粒将不会发生沉降，u_a 接近 0，并给出了骨料最终平均沉降速率为：

$$u_a = u_s \left(1 - \frac{\varphi}{\varphi_m}\right)^k \tag{2-15}$$

式中　φ_m——骨料最大体积分数，通常为 0.7～1；

　　　k——常数。

2.2.1.2　动态稳定性机理

Saak 等[18]认为，在动态条件下，浆体中骨料的速度可以表达为式(2-16)：

$$u = \sqrt{\frac{8gr\Delta\rho}{3C_D\rho_1}} \tag{2-16}$$

式中　C_D——阻力系数，与浆体的雷诺系数 $Re = \dfrac{2r\rho_1 u}{\eta}$ 相关；

　　　u——最终下沉的恒定速度，m/s；

　　　r——骨料半径，m；

　　　$\Delta\rho$——骨料与浆体的密度差，kg/m³；

　　　g——重力加速度，m/s²。

Shen 等[19]基于自主研究设计的流动水槽，以三种不同粒径骨料拌合而成的自密实混凝土为研究对象，模拟和研究了自密实混凝土的流动过程，建立了自密实混凝土动态稳定性模型。该动态稳定性模型基于三条假设：①骨料为理想球状；②每种骨料的半径分别为 r_1、r_2、r_3；③流动过程中无混凝土或者骨料的翻滚行为。动态离析状态中阻力的计算基于 Kishitani 等[20]的理论，悬浮于拌合物浆体中的单个颗粒的受力可用式(2-17)计算：

$$F = 12\pi r \eta_{pl} \Delta u + 7\pi^2 r^2 \tau_0 \tag{2-17}$$

式中　η_{pl}——浆体塑性黏度，Pa·s；

　　　Δu——初始时骨料和浆体的速度差，m/s；

　　　τ_0——屈服应力，Pa。

当骨料颗粒的体积分数为 Φ，拌合物的体积为 V 时，则骨料颗粒受到的总阻力为式(2-18)：

$$F_p = \frac{3V\Phi}{4\pi r^3}(12\pi r \eta_{pl} \Delta u + 7\pi^2 r^2 \tau_0) \tag{2-18}$$

分开考虑三种不同体积分数的骨料和其半径时，浆体对骨料的总阻力方程变换为式(2-19)：

$$F_A = V\left[9\eta_{pl}\Delta u\left(\frac{\Phi_1}{r_1^2} + \frac{\Phi_2}{r_2^2} + \frac{\Phi_3}{r_3^2}\right) + \frac{21}{4}\pi^2\tau_0\left(\frac{\Phi_1}{r_1^2} + \frac{\Phi_2}{r_2^2} + \frac{\Phi_3}{r_3^2}\right)\right] \tag{2-19}$$

由于力的作用是相互的，骨料对浆体的阻力 F_p 与式(2-19)中 F_A 的大小相同，但方向相反。

考虑骨料在浆体中的浮力，水槽对骨料颗粒的摩擦力的大小可以表示为式(2-20)：

$$T_{\mathrm{A}} = \mu V \Delta \rho g (\varPhi_1 + \varPhi_2 + \varPhi_3) \cos 7° \tag{2-20}$$

式中 $\Delta \rho$——骨料和浆体之间的密度差，kg/m^3；

μ——摩擦系数；

$\cos 7°$——水槽的倾斜角度余弦值。

表征水槽对浆体的摩擦力时，由于实验过程中水槽内壁已预先用水泥砂浆润滑，被测试混凝土在浆面上滑行，所以使用混凝土受到的剪切应力而非摩擦系数来表示新拌自密实混凝土流动过程中受到的阻力，如式(2-21)所示：

$$T_{\mathrm{p}} = A(\eta_{\mathrm{pl}} V_{\mathrm{p}} + \tau_0) \tag{2-21}$$

式中 V_{p}——浆体在水槽中初始流动状态时的速度，m/s；

A——浆体流动时的受力面积，m^2。

最后，浆体和骨料的重力表达式简化为式(2-22)：

$$G = mg \sin 7° \tag{2-22}$$

Shen[19] 分析了浆体和骨料在流动过程中的受力状态，基于牛顿第二定律计算初始加速度，得到骨料和浆体的速度随时间的变化函数，最后对速度积求得骨料和浆体随时间的最大流动距离函数，两者之间距离函数的不同就体现了体系在流动过程中的动态离析现象。

根据自密实混凝土稳定性机理及其模型可知，采取如表 2.8 所示方法来控制或避免混凝土拌合物的离析，可提升混凝土拌合物的稳定性。

表 2.8 控制或避免混凝土拌合物过度离析的措施

措施	实施路径
增加浆体塑性黏度	增加粉体含量或采用增稠剂
增加浆体表观密度	降低水胶比
减小粗骨料最大粒径	采用较小粒径的粗骨料
采用表观密度较小的骨料	采用轻骨料等

2.2.2 自密实混凝土稳定性评价方法

2.2.2.1 静态稳定性评价方法

自密实混凝土静态稳定性评价方法包括视觉稳定性指数法（VSI 法）[21]、硬化混凝土视觉稳定性指数法（HVSI 法）[22]、电子图像分析法[23]、GTM 筛稳定性试验[24]、离析率筛析试验[25]、贯入试验[26]、柱状法[27]、压实因数法[28]、离析探针[29]、电导率法[30]等，现对各种试验方法总结如下。

（1）VSI 法、HVSI 法、电子图像分析法

VSI 法[21] 是结合自密实混凝土坍落扩展度试验进行的，已纳入美国 ASTM 标准，是对自密实混凝土静态稳定性评价最为便捷的方法。VSI 法是通过技术人员视觉观察混凝土坍落扩展后拌合物的表观情况，来判断所测混凝土拌合物是否具有良好的稳定性。不同于 VSI 法，HVSI 法[22] 则是通过观察硬化混凝土剖面骨料的分布来对其稳定性进行表征，在试验时将混凝土倒入标准的 $\varPhi 150\mathrm{mm} \times 300\mathrm{mm}$ 的圆筒，待其硬化后，沿长度方向切开，观察试件整个剖面粗骨料分布，根据表 2.9 的评价标准对其进行评价。以此为基

础，电子图像分析法应运而生，其通过对硬化混凝土剖面进行电子成像，并应用分析软件来分析混凝土圆柱体整个剖面四个不同高度范围内的粗骨料含量来对自密实混凝土静态稳定性进行表征[23]。

表 2.9 HVSI 取值与评价[22]

HVSI	标准
0 稳定	混凝土柱体的顶部无胶材或胶砂层，长度方向粗骨料分布均匀
1 稳定	混凝土柱体顶部无胶砂层，粗骨料在长度方向分布稍不均匀（粒径等）
2 不稳定	混凝土柱体顶部胶砂层厚度小于 25mm
3 不稳定	混凝土柱体顶部胶砂层厚度明显大于 25mm，长度方向粗骨料分布明显不均匀

（2）GTM 筛稳定性试验、离析率筛析试验

GTM 筛稳定性试验[24] 通过检测自密实混凝土通过一定规格筛孔的浆体比例，来表征其抗离析性能。将搅拌好的混凝土在无干扰的情况下静置 15min 后，取出约 5kg 试样，并从 50cm 高处缓慢连续倒入直径为 350mm，筛网筛孔为 5mm 的圆孔筛中，静置 2min，称量通过筛子的砂浆质量，并计算筛通过率（SPP）。其评价标准如表 2.10 所示。

表 2.10 砂浆通过率与自密实混凝土稳定性的关系[24]

砂浆通过率（SPP）/%	稳定性评价
5～15	稳定性良好
15～30	离析
>30	严重离析

离析率筛析试验[25] 类似于 GTM 筛稳定性试验。试验时将（10±0.5）L 混凝土置于盛料器中，水平静置（15±0.5）min；然后，将 4.75mm 方孔筛置于托盘上，移出盛料器上节混凝土，倒入方孔筛，称量，静置（120±5）s 后，移走筛及筛上混凝土，称量通过筛孔流到托盘上浆体质量；最后，计算混凝土拌合物离析率［式(2-23)］。离析率越大，则所测自密实混凝土抗离析性能越差。

$$SR = \frac{m_1}{m_0} \times 100\% \quad (2\text{-}23)$$

式中 SR——混凝土拌合物离析率，%；

m_1——通过标准筛的砂浆质量，kg；

m_0——倒入标准筛的混凝土质量，kg。

（3）贯入试验、离析探针

V. K. Bui 等[26] 提出采用贯入试验检测自密实混凝土的静态离析性能，试验仪器如图 2.11 所示。它是通过测量给定质量贯入头在自密实混凝土中的贯入深度来表征其抗离析能力，如自密实混凝土抗离析性差，则骨料下沉，混凝土表层骨料较少，贯入深度较大；反之贯入的深度较小。试验时，先将贯入仪在待测混凝土试样上部按要求放置，静置 2min 后，放开贯入头（54g），使其在混凝土中沉入 45s，记录贯入头下降深度，测量三次取均值。通过研究发现，当沉入深度≤8mm 时，混凝土抗离析性能良好。另外，在美国 ASTM C1712 标准中，对其进行了改进，使得试验过程更加简便。

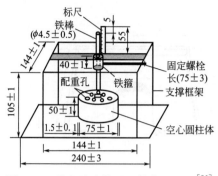

图 2.11 贯入试验装置（单位：mm）[26]

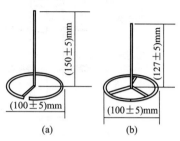

图 2.12 离析探针[29]

离析探针[29]方法基于贯入试验，可高效、迅速测量新拌混凝土顶部砂浆层厚度。试验时，将混凝土一次性倒入 150mm×300mm 的圆柱体容器中，静置 2min 后，将探针轻放于混凝土表面使其自动下沉 1min，以其沉降深度来对混凝土的静态稳定性进行表征。如所测砂浆层越厚，则自密实混凝土静态离析越严重，其评价标准如表 2.11 所示。然而，由于其在设计过程中质量分布不均匀，致使其在试验下沉阶段会发生倾斜，进而影响试验结果。为此，Lin Shen[29]对其进行了改进，并对试验过程进行了简化。图 2.12 所示为改进前后两种离析探针的对比。

表 2.11 离析探针法对混凝土稳定性评价标准[29]

贯入深度/mm	VSI 相应等级	HVSI 相应等级
<4	0 稳定	0 稳定
4～7	1 稳定	1 稳定
7～25	2 不稳定	2 不稳定
>25	3 不稳定	3 不稳定

（4）柱状法

美国 ASTM C1610 标准[27]采用柱状法来评价混凝土静态稳定性，以圆柱体试模上部与下部混凝土中大于 4.75mm 粗骨料质量差异来表征混凝土的抗离析性能，如图 2.13 所示。试验时需先在水平位置安装好模具，并润湿，使其内壁无明水，同时在 2min 内将混凝土样品倒入模具，整平，试验过程中保证模具不受到振动，静置 (15±1)min，然后在 20min 内分别将圆筒周围系紧物拆除，同时用取料器将圆柱分为上、中、下三节，去掉中间节，最后在 4.75mm 方孔筛中将上下节粗骨料洗出，用吸水布将骨料擦干为面干状态后称量，计算静态离析分数，计算公式如式(2-24)，该值越接近于零，混凝土的静态稳定性越好。

$$S = 2\left(\frac{CA_B - CA_T}{CA_B + CA_T}\right) \times 100 \tag{2-24}$$

式中　S——混凝土静态离析分数，%；

CA_B——底部混凝土粗骨料质量，kg；

CA_T——顶部混凝土粗骨料质量，kg。

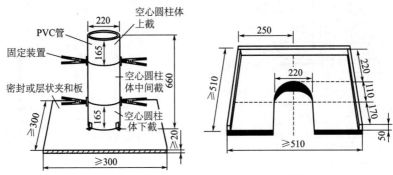

图 2.13 柱状法试验装置（单位：mm）[27]

(5) 压实因数法

压实因数法[28]是澳大利亚标准中提到的一种试验方法，以混凝土初凝后，竖向粗骨料的质量波动和柱顶砂浆层厚度来表征混凝土的抗离析性能，如图 2.14 所示。试验时，先将 4.3L 混凝土倒入上部圆锥体，静置 1min 后，让其自动流入下部长方体容器中，待其初凝，将混凝土拆模，并沿竖直方向均分为两半，取一半试样沿水平方向均分为 6 份，将每一份粒径大于 9.5mm 的骨料分离出来，称量，计算粗骨料竖向质量波动，另一半则用来计算柱顶砂浆层厚度，计算方法如式(2-25)～式(2-27)所示。当粗骨料竖向质量波动不大于 10% 时，混凝土抗离析较好。

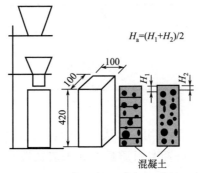

图 2.14 压实因数法试验装置（单位：mm）[29]

$$H_a = \frac{H_1 + H_2}{2} \quad (2\text{-}25)$$

$$V = \frac{\sum V_{gi}}{6} \quad (2\text{-}26)$$

$$R_v = \left[\frac{\sum\left(\frac{V_{gi} - V}{V} \times 100\right)^2}{6}\right]^{\frac{1}{2}} \quad (2\text{-}27)$$

式中 H_a——柱顶砂浆层厚度，mm；

H_1，H_2——距离柱顶最近的两个粒径大于 9.5mm 的粗骨料顶面到柱顶的距离，mm；

V_{gi}，V——每份的质量和粒径大于 9.5mm 的粗骨料的平均质量，kg；

R_v——粗骨料竖向质量波动。

(6) 电导率法

电导率是以混凝土凝结硬化前，混凝土中的离子浓度为理论基础[30]。凝结前，混凝土中骨料沉降导致其在不同高度范围内的离子浓度存在较大差异，进而导致其导电性存在较大差异，试验用到的仪器设备如图 2.15 所示。试验时需将四对校准过的电极传感器在图示 PVC 管中按要求装好，然后装入混凝土，施加频率为 1kHz 的 5V 方波电压，通过测试不同高度范围内的混凝土在 150min 内的导电性来表征其静态稳定性，如混凝土稳定性良好，则其在不同部位的导电性变化差异不大。

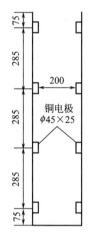

图 2.15　电导率法试验装置（单位：mm）[29]

通过以上介绍可以发现，自密实混凝土静态稳定性评价方法都各具特色，现对其总结，如表 2.12 所示。

表 2.12　混凝土静态稳定性评价方法及其特点

试验方法	适用范围	优缺点
VSI	现场/实验室	简单易行,但人为因素影响较大,无法定量分析
HVSI	现场/实验室	
电子图像分析法	实验室	结果更准确,操作复杂,适用范围受限
GTM 筛稳定性试验	现场/实验室	试验过程中,浆体损失较大,很难准确反映混凝土的抗离析性
离析率筛析试验	现场/实验室	
针入度试验	现场/实验室	简单易行,但混凝土中骨料含量可能会对测试结果影响较大,且后者在操作过程中需保持垂直
离析探针	现场/实验室	
柱状法	现场/实验室	结果较准确,可信度高,但试验仪器较笨重,费时、费力
压实因数法	现场/实验室	定量分析,操作较复杂
电导率法	实验室	非破损检测方法,对 SCC 静态稳定性较敏感,但受到混凝土浇筑情况及温度的影响,操作较复杂

由表 2.12 对各种试验方法的适用范围及优劣势的介绍可知，自密实混凝土稳定性评价方法多数均适于现场和实验室，且各具特色，同时考虑到试验的准确性及简便性，建议采用现阶段较常用的柱状法试验、GTM 筛稳定性试验及贯入试验来对自密实混凝土的静态稳定性进行表征。

2.2.2.2 动态稳定性评价方法

视觉稳定性指数法（VSI法）也可用于评价自密实混凝土的动态稳定性，动态稳定性的其他评价方法主要包括坍落扩展度法[31,32]、倾斜箱法[33]和流动水槽法[34]。J环[35]、L形仪[36]、U形箱[3]等仪器，可间接用于表征自密实混凝土的稳定性，现对评价自密实混凝土动态稳定性的各种方法总结如下。

(1) 坍落扩展度法

坍落扩展度法[31,32]模拟了混凝土平面流动过程，将流动扩展的混凝土拌合物划分成若干个同心圆区域，冲洗取出各区域中粗骨料含量，烘干称重后计算每个区域内的相对骨料密度，并通过相对骨料密度拟合直线的斜率来判断自密实混凝土的动态稳定性，直线倾斜程度越大表明动态稳定性越差。坍落扩展度测试方法示意如图2.16所示，相对粗骨料密度（R_d）计算方法如式(2-28)所示。

$$R_d = \frac{A_i}{A} \times \frac{V_i}{V} \tag{2-28}$$

式中　A_i——区域内粗骨料质量，kg；
　　　A——总粗骨料质量，kg；
　　　V_i——区域体积，m³；
　　　V——总体积，m³。

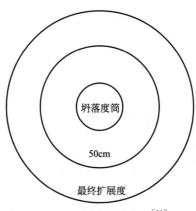

图 2.16　坍落扩展度法[31]

(2) 倾斜箱法

倾斜箱法（T-box）[33]测试自密实混凝土动态稳定性，先将一定量的浆体注入测试箱内以固定频率（2s/次）摇晃，总计晃动120次，晃动循环结束后，洗出不同区域的粗骨料或用结合离析探针表征离析程度，试验如图2.17所示。采用不同区域内粗骨料质量表征动态稳定性时可定义体积动态离析指数 VI，计算方法如式(2-29)所示，当离析指数 VI≤25%时，认为此拌合物的动态稳定性较好。

$$VI = \frac{V_{td} - V_{tu}}{Average(V_{td}, V_{tu})} \tag{2-29}$$

式中　V_{td}——向下倾斜端中粗骨料质量分数；

V_{tu}——向上翘起端中粗骨料质量分数。

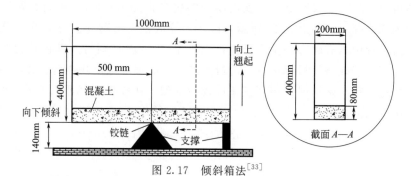

图 2.17　倾斜箱法[33]

(3) 流动水槽法

Lin Shen[34] 设计了流动水槽测试自密实混凝土的动态稳定性,试验装置如图 2.18 所示。在测试前,保持槽内是无水但湿润状态,先用相同拌合物在水槽内流动直到停止,然后竖立水槽使槽内拌合物流尽,收集流出的拌合物,洗出粗骨料并称量质量 CA_1。然后取与第一次流动相同体积的拌合物,保持槽的倾斜状态,将拌合物倒入槽内流动,停止流动后,收集流出的拌合物,洗出粗骨料称量质量 CA_2,动态离析指数 DSI 计算方法如式(2-30)所示。

$$DSI = \frac{CA_1 - CA_2}{CA_1} \qquad (2-30)$$

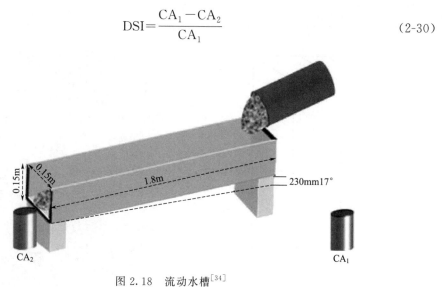

图 2.18　流动水槽[34]

(4) 跳桌试验法

跳桌试验法测试原理是利用跳桌振捣装满自密实混凝土拌合物的检测筒,其测试原理和离析柱法相近,即测试规定尺寸柱中混凝土经振动后骨料在不同高度的分布(图 2.19)。沉降柱分为上、中、下三节,上节和下节的高度均为 150mm,中间部分高度为 200mm。为了便于收集各个柱状中不同节中混凝土拌合物,在柱的上、中、下分别装入 3 个合页门。将装有混凝土拌合物的沉降柱静止 1min,然后转动底部振动桌将沉降柱在 1min 内振动 20 次，再静停 5min 后进行收集混凝土拌合物，利用上部骨料与下部骨料的比值即离析率（SCR）来评价自密实混凝土的抗离析能力。Rooney 将自密实混凝土抗离析程度分为四个等级，如表 2.13 所示，Bartos 等认为当 SCR 值大于 0.95，表明自密实混凝土在浇筑过程中具有较好的抗离析性；当小于 0.90 时，则可判断该拌合物存在明显的离析趋势，很可能在浇筑过程中发生离析。该方法能够准确反映拌合物在动力作用下的稳定性，较接近工程实际情况，但测试条件较为苛刻，在施工现场不宜操作。《自密实混凝土设计与施工指南》（CCES 02—2004）中提出拌合物稳定性跳桌试验方法与其类似，所不同的是检测筒的尺寸和振动参数。该方法中检测筒内径 115mm、外径 135mm，分三节，每节高度均为 100mm，并用活动件固定。将自密实混凝土拌合物装入稳定性检测筒至料斗口，垂直移走料斗，静置 1min，用抹刀将多余拌合物除去并抹平，不允许压抹，将检测筒放置在跳桌上，进行试验，称量上、中、下三段拌合物中粗骨料的湿重（m_1、m_2、m_3），按式（2-31）计算粗骨料振动离析率，粗骨料振捣离析率≤10％为其评价指标。

表 2.13 跳桌试验法的取值

离析程度等级	沉降柱离析参数取值（SCR）
1 级无离析	≥0.96
2 级离析程度中等	0.95～0.88
3 级离析程度明显	0.87～0.72
4 级离析程度严重	不大于 0.71

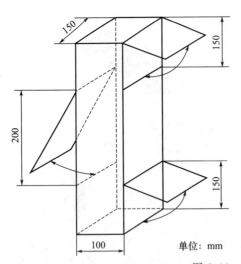

图 2.19 跳桌试验法

$$f_m = \frac{m_3 - m_1}{m} \times 100\% \tag{2-31}$$

式中 　f_m——粗骨料振捣离析率；
　　　m_1——上段混凝土拌合物中湿骨料的质量，g；
　　　m_3——下段混凝土拌合物中湿骨料的质量，g；

m——三段混凝土拌合物中湿骨料质量的平均值，$m=(m_1+m_2+m_3)/3$，g。

(5) 间接方法

拌合物的间隙通过性一定程度上反映了动态稳定性，动态稳定性不佳的拌合物会在障碍处形成粗骨料堆积而影响通过性能。由于自密实混凝土的动态稳定性与其间隙通过性等工作性能之间存在相关关系，部分学者采用V形漏斗时间差、J环[35]、L形仪、U形槽[3]等进行试验，根据流动浆体通过障碍物的能力间接表征自密实混凝土的稳定性。

通过以上介绍可以发现，自密实混凝土动态稳定性评价方法各具特色，现对其总结，如表 2.14 所示。

表 2.14 混凝土动态稳定性评价方法及其特点

试验方法	适用范围	优缺点
VSI	现场/实验室	简单易行，但人为因素影响较大，无法定量分析
坍落扩展度法	现场/实验室	简单易行，但拌合物流动性差、划分区域较少，对测试结果影响较大
倾斜箱法	实验室	较好模拟了拌合物在运输振捣过程中的状态，但测试方法烦琐复杂
流动水槽法	实验室	较好模拟了自密实混凝土的流动过程，但拌合物的浇入速度和高度对试验结果影响较大
间接方法	现场/实验室	一定程度地表征动态稳定性

2.2.3 自密实混凝土静态稳定性影响因素

以水胶比、减水剂用量、含气量、骨料最大粒径、骨料级配、骨料体积分数等关键参数为变量，研究了上述参数对自密实混凝土静态稳定性的影响[36]。自密实混凝土配合比及相关测试结果如表 2.15 所示。

表 2.15 混凝土配合比及试验结果

No.	C	SL	FA	CA/mm		S	W	SP	AEA	AC	t_{500}	SF	Pd	S
				5～10	10～20									
1#	250	137	85	332	498	830	182	7.80	0.052	5.1	5.8	645	3	1.7
2#	250	137	85	332	498	830	188	7.80	0.052	4.3	4.0	705	6	0.0
3#	250	137	85	332	498	830	191	7.80	0.052	5.4	5.3	700	7	1.4
4#	250	137	85	332	498	830	200	7.80	0.052	5.9	3.2	725	10	29.0
5#	250	137	85	332	498	830	182	6.76	0.052	6.0	6.3	610	2	0.0
6#	250	137	85	332	498	830	182	10.14	0.052	5.5	5.3	710	6	16.0
7#	250	137	85	332	498	830	182	10.92	0.052	4.7	4.1	750	30	64.0
8#	250	137	85	332	498	830	182	7.80	—	2.1	6.6	660	3	2.6
9#	250	137	85	332	498	830	182	7.80	0.105	6.1	7.1	660	5	0.0
10#	250	137	85	332	498	830	182	7.80	0.130	8.8	9.5	645	1	0.0
11#	250	137	85	830	—	830	182	7.80	0.052	3.7	17.7	605	7	1.4
12#	250	137	85	332	498^b	830	182	7.80	0.052	4.3	8.1	640	6	1.4
13#	250	137	85	249	581	830	182	7.80	0.052	4.0	8.1	600	0	2.8
14#	250	137	85	415	415	830	182	7.80	0.052	4.0	9.7	620	3	0.0
15#	250	137	85	498	332	830	182	7.80	0.052	3.4	6.8	680	5	0.0
16#	250	137	85	581	249	830	182	7.80	0.052	3.2	8.3	600	1	2.7
17#	264	144	89	305	457^b	875	192	6.64	0.055	—	6.1	650	6	7.7
18#	231	127	78	348	522^b	769	168	7.14	0.048	—	9.2	610	4	0.0
19#	215	118	73	370	555^b	716	157	8.16	0.045	—	11.8	575	0	0.0

(1) 水胶比（W/B）对自密实混凝土拌合物性能的影响

水胶比作为混凝土配合比设计的重要考虑因素之一，其值大小对于自密实混凝土的流动性及稳定性存在重要影响。本试验在控制胶凝材料等用量不变的情况下，通过仅改变混凝土用水量（配比 $1^\#$，$2^\#$，$3^\#$，$4^\#$），研究了水胶比对自密实混凝土的基本工作性能及其静态稳定性的影响，试验结果如图 2.20 和图 2.21 所示。

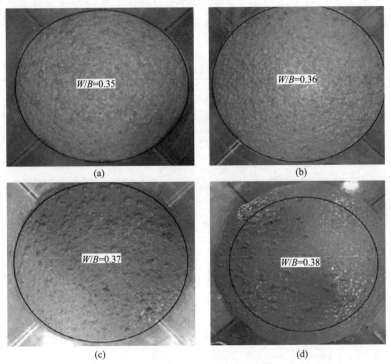

图 2.20 不同水胶比条件下的自密实混凝土状态

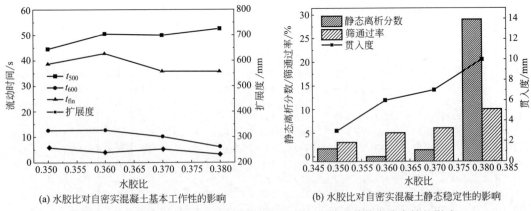

(a) 水胶比对自密实混凝土基本工作性的影响　　(b) 水胶比对自密实混凝土静态稳定性的影响

图 2.21 减水剂用量对自密实混凝土拌合物工作性及其静态稳定性的影响

由图 2.20 可发现，当水胶比为 0.35 时，自密实混凝土无明显离析、泌水现象发生；水胶比为 0.36 时，自密实混凝土出现轻微泌水；水胶比为 0.37 时，在自密实混凝土边缘出现小于 1cm 的砂浆光环；而当水胶比达到 0.38 后，自密实混凝土出现明显的离析泌水现象，且在边缘位置出现大于 1cm 的砂浆光环，局部出现骨料堆积。同时结合图 2.21 可知，水胶比增大，降低了自密实混凝土的流动时间和稳定性等级，增加了其扩展度，特别是当水胶比达到 0.37 后，这种变化较明显，即水胶比增大会提高自密实混凝土的流动性，但会降低其静态稳定性。这是由于水胶比会直接影响混凝土内部自由水含量，而混凝土内自由水含量的提高会降低其塑性黏度和屈服应力，在增加混凝土流动性的同时，相应减弱浆体包裹骨料的能力，增加其与骨料间的分离趋势，且存在临界值。

(2) 减水剂用量对自密实混凝土拌合物性能的影响

由于水泥颗粒表面吸附性能较好，聚羧酸减水剂分子与水泥颗粒接触时，其会附着在水泥颗粒表面，形成大量具有一定结构的聚合物分子，进而导致水泥颗粒间形成一种隔离层，使水泥颗粒分子间存在很大排斥力（空间位阻排斥力）。这种排斥力随聚羧酸减水剂分子量的增大而增大，进而使得被水泥颗粒包裹的水分得以释放，降低新拌混凝土的流变参数，宏观表现为整个混凝土分散体系的流动性得以改善[37,38]。本试验在基准配比（1#）的基础上，通过仅改变减水剂用量（1.5%，1.3%，1.95% 和 2.1%，图中分别以 B、A、C、D 来进行表示），研究了减水剂用量对自密实混凝土工作性及其静态稳定性的影响（配比 1#，5~7#），试验结果如图 2.22 所示。

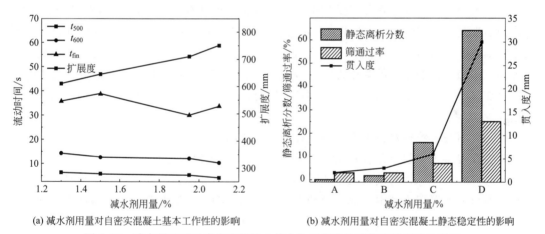

图 2.22　减水剂用量对自密实混凝土拌合物工作性及其静态稳定性的影响

由图中数据可知，聚羧酸高效减水剂用量的提高，对于自密实混凝土的工作性能起到了积极作用（降低了自密实混凝土的流动时间，增加了其扩展度），但不利于其静态稳定性的保持，特别是当减水剂用量超过 1.95% 后，这种趋势更加明显。这说明在自密实混凝土配制过程中要确定合理的减水剂用量，提高其工作性的同时保持其静态稳定性。也有文献认为[39]，在其他量保持不变时，自密实混凝土的离析程度与减水剂用量线性相关，而与所采用的测试方法无关。

(3) 含气量对自密实混凝土拌合物性能的影响

混凝土中适当的含气量是其获得较好耐久性及工作性能的必要条件。为研究含气量对自密实混凝土基本工作性及静态稳定性的影响，试验在基准配比的基础上，通过添加适量的引气剂或消泡剂，配制了不同含气量的自密实混凝土［配比 $1^\#$，$8^\# \sim 10^\#$，含气量控制范围：$(5\pm1)\%$，$(3\pm1)\%$，$(7\pm1)\%$，$(9\pm1)\%$，为方便作图，在图中分别以 B、A、C、D 来表示］，试验结果如图 2.23 所示。

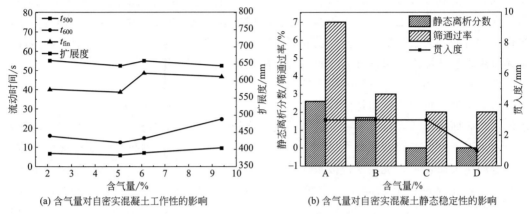

(a) 含气量对自密实混凝土工作性的影响　　(b) 含气量对自密实混凝土静态稳定性的影响

图 2.23　含气量对自密实混凝土拌合物工作性及其静态稳定性的影响

图中试验数据表明，含气量增加会提高自密实混凝土的流动时间和静态稳定性，轻微降低其扩展度。这是由于在化学结构上，引气剂是一种具有起泡、乳化分散、浸润等性能的表面活性剂[40]，其加入到混凝土中后会引入较多微小气泡，增加砂浆的塑性黏度，增大水泥颗粒间的引力，减小混凝土泌水沉降[41,42]；而消泡剂的加入会形成新的低表面黏度界面，稍微降低混凝土的黏聚性[38]；对于扩展度出现轻微降低现象，则可能是由于引气剂增加自密实混凝土屈服应力带来的扩展度降低稍高于由于微小气泡引入而起到的扩展度增高。

（4）骨料最大粒径对自密实混凝土拌合物性能的影响

骨料在混凝土中起着重要的骨架支撑作用，其对于混凝土性能亦有着十分重要的影响，有研究表明[17] 骨料最大粒径的减小有利于混凝土静态稳定性的提高。为研究骨料最大粒径对自密实混凝土基本工作性及静态稳定性的影响，试验在基准配比基础上，通过仅改变粗骨料的最大粒径（分别采用最大粒径为 10mm、16mm 及 20mm 连续级配碎石），展开相关试验，试验结果如图 2.24 所示。

图 2.24 中曲线变化趋势表明，在混凝土胶凝材料用量一定的条件下，粗骨料最大粒径的增加，有利于自密实混凝土工作性能提高，但不利于其静态稳定性的保持，这与文献[13] 试验结果相一致。一般说来，混凝土中粗骨料粒径的增大会同时降低其比表面积，增加富裕浆体含量，提高自密实混凝土流动性，降低浆体对粗骨料产生的黏滞力，增加混凝土离析程度。而贯入试验出现如图 2.24 所示变化趋势，可能是受到倒坍落度桶壁效应的影响，且这种作用随着骨料粒径的增大而提高。同时结合图中数据可知，当骨料粒径不大于 16mm 时，自密实混凝土静态稳定性变化不大，但当超过该值后，自密实混凝土静态稳定性表征参数均开始发生较大变化，说明 16mm 以上粒径骨料对自密实混凝土静态稳定性影响较大，而工作性则相反。

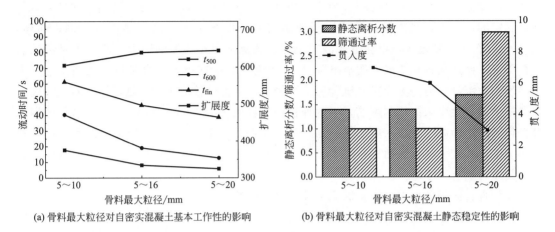

(a) 骨料最大粒径对自密实混凝土基本工作性的影响　　(b) 骨料最大粒径对自密实混凝土静态稳定性的影响

图 2.24　骨料最大粒径对自密实混凝土拌合物工作性及其静态稳定性的影响

(5) 骨料级配对自密实混凝土拌合物性能的影响

维莫斯的"颗粒干扰"学说认为[43]，混凝土中较大骨料颗粒含量高时，整个骨料体系比表面积较小，空隙率较大，客观上增大了水泥浆含量，提高了混凝土拌合物工作性能；当较大颗粒和细小颗粒含量达到一定较优比例时，细小颗粒会干扰较大颗粒之间的距离，降低骨料颗粒间稳定性，但同样会提高混凝土拌合物工作性能；若较大颗粒含量继续增加，细小颗粒含量继续减小，则颗粒干扰较小，反而不利于混凝土工作性提高。因而，合理的骨料级配可以提高混凝土工作性能，缓解混凝土的稳定性问题[44]。1#，13#～16#分别采用5～10mm及10～20mm的粗骨料按质量比4:6，3:7，5:5，6:4及7:3搭配使用来获得不同的骨料级配，试验研究骨料级配对自密实混凝土拌合物工作性能及静态稳定性的影响，结果如图2.25所示。

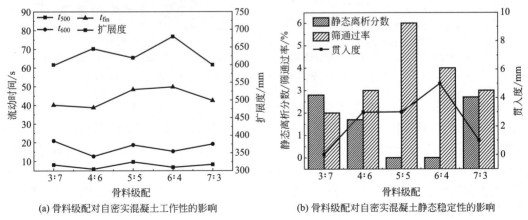

(a) 骨料级配对自密实混凝土工作性的影响　　(b) 骨料级配对自密实混凝土静态稳定性的影响

图 2.25　骨料级配对自密实混凝土拌合物工作性及其静态稳定性的影响

由图2.25可知，自密实混凝土工作性能和静态稳定性以两种骨料颗粒质量比5:5为基础，大致呈对称趋势变化；另外在静态稳定性试验研究过程中，柱状法试验结果为先升后降,而筛分试验和贯入试验结果则正好相反。出现此种情况,一方面是由于在砂浆基材含量固定的情况下,浆体限制石子沉降能力有限,大石子含量高更易产生沉降;同样,5~10mm石子含量过大,也会造成混凝土拌合物黏度过小、流动阻力过小,不足以限制大石子沉降而造成抗离析能力明显下降[44],因而柱状法在小石子含量较大或较小情况下均出现较大沉降;另一方面贯入试验可能受倒坍落度桶壁效应影响,抵消了骨料粒径增大对混凝土稳定性带来的不利影响,当两种粒径骨料比例由3:7变动到6:4,这种作用随骨料粒径减小而减小,贯入度随之增加,当该比例达到7:3时,混凝土中以小粒径骨料颗粒为主,其较大的比表面积,增大了浆体黏度,减小了贯入度;而筛分试验呈现相反趋势,其原因仍有待于进一步探讨。

(6) 骨料体积分数对自密实混凝土拌合物性能的影响

在保持混凝土中其他参数固定不变的条件下,粗骨料体积分数的增加会提高混凝土中骨料间相互碰撞与摩擦的概率,而在自密实混凝土水泥浆体流变参数(屈服应力、塑形黏度)较低的情况下,其骨料颗粒间的相互作用是保持其较好稳定性的重要条件[45],但这同样会增大混凝土的流动阻力,使得工作性变差。试验配制了不同骨料体积分数自密实混凝土(配比1#,17#~19#),研究骨料体积分数对自密实混凝土工作性能的影响,试验结果如图2.26所示。

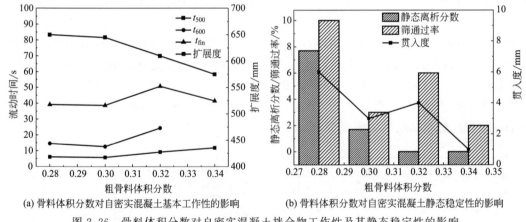

(a) 骨料体积分数对自密实混凝土基本工作性的影响　　(b) 骨料体积分数对自密实混凝土静态稳定性的影响

图2.26　骨料体积分数对自密实混凝土拌合物工作性及其静态稳定性的影响

由图2.26(a)可知,粗骨料体积分数不大于0.30时,自密实混凝土工作性能无显著变化,而超过该值后则呈现出明显变差趋势;图2.26(b)中粗骨料体积分数的增加则对自密实混凝土静态稳定性起到了积极作用。这是由于当混凝土中粗骨料体积分数较小时,胶凝材料用量较多,有利于改善其工作性能,但会为其中骨料的沉降提供更多的空隙,增加混凝土离析程度;而粗骨料体积分数增加会增加混凝土的塑性黏度及屈服应力,降低混凝土的离析程度[33,46,47]。

(7) 不同影响因素对自密实混凝土静态稳定性的影响程度

采用统计学中的变异系数(均值/标准差)来对不同影响因素作用下自密实混凝土的静态稳定性变化程度进行确定。评价过程中,若某因素对其影响较大,则该因素对应的变异系数亦会较大;同时,变异系数可同时对其进行横向和纵向的比较。现将试验数据进行分析、整理，如表 2.16 所示。

表 2.16 不同影响因素对自密实混凝土静态稳定性的影响程度

项目	水胶比	减水剂用量	含气量	骨料最大粒径	骨料级配	骨料体积分数
σ_{Pd}/mm	2.89	13.28	1.00	2.08	1.95	2.36
$Mean_{Pd}$/mm	6.50	10.25	2.50	5.33	2.40	4.25
COV_{Pd}	0.44	1.30	0.40	0.39	0.81	0.56
σ_S/%	14.00	29.92	1.29	0.19	1.38	3.68
$Mean_S$/%	8.03	20.43	1.08	1.48	1.44	2.26
COV_S	1.74	1.47	1.20	0.13	0.96	1.63
σ_{SPP}/mm	2.94	10.50	2.38	1.15	1.52	4.11
$Mean_{SPP}$/mm	6.00	9.50	3.50	1.67	3.60	4.75
COV_{SPP}	0.49	1.11	0.68	0.69	0.42	0.86

注：$Mean_J = \dfrac{\sum_{i=1}^{n} J_i}{n}$ （$J=Pd/S/SPP$）；$\sigma_J = \sqrt{\dfrac{\sum_{i=1}^{n}(J_i - Mean_J)}{n}}$ （$J=Pd/S/SPP$）；变异系数 $COV_J = \dfrac{\sigma_J}{Mean_J}$ （$J=Pd/S/SPP$）；Pd 指贯入深度；S 指静态离析分数；SPP 指筛分砂浆通过率。

由表中数据可发现，各因素对自密实混凝土静态稳定性的影响程度随采用的评价方法不同而存在差异，但总体来说，由柱状法计算所得变异系数基本均大于其他两种试验方法，即可认为在对自密实混凝土静态稳定性进行表征过程中，三种试验方法对试验结果的敏感程度依次为：柱状法试验＞GTM 筛稳定性试验＞贯入试验；这里采用柱状法所得试验结果来对各因素对自密实混凝土静态稳定性的影响程度进行排序为：水胶比＞骨料体积分数＞减水剂用量＞含气量＞骨料级配＞骨料最大粒径。

2.2.4 简化柱状法表征自密实混凝土静态稳定性

就自密实混凝土静态稳定性而言，近年来国内外学者对其评价方法进行了大量研究[21,22,27,29,30,48~51]，取得了丰硕成果，但这些方法各具特色，并未形成一种统一、公认的表征方法，且多数试验方法的准确性仍有待进一步现场试验验证。相比于其他方法，柱状法在现阶段使用范围较广，且其直接从粗骨料角度出发，准确性较高。但是，柱状法在试验过程中需将混凝土粗骨料洗出、擦干并称重，增加了试验的复杂程度。在理论计算的基础上，对柱状法进行了一定程度的简化，采用将静置完成后的混凝土浆体过筛筛取砂浆的方法来代替原柱状法中将粗骨料洗出、擦干的过程，探讨了采用砂浆离析分数（MSP）来表征自密实混凝土静态稳定性的可行性，并确定了该评价指标的取值范围。

(1) 试验原理

混凝土中，骨料的沉降可看做是其在自身重力、浆体浮力和黏滞阻力及骨料间相互作用力共同作用下的结果。在对自密实混凝土静态离析机理进行研究的过程中，通常可将新拌自密实混凝土近似看做宾汉姆流体，并得到单球体颗粒骨料的最终沉降速率 v_s 为[13]：

$$v_s = \dfrac{d^2 g(\rho_s - \rho_1) - 18 d \tau_0}{18 \eta_{pl}} \tag{2-32}$$

式中 ρ_s, ρ_1——混凝土中骨料颗粒和浆体的密度，kg/m^3；

d ——骨料颗粒的直径，mm；

η_{pl} ——浆体塑性黏度，Pa·s；

τ_0 ——浆体屈服应力，Pa；

g ——重力加速度，m/s²。

令 $v_s=0$，可得到混凝土发生离析现象时，骨料的最小粒径为：

$$d_{\min}=\frac{18\tau_0}{g(\rho_s-\rho_l)} \tag{2-33}$$

当骨料粒径大于发生沉降的最小骨料粒径时，混凝土会发生离析现象。在混凝土中，骨料的沉降可以看做是沉降骨料与等体积砂浆间位置互换的过程，在该过程中，骨料的下沉必然会导致浆体的上升，造成混凝土上层浆体较多而骨料较少，因此，采用筛取柱状法试验仪器上、下柱中混凝土砂浆的方法对原试验过程进行简化具有其合理性，并提出采用砂浆离析分数 MSP（%）对混凝土的静态稳定性进行表征，其计算方法如下：

$$\text{MSP}=\frac{2(m_T-m_B)}{m_T+m_B} \tag{2-34}$$

式中 m_T，m_B ——柱状法试验仪器上节柱和下节柱中混凝土过筛砂浆质量，kg，若 $m_T<m_B$，则取 MSP=0。

根据 ASTM C1610—14 标准[27] 提供的混凝土静态离析分数计算方法，并基于自密实混凝土静态稳定性良好时，其静态离析分数应不大于 15.0% 的规定和混凝土匀质性假设，可得到：

$$\frac{2(m_{CA_B}-m_{CA_T})}{m_{CA_B}+m_{CA_T}}\leqslant 15.0\% \tag{2-35}$$

$$\frac{m_{CA_T}}{m_{CA_B}}\geqslant\frac{37}{43} \tag{2-36}$$

$$\frac{\frac{M_A}{4}-m_A}{\frac{M_A}{4}+m_A}\geqslant\frac{37}{43} \tag{2-37}$$

$$\frac{m_A}{M_A}\leqslant\frac{3}{160} \tag{2-38}$$

式中 m_{CA_T}，m_{CA_B} ——柱状法试验仪器上节柱和下节柱中的混凝土经冲洗、擦干后获得的粗骨料质量，kg；

M_A ——试验仪器所装混凝土中粗骨料的总质量，kg；

m_A ——发生沉降的骨料质量，kg。

混凝土中骨料的沉降过程可以看做等体积骨料与浆体间位置互换的过程，即 $\frac{m_A}{\rho_A}=\frac{m_m}{\rho_m}$，则：

$$M_m=\rho_m\left(0.0175-\frac{M_A}{\rho_A}\right) \tag{2-39}$$

式中 m_m ——发生体积置换的砂浆质量，kg；

ρ_A，ρ_m ——发生位置互换的骨料和砂浆的密度，kg/m³；

M_m——试验仪器所装混凝土中砂浆的总质量,kg;

0.0175——试验仪器所装混凝土的总体积,m^3,试验仪器尺寸见标准[28]。

另根据混凝土匀质性假设可得到,柱状法试验仪器上、下节柱中混凝土浆体质量为:

$$M_T = \frac{1}{4}M_m + \rho_m \frac{m_A}{\rho_A} \tag{2-40}$$

$$M_B = \frac{1}{4}M_m - \rho_m \frac{m_A}{\rho_A} \tag{2-41}$$

将式(2-39)~式(2-41)代入式(2-34)可得:

$$\mathrm{MSP} = \frac{4\rho_m \frac{m_A}{\rho_A}}{\frac{1}{2}\rho_m \left(0.0175 - \frac{M_A}{\rho_A}\right)} = \frac{8m_A}{0.0175\rho_A - M_A} = \frac{8\frac{m_A}{M_A}}{\frac{0.0175}{V_A} - 1} \tag{2-42}$$

式中 V_A——试验仪器所装混凝土中粗骨料的体积,$V_A = [(0.28 \sim 0.35) \times 0.0175] \, m^{3[25]}$。

则 $\frac{0.0175}{V_A} - 1 = 1.86 \sim 2.57$,为获得式(2-42)的最大取值范围,这里取其值为1.86。

将式(2-38)代入式(2-42),可得:

$$\mathrm{MSP} = \frac{8\frac{m_A}{M_A}}{\frac{0.0175}{V_A} - 1} \leq \frac{8 \times \frac{3}{160}}{\frac{0.0175}{V_A} - 1} = \frac{15}{\frac{0.0175}{V_A} - 1}\% = \frac{15}{1.86}\% = 8.1\% \tag{2-43}$$

即当 MSP 不大于 8.1% 时,混凝土静态稳定性良好。

(2) MSP 判据验证及修正

以自密实混凝土静态稳定性良好时,静态离析分数(S)不大于15.0%为评价标准[27],验证评价指标砂浆离析分数(MSP)的取值范围,分析结果如图2.27所示。其中,试验精度为试验结果同时满足静态离析分数和砂浆离析分数要求的概率。

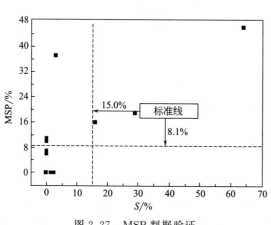

图 2.27 MSP 判据验证

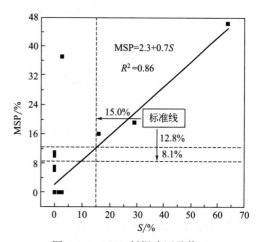

图 2.28 MSP 判据验证及修正

由图 2.27 可见，MSP 判断为合格的点，其静态离析分数一定合格，反之则不然，即 MSP 判据较静态离析分数更为严格。同时，以自密实混凝土静态离析分数不大于 15.0% 为判断依据，当试验结果不满足该标准要求时，其亦不满足 MSP 不大于 8.1% 的判据，试验精度为 100.0%；当试验结果满足静态离析分数不大于 15.0% 要求时，除个别点外，其亦基本满足 MSP 不大于 8.1% 的判别要求，试验精度为 76.9%。综合全部试验结果分析可得，MSP 总体试验精度为 81.3%，试验精度较高，但是经过对图 2.28 中不合格数据点与其余数据点通过流动时间测试结果的对比分析认为，该点为明显误差点。现将该点剔除，对试验数据进行拟合分析，可以发现自密实混凝土的砂浆离析分数与静态离析分数之间存在较高的线性相关性。以拟合结果 $MSP = 2.3 + 0.7S$ 为参考，取 $S \leqslant 15.0\%$，对 MSP 取值进行修正，得到当 MSP 不大于 12.8% 时，自密实混凝土静态稳定性良好，此时，试验总体精度为 100.0%。因此，确定 12.8% 为 MSP 判据的修正值。

(3) 柱状法试验和筛分试验结果与贯入试验结果间的关系

由相关资料、规范可知当自密实混凝土静态稳定性良好时，其静态离析分数和筛通过率都应不大于 15.0%，而贯入度应不大于 10mm（已在图 2.29 中以虚线标出）。图 2.29 对三种自密实混凝土静态稳定性表征试验方法间的关系进行了对比分析，由图中数据可知，三种试验结果间相关性较好，试验数据基本在划定的自密实混凝土稳定区域变动；另外，由上节三种静态稳定性试验方面敏感性分析可知，贯入试验对于自密实混凝土静态稳定性的敏感程度弱于前两者。现以柱状法试验和 GTM 筛稳定性试验结果为参考，对贯入试验评价标准进行重新界定，通过对比发现，当自密实混凝土静态稳定性良好时，规范规定的贯入试验评价标准上限值可适当提高到 7mm。

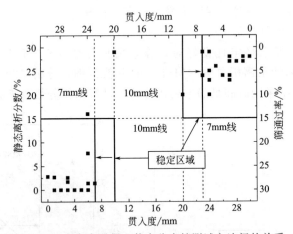

图 2.29 自密实混凝土静态稳定性测试方法间的关系

(4) 自密实混凝土竖向膨胀率与其静态稳定性间的关系

自密实混凝土的竖向膨胀率与其静态稳定性之间的关系试验结果如图 2.30 所示。其中，当贯入度大于 30mm 时，取其为 30mm。由图中数据可发现，当自密实混凝土静态稳定性良好时，其竖向膨胀率基本均在可接受范围内变动，即使在自密实混凝土静态离析较严重的情况下，其值亦在 0.28%~0.88% 间变动，这说明自密实混凝土的竖向膨胀率与其静态稳定性间并不存在明显相关性。

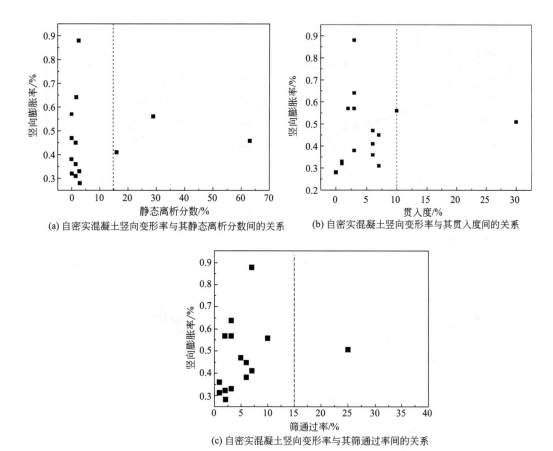

图 2.30　自密实混凝土竖向膨胀率与其静态稳定性间的关系

2.2.5　自密实混凝土工作性能与其静态稳定性间的关系

自密实混凝土静态稳定性问题的发生主要是由于其较低的塑性黏度和屈服应力所致。一般说来,塑性黏度反映了流体各平流层之间产生的与流动方向相反的阻止其流动的黏滞阻力的大小,它支配拌合物的流动能力;屈服应力则是阻碍塑性变形的最大应力,其支配拌合物的变形能力[47];且两者与自密实混凝土工作性能(流动时间、扩展度)紧密相关。

为更好地对几者间的关系进行阐述,一些学者对此展开了研究。其中,R. Zerbino 等[52]在大量试验数据基础上认为,在组成材料相同的情况下,即使自密实混凝土的温度、搅拌过程、环境状况或者搅拌完成后的静置时间存在差异,其坍落流动度和屈服应力、流动时间和塑性黏度间存在直接联系,并得到几者间关系(如图 2.31 所示)。

Sedran 和 Larrard 等[53]基于各自的试验条件和假定(混凝土为均匀流体),运用数学、力学知识进行计算[54],建立了混凝土流变参数与其工作性能参数间的关系:

$$\mu = \frac{\rho g(0.026 SF - 2.39 t_{500})}{10000} \tag{2-44}$$

$$\tau_0 = \frac{\rho g(808 - SF)}{11740} \tag{2-45}$$

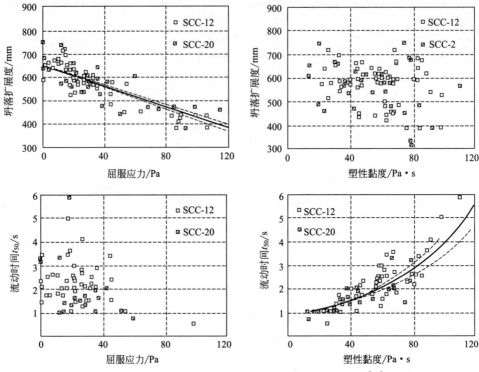

图 2.31 自密实混凝土流变参数与其工作性能的关系[48]

式中　g——重力加速度，m/s²；
　　　ρ——拌合物容重，N/m³；
　　　SF——混凝土坍落扩展度，mm；
　　　t_{500}——混凝土流动时间，s。

同时，也有学者认为以扩展度为主的混凝土，其屈服应力应符合以下方程：

$$\tau_0 = \frac{\rho g h^2}{D-d} \tag{2-46}$$

式中　g——重力加速度，m/s²；
　　　ρ——拌合物容重；
　　　h——拌合物坍落扩展后的高度，mm；
　　　D——拌合物扩展直径，mm；
　　　d——拌合物坍落扩展前直径，mm。

另外，文献[55]给出了自密实混凝土的屈服应力和塑性黏度与其骨料沉降的关系（如图 2.32 所示）。

通过以上研究可以发现，自密实混凝土的流变参数与其工作性能和静态稳定性之间存在良好的相关性，但是对于后两者（自密实混凝土工作性能与静态稳定性）间关系的研究却鲜有报道。本节以自密实混凝土的流变行为为桥梁，建立其工作性能参数（流动时间与坍落扩展度）与静态稳定性间的关系，以期对后者的快速评价提供可靠途径。

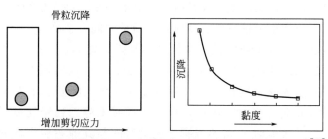

图 2.32 自密实混凝土流变参数与其骨料离析沉降间的关系[55]

(1) 自密实混凝土流动时间与其静态稳定性的关系

Nathan Tregger 等[32]通过对自密实混凝土动态离析的研究发现,自密实混凝土拌合物最终流动时间的增加可以提高其动态稳定性,且 t_{fin} 比 t_{500} 更能反映混凝土的黏度。为研究自密实混凝土流动时间与其静态稳定性间的关系,综合所有试验数据展开分析,同时对自密实混凝土的静态稳定性表征参数均进行了无量纲化处理,即将自密实混凝土的静态离析分数、筛通过率和贯入度分别除以 1‰ 和 1mm,使三者均变为无量纲量,来达到统一分析的目的。同时在分析过程中由于 7# 配比的贯入度超出试验仪器量程,这里只给出了其趋势值,在作图过程中并不能对其进行表示,故将其剔除,分析结果如图 2.33 所示。

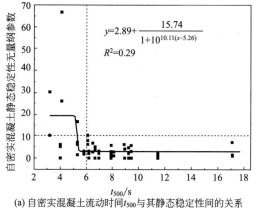

(a) 自密实混凝土流动时间t_{500}与其静态稳定性间的关系

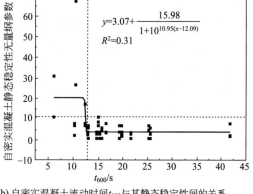

(b) 自密实混凝土流动时间t_{600}与其静态稳定性间的关系

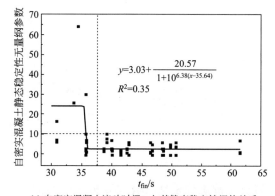

(c) 自密实混凝土流动时间t_{fin}与其静态稳定性间的关系

图 2.33 自密实混凝土流动时间与其静态稳定性间的关系

由图中数据可知,自密实混凝土流动时间与其静态稳定性无量纲参数间存在良好相关性,当自密实混凝土静态稳定性发生突变时,其流动时间存在临界值;另外,随流动时间延长,其与自密实混凝土静态稳定性相关性越来越强,即 t_{500}、t_{600} 和 t_{fin} 对自密实混凝土静态稳定性敏感性依次递增,这与 Nathan Tregger 研究结果类似。

由于自密实混凝土的静态离析分数、筛通过率及贯入度分别不大于 15.0%、15.0% 和 10mm 时,其静态稳定性良好,因此,自密实混凝土静态稳定性良好时,设定无量纲参数不大于 10。为进一步说明自密实混凝土流动时间与其静态稳定性间的关系,对图中试验数据进行拟合,以获得自密实混凝土静态稳定性发生突变时流动时间的临界值,优选拟合结果如图中曲线所示,现令图中三式均小于等于判别标准 10,即:

$$y = 2.89 + \frac{15.74}{1+10^{10.11(x-5.26)}} \leqslant 10 \tag{2-47}$$

$$y = 3.07 + \frac{15.98}{1+10^{10.95(x-12.09)}} \leqslant 10 \tag{2-48}$$

$$y = 3.03 + \frac{20.57}{1+10^{6.38(x-35.64)}} \leqslant 10 \tag{2-49}$$

由以上三式解得:$t_{500} \geqslant 5.3\text{s}$,$t_{600} \geqslant 12.1\text{s}$,$t_{\text{fin}} \geqslant 35.7\text{s}$,即在本试验条件下,当自密实混凝土流动时间 $t_{500} \geqslant 5.3\text{s}$,$t_{600} \geqslant 12.1\text{s}$ 或 $t_{\text{fin}} \geqslant 35.7\text{s}$ 时,可判定其静态稳定性良好。

(2) 自密实混凝土坍落扩展度与其静态稳定性的关系

在宾汉姆流体中,骨料的沉降随其屈服应力增大而减小,也即随混凝土坍落扩展度的减小而减小。为建立自密实混凝土坍落扩展度与其静态稳定性间的关系,对自密实混凝土静态稳定性评价参数同样进行了无量纲化处理,并设定当自密实混凝土静态稳定性良好时,无量纲参数不大于 10,同样将贯入度大于 30mm 数据剔除,分析结果如图 2.34 所示。

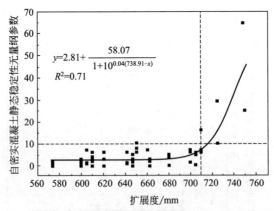

图 2.34　自密实混凝土扩展度与其静态稳定性间的关系

图 2.34 对自密实混凝土静态稳定性参数与其扩展度间的关系进行了总结分析,可发现当扩展度不大于某个值时,自密实混凝土的静态稳定性参数均在可接受范围内变动,且

变动幅度不大；但当扩展度大于该值后，自密实混凝土的静态稳定性迅速变差，即扩展度对其静态稳定性的影响存在临界值。拟合图中数据可得到自密实混凝土扩展度与其静态稳定性间的关系为：

$$y = 2.81 + \frac{58.07}{1+10^{0.04(738.91-x)}} \quad (2\text{-}50)$$

式中　　y——关于自密实混凝土静态稳定性的无量纲参数；

　　　　x——自密实混凝土的坍落扩展度，mm。

令

$$y = 2.81 + \frac{58.08}{1+10^{0.04(738.91-x)}} \leqslant 10 \quad (2\text{-}51)$$

解得：

$$x \leqslant 715(\text{mm}) \quad (2\text{-}52)$$

即在本试验条件下，当自密实混凝土的坍落扩展度不大于 715mm 时，其静态稳定性良好。

(3) 判据下限值确定

以上计算所得判据均为单边值，但是混凝土工作性能指标至少需达到一定值后，才具有自密实性能，所以这些判据不能是单边的。本节在查阅相关规范资料的基础上，补充了判据的完整性（表 2.17）。

表 2.17　相关规范资料对自密实混凝土工作性能取值范围描述[2~4,25]

标准名称	发布单位	页码	扩展度/mm	t_{500}/s
自密实混凝土应用技术规程	中华人民共和国住房和城乡建设部	8	550~850	以 2.0s 为界分成两个等级
自密实混凝土设计与施工指南	中国土木工程学会	5	550~750	2.0~5.0
自密实混凝土应用技术规程	中国工程建设标准化协会	8	550~750	3.0~20.0
The European Guidelines for Self-Compacting Concrete: Specification, Production and Use	EFNARC, BIBM, ERMCO, et al	44	550~850	以 2.0s 为界分成两个等级

由表 2.16 中相关规范资料可知，对于自密实混凝土工作性能（流动时间和扩展度）的等级划分还存在差异，并未形成统一、公认的界限区分值；为了能够更全面的对自密实混凝土的流动时间和扩展度进行概括，这里取流动时间 t_{500} 取值范围为 2.0~20.0s，扩展度取值范围为 550~850mm。

结合图 2.35 中确定的流动时间之间的线性拟合关系 $t_{600}=0.32+2.29t_{500}$ 和 $t_{\text{fin}}=29.5+1.7t_{500}$ 得：$4.9\text{s} \leqslant t_{600} \leqslant 46.3\text{s}$，$32.9\text{s} \leqslant t_{\text{fin}} \leqslant 63.5\text{s}$；综合以上分析结果可知在本试验条件下，当自密实混凝土流动时间 $5.3\text{s} \leqslant t_{500} \leqslant 20.0\text{s}$，$12.1\text{s} \leqslant t_{600} \leqslant 46.3\text{s}$，$35.7\text{s} \leqslant t_{\text{fin}} \leqslant 63.5\text{s}$ 或 550mm $\leqslant$ 坍落扩展度 $\leqslant$ 715mm 时，其静态稳定性良好。

(4) 评价方法适用性研究

为更好地对自密实混凝土的静态稳定性进行表征，现对分析结果及试验数据进行以下分析，得出如表 2.18 所示的结果。

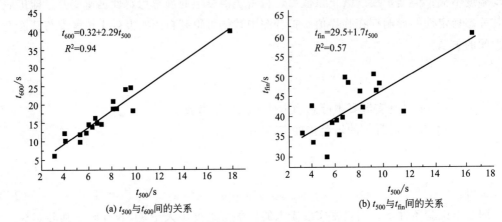

图 2.35 自密实混凝土流动时间之间的关系

表 2.18 分析结果适用性研究

No.	$5.3s \leqslant t_{500}$ $\leqslant 20.0s$	$12.1s \leqslant t_{600}$ $\leqslant 46.3s$	$35.7s \leqslant t_{fin}$ $\leqslant 63.5s$	$550mm \leqslant$坍落扩展度$\leqslant 715mm$	满足项	静态稳定性
1#	√	√	√	√	4	F
2#	×	√	√	√	3	F
3#	√	×	√	√	3	F
4#	×	×	√	×	1	W
5#	√	√	√	√	4	F
6#	√	√	×	√	3	F
7#	×	×	×	×	0	W
8#	√	√	√	√	4	F
9#	√	√	√	√	4	F
10#	√	√	√	√	4	F
11#	√	√	√	√	4	F
12#	√	√	√	√	4	F
13#	√	√	√	√	4	F
14#	√	√	√	√	4	F
15#	√	√	√	√	4	F
16#	√	√	√	√	4	F
17#	√	√	√	√	4	F
18#	√	√	×	√	3	F
19#	√	—	√	√	3	F

注：√表示满足；×表示不满足；F表示较好；W表示较差。

由表 2.17 中数据可发现，自密实混凝土的工作性能与其静态稳定性间的关系可分为以下两种情况：①自密实混凝土的流动时间不少于两项满足分析结果要求时，其扩展度一定满足要求，且静态稳定性良好，反之则不然；②自密实混凝土的流动时间不超过一项满足分析结果要求，其扩展度和静态稳定性不满足要求。同时考虑到试验误差等因素影响，此处综合认为，当自密实混凝土的工作性能至少满足 $5.3s \leqslant t_{500} \leqslant 20.0s$，$12.1s \leqslant t_{600} \leqslant 46.3s$，$35.7s \leqslant t_{fin} \leqslant 63.5s$ 和 $550mm \leqslant$ 坍落扩展度 $\leqslant 715mm$ 中的三项时，可判定其静态稳定性良好。

(5) 评价方法可重复性验证

为验证判据的正确性，试验在基准配比（1#）的基础之上分别配制了单掺粉煤灰和矿渣粉0%、20%、30%的自密实混凝土。但当粉煤灰掺量达到30%时，混凝土黏度较大，无法达到自密实，这里不参与分析，其余试验结果如表2.19所示。

表2.19　单掺矿粉及粉煤灰自密实混凝土性能参数测试结果

类别	t_{500}/s	t_{600}/s	t_{fin}/s	坍落扩展度/mm	贯入度/mm	静态离析分数/%
100%C	6.8	18.6	44.0	650	2	5.6
20%FA+80%C	11.1	—	37.4	570	1	1.3
20%SL+80%C	7.8	22.2	47.2	630	7	10.0
30%SL+70%C	6.7	22.4	38.1	640	7	4.0

注：C表示水泥；FA表示粉煤灰；SL表示矿粉。

由表2.20所示自密实混凝土工作性能参数与其静态稳定性间的关系可发现，采用所提出的判别方法可以很好地对自密实混凝土的静态稳定性做出判断。

表2.20　各参数与静态稳定性间的关系

类别	5.3s≤t_{500}≤20.0s	12.1s≤t_{600}≤46.4s	35.7s≤t_{fin}≤63.7s	550mm≤坍落扩展度≤715mm	满足项	静态稳定性
100%C	√	√	√	√	4	F
20%FA+80%C	√	—	√	√	3	F
20%SL+80%C	√	√	√	√	4	F
30%SL+70%C	√	√	√	√	4	F

2.3　高速铁路自密实混凝土拌合物性能评价指标

2.3.1　无砟轨道自密实混凝土层结构特点

（1）CRTSⅡ型板式无砟轨道道岔区充填层结构特点

道岔区是高速铁路板式无砟轨道结构的特殊区域，也是整条线路的易损区和线路养护与维修的重点区，特别是高速铁路的运营条件与普通铁路存在明显的不同，使得高速铁路包括道岔区在内的各部分的设计、施工等都需要进行全新的考虑。一般而言，铁路道岔区的轨道结构形式自上而下由道岔、预制道岔板、底座（支承层）、找平层和防冻层等几部分构成。道岔承受和传递机车车辆运行引起的各种荷载及引导车轮在轨道上行驶，确保列车在轨道上顺利运行；预制道岔板起固定道岔（钢轨）、承受道岔传来的上部荷载。找平层及下部基础起支承其上部结构的作用，保证整个线路的稳定性和安全性。为了进一步确保线路特别是高速铁路的平顺性，在预制道岔板与找平层及下部基础之间还设置了特殊的结构层——充填层，其不仅起到支撑、承力与传力的作用，还起到填充与调整道岔板高度的作用，是整个岔区轨道结构的关键部位，必须具有优异的性能，包括与各结构层相适应的刚度、高尺寸稳定性以及与服役环境相应的耐久性能，以确保整个结构的服役寿命。

充填层结构的特殊性对其填充材料——自密实混凝土的性能提出了特殊要求，主要体现在以下三个方面。

① 道岔板与底座构成的封闭空间决定了充填层混凝土应具被很高的自流平性能和很好的稳泡性能。

由图 2.36 可知，充填层结构处于道岔板和底座之间，上下和四周均为封闭状态，在灌注混凝土时无法实施振捣，仅靠混凝土的自身动力实现混凝土材料充满充填层的每一个角落，这就要求自密实混凝土具有很高的自流平性能。另外，充填层是一个封闭环境，混凝土气泡无法排出，若混凝土的稳泡效果较差，气泡将上浮到充填层表面聚集，在表面形成泡沫层。因此，用于充填层的自密实混凝土必须具有良好的流动性能和稳泡性能。

图 2.36　道岔区充填层封闭结构

② 充填层内的钢筋网片、绝缘卡子以及防裂网等的阻碍要求充填层混凝土应具有良好的间隙通过性和自充填性。

在道岔区结构中影响自密实混凝土流动能力和填充能力的另一重要因素是充填层中密集的钢筋网片、绝缘卡子、防裂网以及垫块等，如图 2.37 所示。填充层中分布着间距 150mm，直径 10～25mm 的钢筋网片，钢筋网片距上下层结构净距离大多不超过 80mm，另外，钢筋网片大量存在的绝缘卡子以及砂浆垫块也给自密实混凝土在板腔内的流动造成了很大的阻碍。在超过道岔板外露的部分设置有防裂网，如图 2.37(b) 所示，防裂网刚好在混凝土下料开始灌注的地方，防裂网会对混凝土起到阻碍作用。多重阻碍作用要求充填层混凝土必须具有良好的间隙通过性和自充填性。

(a)　　　　　　　　　　　　　　　(b)

图 2.37　道岔区充填层中密集的钢筋网片

③ 道岔板形状各异、长宽不一（最长达 7m 以上）决定了充填层混凝土需具有高的水平流动能力。

对于道岔板而言，其宽度尺寸根据道岔的分布各不相同，从 2.5～6.5m 距离不等。这就要求充填层混凝土必须满足最宽的一块道岔板水平流动距离。道岔板自身宽度加上外露的部分，充填层混凝土水平流动距离最长达到 10m 以上，这就要求充填层混凝土具有极高的水平流动能力。

（2）CRTSⅢ型板式无砟轨道自密实混凝土层结构特点

CRTSⅢ型板式无砟轨道结构的示意如图 2.38 所示。轨道结构形式更新的同时带来了相关材料的革新，其中，自密实混凝土是与 CRTSⅠ型板式无砟轨道结构和 CRTSⅡ型板式无砟轨道结构水泥乳化沥青砂浆全然不同的一种材料，其与轨道板紧密黏结形成复合结构，起着传递上层列车动荷载的重要作用。

图 2.38　CRTSⅢ型无砟轨道结构图示

由图 2.38 可知，自密实混凝土层位于轨道板与覆盖着土工布作为隔离层的底座之间，自密实混凝土层结构的隐蔽性特征，致使无法方便检测自密实混凝土在模腔内灌注质量；底座上覆盖着具有吸水特性的土工布，这使自密实混凝土必须在柔性基础上流动；底座上设置的两个限位凹槽显著影响自密实混凝土的流动。自密实混凝土层结构的特殊性对其填充材料——自密实混凝土的性能提出了特殊要求，主要体现在以下三个方面。

① 轨道板与底座构成的封闭空间决定了自密实混凝土应具备很高的自流平性能和很好的稳泡性能。

由图 2.39 可知，充填层结构处于轨道板和底座之间，上下和四周均为封闭状态，在灌注混凝土时无法实施振捣，仅靠

图 2.39　自密实混凝土层安装模板后封闭空间

混凝土的内动力实现混凝土材料充满自密实混凝土层的每一个角落,这就要求自密实混凝土具有很高的自流平性能;在无砟轨道结构的封闭模腔中,自密实混凝土中的气泡无法排出,若自密实混凝土稳泡效果较差,气泡将上浮到自密实混凝土层表面聚集,形成表面泡沫层,因此,用于填充的自密实混凝土必须具有良好的气泡稳定性。

② 狭窄充填层结构内的钢筋网片、垫块以及轨道板底的门型筋等多重阻碍作用以及限位凹槽等要求充填层混凝土应具有良好的间隙通过性和抗离析性。

在自密实混凝土层结构中影响自密实混凝土流动能力和填充能力的另一重要因素是充填层中密集的钢筋网片、垫块以及门型筋等,如图 2.40 所示。CRTSⅢ型无砟轨道充填层厚度一般为 90mm 左右,其空间异常狭窄,比 CRTSⅡ型板式无砟轨道道岔区充填层结构高度(180mm)小很多,经结构中钢筋网片和轨道板底门型筋的分割,其可供自密实混凝土流动的空间更为狭窄。另外,限位凹槽对自密实混凝土流动性能影响很大,自密实混凝土灌注之处在水平稳定流动,混凝土处于层流状态,当自密实混凝土流经凹槽时,必须先流进凹槽,该过程类似混凝土自由落体运动,这个过程中处于层流的自密实混凝土可能会变成紊流状态,如果自密实混凝土稳定性不好,混凝土将出现离析和浆体上浮现象。自密实混凝土揭板工艺性试验表明,限位凹槽顶部浮浆最厚,这也验证了凹槽对自密实混凝土性能的影响。以上这些多重阻碍,要求自密实混凝土必须具有良好的间隙通过性和稳定性。

图 2.40 道岔区充填层中密集的钢筋网片

③ 自密实混凝土在柔性吸水基础(土工布隔离层)上流动——土工布隔离层显著降低自密实混凝土的流动性。

具有吸水特性的柔性土工布隔离层的设置给自密实混凝土在底座上的流动造成了巨大障碍,因为土工布具有一定的吸水和透水性,且其表面粗糙,这些都是影响充填层自密实混凝土流动的重要因素。因此,这也要求充填自密实混凝土必须具有良好的黏聚性、保水性和流动性。试验研究了自密实混凝土在有机玻璃板和不同规格土工布上的流动距离与流动时间,试验结果如表 2.21 所示。由表 2.21 可知,a. 流动界面对自密实混凝土流动性能有显著的影响,在土工布上流动自密实混凝土的坍落扩展度降低 16%~25%,t_{500} 流动时间增加 62%~196%;b. 土工布的光面和毛面对自密实混凝土流

动性能影响显著性不同,毛面会显著降低自密实混凝土的流动扩展度和 t_{500} 流动时间;
c. 土工布的厚度对自密实混凝土的流动扩展度和 t_{500} 流动时间也有影响,土工布厚度小,对自密实混凝土的流动性影响也越小。

表 2.21 自密实混凝土在不同介质上的流动性能

无土工布		土工布			备注
扩展度/mm	t_{500}/s	扩展度/mm		t_{500}/s	
735	2.1	550	↓25%	6.22	↑196%	土工布 4mm 双毛面
705	2.42	530	↓25%	5.31	↑119%	土工布 2mm 一光一毛
700	3.4	590	↓16%	5.50	↑62%	土工布 2mm 双光面
665	2.84	520	↓22%	6.12	↑115%	土工布 4mm 双毛面
665	3.4	535	↓20%	6.75	↑98%	土工布 4mm 双光面

2.3.2 高速铁路无砟轨道自密实混凝土施工方法

不同的施工方法决定了自密实混凝土在封闭模腔中流动状态的不同。为了更能客观真实地评价自密实混凝土的工作性能,其检测方法应该能够模拟自密实混凝土在封闭模腔中的流动状态。高速铁路无砟轨道自密实混凝土的灌注方式有两种:一是从轨道板或道岔板的一侧进行灌注;二是从轨道板或道岔板上中间的灌注孔进行灌注。

(1) 侧面灌注

从轨道板一侧立模进行灌注的方式可称为侧面灌注,采用侧面灌注方式时混凝土的流动状态如图 2.41 所示,自密实混凝土在板腔中流动状态呈扇形向前推进。为了让自密实混凝土在板腔中具有足够的流动能力,应该保持灌注侧模板中混凝土具有一定的高度,这样混凝土在充填层中由于模板中自密实混凝土的势能和自密实混凝土自身动力综合作用向前移动,理想状态的自密实混凝土流动状态如图 2.42 所示。为了模拟自密实混凝土的真实流动状态,可选择 L 形仪来评价充填层混凝土的工作性能,还可在 L 形仪中设置钢筋网片。侧面灌注的优点为自密实混凝土下料速度较快,下料口不受道岔板或轨道板上灌注

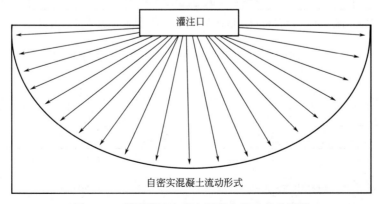

图 2.41 侧面灌注自密实混凝土流动方式模拟

口尺寸大小的限制，灌注速度相对较快；侧面灌注的缺点是模板外伸部分的混凝土需要重新处理。目前侧面灌注多用于CRTSⅡ型板式无砟轨道道岔区自密实混凝土的灌注。

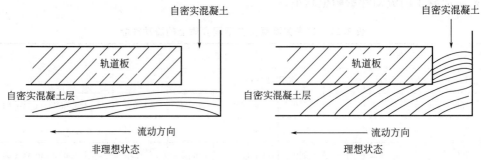

图 2.42　侧面灌注方式自密实混凝土流动状态模拟

（2）灌注孔灌注

当自密实混凝土从轨道板或道岔板中间灌注孔进行灌注时，自密实混凝土流动状态如图 2.43 所示。从道岔板或轨道板上面灌注势必会不同程度地影响道岔板或轨道板的精调，现场通常采用"板凳桥"的方式来消除自密实混凝土灌注对精调的影响。但是对于长宽不一的道岔板而言，板凳桥长度设计应满足不同道岔板的宽度。自密实混凝土在板腔中流动的动力除了自密实混凝土自身智能动力以外，还应有一定高度的自密实混凝土势能，理想的自密实混凝土流动状态如图 2.44 所示。如果从道岔板或轨道板中间孔灌注，其流动状态与 J 环类似，可选择 J 环来评价充填层混凝土的性能，还可将 J 环置于相对封闭的空间。

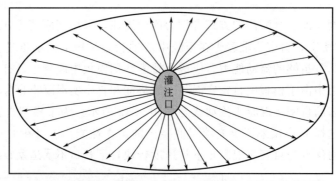

图 2.43　道岔板中间灌注孔灌注自密实混凝土流动方式模拟

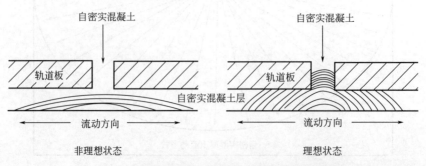

图 2.44　中间灌注孔灌注自密实混凝土流动状态模拟

2.3.3 高速铁路自密实混凝土评价指标

自密实混凝土以其优异的拌合物性能而显著区别于普通混凝土，是一种具有显著特色的高性能混凝土。为使拌合物达到"自充填""自密实"，拌合物必须同时具备良好的流动性（充填性）、间隙通过性、抗离析性和黏聚性等几个方面的性能。因此，从流变学的角度来看，必须合理协调拌合物的屈服应力和塑形黏度，以保证拌合物实现"自密实性"。从高速铁路无砟轨道自密实混凝土层结构特点、施工方式等提出自密实混凝土拌合物性能指标。

(1) 道岔区自密实混凝土拌合物技术要求

自密实混凝土拌合物性能以满足道岔板的结构特点以及施工工艺要求为前提，针对京沪高速铁路道岔区的实际情况，编制了《京沪高速铁路道岔板充填层自密实混凝土暂行技术要求》（京沪高速工 [2010] 36 号），提出了道岔区自密实混凝土拌合物的性能要求，如表 2.22 所示。

表 2.22　道岔区自密实混凝土拌合物的技术要求

项目	技术要求
坍落扩展度/mm	600~750
t_{500}/s	2~6
B_J/mm	<18
泌水率/%	0
L 形仪(H_2/H_1)	≥0.9
t_{700L}	10~18
含气量	≤5.0

(2) CRTSⅢ型板式无砟轨道自密实混凝土拌合物技术要求

针对 CRTSⅢ型板式无砟轨道结构特点和自密实混凝土拌合物性能特点，自密实混凝土拌合物性能应以满足充填结构特点以及施工工艺要求为前提，编制了《高速铁路 CRTSⅢ型板式无砟轨道自密实混凝土》（Q/CR 596—2017）、《高速铁路 CRTSⅢ型板式无砟轨道自密实混凝土暂行技术条件》（铁总科技 [2013] 125 号）和《盘营客专 CRTSⅢ型板式无砟轨道自密实混凝土暂行技术要求》（工管技 [2011] 68 号），最终提出了如表 2.23 所示的自密实混凝土拌合物性能指标参考值。

表 2.23　CRTSⅢ型板式无砟轨道自密实混凝土拌合物性能评价指标

项目	技术要求
坍落扩展度/mm	≤680
扩展时间 t_{500}/s	3~7
J 环障碍高差 B_J/mm	<18
含气量/%	≥3.0
L 形仪充填比(H_2/H_1)	≥0.80
泌水率/%	0
24h 竖向膨胀率/%	0~1.0

2.4 高速铁路自密实混凝土硬化体性能评价指标

考虑到道岔区充填层在整个无砟轨道结构中的作用及其位置的特殊性，自密实混凝土一旦浇筑入结构中，在其服役过程中若出现性能劣化问题，其维修难度较其他混凝土结构更大。因此，充填层自密实混凝土材料应当具有高的耐久性能，以尽可能获得高的使用寿命。起支撑、承力与传力作用的充填层自密实混凝土材料通过与上下层结构材料紧密相连而构成岔区无砟轨道结构整体，由于自密实混凝土材料属于后浇筑填充，其与上下层结构材料的变形系数有较大差别，因而要求自密实混凝土材料具有较低的收缩变形性，才能避免因收缩过大而引起自密实混凝土与上下层的离缝或自身的开裂。对于CRTSⅢ型板式无砟轨道自密实混凝土层结构，其作为轨道板的水平调高层和受力支承层结构，要求轨道板与自密实混凝土层之间不得有离缝出现，否则会有水、外界侵蚀介质等侵入，造成自密实混凝土层材料的劣化破坏。在高速列车动荷载作用下，轨道板与自密实混凝土层由于受力不协调而导致自密实混凝层的破坏。因此，标准中规定无砟轨道自密实混凝土材料56d干缩值不得大于400×10^{-6}。

考虑到自密实混凝土层中设有钢筋网片，因而自密实混凝土也应具有高的护筋性，即高的抗氯离子渗透性能。同时，对于自密实混凝土层结构而言，自密实混凝土层绝大部分都处于封闭空间内，仅纵向两侧少部分暴露于外。处于北方寒冷或严寒地区，自密实混凝土暴露面必然会受到冻融作用影响，但其冻融破坏作用形式则与墩身、承台等立面混凝土结构有所不同，由于其暴露面有限，仅单面可能接触雨雪，遭受冻融破坏作用后表现为表层剥落破坏。因此，对于高速铁路无砟轨道自密实混凝土而言，其冻融破坏适宜采用单边盐冻法进行检测。

硬化自密实混凝土性能包括力学性能、耐久性能、收缩性能以及混凝土中有害离子。根据以上分析，结合目前的技术水平，确定自密实混凝土硬化体性能如表2.24所示。

表 2.24 自密实混凝土硬化体性能评价指标

评价指标		指标要求
56d 抗压强度/MPa		≥40
56d 抗折强度/MPa		≥6.0
56d 弹性模量/GPa		3.0～3.8
56d 电通量/C		≤1000
56d 抗盐冻性（28次冻融循环剥落量）/(g/m²)		≤1000 ≤500（严寒和寒冷条件）
56d 干燥收缩值/$\times10^{-6}$		≤400
有害物质	氯离子含量/%	不大于胶凝材料的0.10
	碱含量/(kg/m³)	不大于3.0
	三氧化硫含量/%	不大于胶凝材料总量的4.0

2.5 高速铁路自密实混凝土工艺性试验评价指标

2.5.1 自密实混凝土工艺性试验的目的

自密实混凝土工艺性试验的目的主要是验证自密实混凝土材料性能、施工工艺以及施工设备的科学合理性，另外，还可以锻炼自密实混凝土施工人员的施工水平。

(1) 自密实混凝土材料的性能

验证自密实混凝土材料是否能够满足现场灌注要求，其判断标准是模拟现场工况条件下自密实混凝土能够顺利填充自密实混凝土充填层的每一个角落。体现到充填层实体结构上为自密实混凝土充填饱满，上面能够与轨道板紧密黏结。

(2) 施工工艺以及施工设备的合理性

如果自密实混凝土能够顺利灌注，其轨道板的上浮量能够满足精度要求，这说明施工工艺和施工设备基本合理。

(3) 充填层的功能定位是否满足设计要求

自密实混凝土层支撑和传力等基本功能要求自密实混凝土层应该与轨道板充分黏结。充分黏结要从两个方面保证，一是尽量减少上表面的工艺性气泡，当工艺性气泡较多时，自密实混凝土层与轨道板的接触面减小，其间的黏结力就会削弱；二是自密实混凝土层表面不得有泡沫浮浆层，泡沫浮浆层没有强度，且不具有黏结作用，如果出现泡沫浮浆层，自密实混凝土与轨道板之间将没有黏结作用，在外力作用下自密实混凝土层将会下沉，自密实混凝土层和轨道板之间将出现脱空的区间，严重影响自密实混凝土层支撑与传力的功能。水分或腐蚀介质很容易通过浮浆泡沫层渗透到自密实混凝土层的内部，造成自密实混凝土的破坏，出现自密实混凝土层与轨道板之间的离缝。

2.5.2 自密实混凝土工艺性试验评价指标

自密实混凝土工艺性试验评价主要包括四个方面：一是自密实混凝土灌注饱满，与底座和轨道板黏结紧密，如图 2.45(a) 所示；二是自密实混凝土表面质量很好，无浮浆和泡沫聚集层，工艺性大气泡较少，如图 2.45(b) 所示；三是自密实混凝土匀质性好、致密度高，切开断面处骨料分布均匀，如图 2.45(c) 所示；四是自密实混凝土侧面光滑、致密，无麻面，如图 2.45(d) 所示。具体评价指标如表 2.25 所示。

表 2.25 自密实混凝土工艺性试验评价指标

序号	项目	技术要求
1	厚度	符合设计要求
2	充盈度	自密实混凝土与轨道板底面和底座表面接触良好，充盈饱满

续表

序号	项目	技术要求
3	表面状态	表面无泌水现象、无松软发泡层、无可见裂纹、无明显水纹
4		表面密实、平整,无露石、露筋以及蜂窝等现象
5		表面无面积大于 50cm² 以上的气泡,面积 6cm² 及以上气泡的面积之和不宜超过板面积的 2%
6	断面状态	切开断面,骨料分布均匀,无骨料堆积、浆骨分离、上下贯通气孔、蜂窝等现象
7	侧面状态	侧面不应有空洞、麻面
8		侧面应平整,凸出或凹进轨道板边缘的混凝土厚度不应超过 10mm

(a) 上表面整体外观

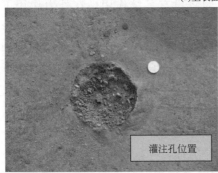 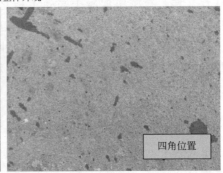

(b) 上表面局部外观

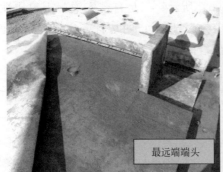 

(c) 断面骨料分布

(d) 侧面外观

图 2.45 自密实混凝土工艺性试验评价

2.6 自密实混凝土工作性能的模拟

自密实混凝土工作性能的两个关键参数即为塑性黏度和屈服应力,但塑性黏度和屈服应力的检测设备较为复杂,很难推广应用[56]。通常检测自密实混凝土的工作性能有两种方法,一是用标准实验方法进行检测,如坍落扩展度、L形仪、J环、V形漏斗等;二是采用实尺寸模拟试验,通过实尺寸模拟试验来验证施工工艺和实体结构性能。前一种方法适合于自密实混凝土配合比的室内设计,后一种方法更能够模拟实际现场,但存在工作量大、耗费时间长以及费用多等问题。随着计算机模拟技术的发展,越来越多的研究人员采用数值计算方法对自密实混凝土的流动性能进行数值模拟研究。

自密实混凝土作为由粗骨料、细骨料、粉体材料、水以及外加剂等多相材料组成的多尺度复杂体系,具有优良的流动性能和抗离析性能。在流动过程中自密实混凝土各种材料间的相互作用非常复杂,在宏观尺度上,可以将其看作均匀的黏性流体流动;在细观尺度上,混凝土中粗骨料颗粒间的碰撞摩擦以及粗骨料颗粒间自密实砂浆的抗剪摩擦特性又具有颗粒体流动特性。谷川恭雄等[57]对新拌混凝土的流动变形提出了3种模拟方法,即黏塑性有限元法(VFEM)、黏塑性悬浮元法(VSEM)和黏塑性空间元法(VDEM)。这些方法都把新拌混凝土视为宾汉姆体(Bingham body)。黄绵松[58]等针对堆石混凝土中自密实混凝土的充填性能采用离散元方法进行数值模拟,主要对接触检索算法和单元本构模型进行研究。研究提出了一种适用于离散元计算的高效快速的单元接触检索算法——HACell,大大提高了单元接触检索的计算效率;确定了单元模型本构关系及参数计算方法,开发了适用于自密实砂浆及自密实混凝土流动性能模拟的离散元计算程序。杜新光等[59]通过流固耦合的方法对新拌混凝土进行建模和仿真,针对混凝土拌合物无自由边界和大变形,采用 ALE 方法进行空间运动描述,拉格朗日方法描述盛装混凝土的容器结构,结合罚函数法实现新拌混凝土与容器的耦合作用。对坍落度试验进行模拟计算,并验证了该方法的有效性。

研究自密实混凝土工作性能模拟方法主要有有限元法(单相流体模拟法)、离散元方法、悬浮液体模拟法等[60~62]。采用离散元法既能对自密实混凝土的宏观流动状态进行模拟，又能对流动过程中内部骨料颗粒间的相互碰撞摩擦现象进行研究，具有其他方法所不具有的优势。以工作性能为显著特征的自密实混凝土充填性能的模拟将是计算机在混凝土应用中又一研究热点。

参 考 文 献

[1] 谢永江，李化建，等. TB 10005 铁路混凝土结构耐久性设计规范［S］. 北京：中国铁道出版社，2011.

[2] 高延继，安雪晖，赵霄龙，等. CECS 203 自密实混凝土应用技术规程［S］. 北京：中国计划出版社，2006.

[3] 余志武，郑建岚，谢友均，等. CCES02 自密实混凝土设计与施工指南［S］. 北京：中国建筑工业出版社，2004.

[4] Bibm C，Ermco，Efca，et，al. The European Guidelines for Self-Compacting Concrete［S］. 2005.

[5] American Concrete Institute. Self-Consolidating Concrete（ACI 237R—07）［R］. 2007.

[6] JSCE. Design and Construction Recommendations for Self-Compacting Concrete［C］. Self-Strength Concrete and High-Durability Concrete，2001.

[7] BSI. BS EN 206-9 Additional rules for self-compacting concrete［S］. UK：BSI Group，2010.

[8] Precast/Prestressed Concrete Institute. TR-6-03 Interim Guidelines for the Use of Self-Consolidating Concrete in Precast/Prestressed Concrete Institute Member Plants［S］. 2003.

[9] 安雪晖，黄绵松，大内雅博等. 自密实混凝土技术手册［M］. 北京：中国水利水电出版社，知识产权出版社，2008.

[10] EFNARC. Specification and guidelines for self-compacting concrete［S］. 2002.

[11] Schutter G D. Guideline for Testing for Fresh Self-Compacting Concrete［R］. European Research Project，2005.

[12] Testing-Scc. Measurement of properties of fresh self-compacting concrete［R］. 2005.

[13] Shen L，Struble L，Lange D. Modeling Static Segregation of Self-Consolidating Concrete［J］. ACI Materials Journal，2009，106（4）：367-374.

[14] Roussel N. A Theoretical Frame to Study Stability of Fresh Concrete［J］. Materials & Structures，2006，39（1）：81-91.

[15] Wan B，Gadalamaria F，Petrou M F. Influence of Mortar Rheology on Aggregate Settlement［J］. ACI Structural Journal，2000，97（4）：479-485.

[16] Beris A N，Tsamopoulos J A，Armstrong R C，et al. Creeping motion of a sphere through a Bingham Plastic J Fluid Mech［J］. Journal of Fluid Mechanics，1985，158（158）：219-244.

[17] Knight P C. Handbook of Powder Science and Technology，Second Edition［M］. Van Nostrand Reinhold Co，1983：259-260.

[18] Saak A W，Jennings H M，Shah S P. New Methodology for Designing Self-Compacting Concrete［J］. ACI Materials Journal，2001，98（6）：429-439.

[19] Shen L，Struble L，Lange D A. Modeling Dynamic Segregation of Self-Consolidating Concrete［J］. ACI Materials Journal，2009，106（4）：375-380.

[20] Kishitani T S S，Oka S，Saito K. Flowability of fresh cement paste and motar［J］. Materials and Structures，1980：1022-1023.

[21] ASTM C1611. Standard test method for slump flow of self-consolidating concrete［S］.

[22] Lange D，Struble L，D'ambrosia M，et al. Performance And Acceptance of Self-consolidating Concrete：Final Report［R］. Civil Engineering Studies Illinois Center for Transportation，2008.

[23] Shen L. Role of Aggregate Packing in Segregation Resistance and Flow Behavior of Self-Consolidating Concrete［D］. Urbana：2007. University of Illinois at Urbana-Champaign.

[24] 陈瑜，黄湘宁，周文芳. 自密实混凝土工作性试验方法评述［J］. 长沙理工大学学报：自然科学版，2011，08

(4): 29-33.

[25] JGJ/T 283—2012. 自密实混凝土应用技术规程 [S]. 北京：中国建筑工业出版社，2012.

[26] Bui V K, Montgomery D. Rapid testing method for segregation resistance of self-compacting concrete [J]. Cement and Concrete Research, 2002, 32: 1489-1496.

[27] ASTM C1610. Standard test method for static segregation of self-consolidating concrete using column technique [S].

[28] Australian Standard AS 1012. Method for testing concrete, section 2, method 2-compacting factor test [S].

[29] Lin S, Struble L, Lange D. New Method for Measuring Static Segregation of Self-Consolidating Concrete [J]. Journal of Testing & Evaluation, 2006, 35 (3): 100535.

[30] Mesbah H A, Yahia A, Khayat K H. Electrical conductivity method to assess static stability of self-consolidating concrete [J]. Cement & Concrete Research, 2014, 41 (5): 451-458.

[31] Tregger N, Ferrara L, Shah S, et al. Predicting Dynamic Segregation of Self-Consolidating Concrete from the Slump-Flow Test [J]. Journal of Astm International, 2016, 7 (1).

[32] Tregger N, Gregori A, Ferrara L, et al. Correlating dynamic segregation of self-consolidating concrete to the slump-flow test [J]. Construction & Building Materials, 2012, 28 (1): 499-505.

[33] Esmaeilkhanian B, Khayat K H, Yahia A, et al. Effects of mix design parameters and rheological properties on dynamic stability of self-consolidating concrete [J]. Cement & Concrete Composites, 2014, 54: 21-28.

[34] Shen L, Jovein H B, Sun Z, et al. Testing dynamic segregation of self-consolidating concrete [J]. Construction & Building Materials, 2015, 75: 465-471.

[35] ASTM C1621. Standard Test Method for Passing Ability of Self-Consolidating Concrete by J-Ring [S]. American Society for Testing and Materials, 2014.

[36] 张勇. CRTSⅢ型板式无砟轨道充填层自密实混凝土静态稳定性研究 [D]. 秦皇岛：燕山大学，2016.

[37] 刘治华. 不同羧基密度与功能基聚羧酸减水剂的合成及性能研究 [D]. 北京：中国矿业大学（北京），2013.

[38] 黄健. 高速铁路板式无砟轨道结构充填层自密实混凝土技术研究 [D]. 长沙：中南大学，2011.

[39] Elchabib H. Effect of Mixture Design Parameters on Segregation of Self-Consolidating Concrete [J]. Aci Materials Journal, 2006, 103 (5): 374-383.

[40] 吴方政. 引气剂对混凝土流变性能及气泡特征参数的研究 [D]. 邯郸：河北工程大学，2013.

[41] 吴方政，郭大鹏，王稷良，等. 引气剂对砂浆流变性的影响 [J]. 混凝土，2013 (2)：110-112.

[42] 尤启俊，尹勇，何振文. 引气剂的应用技术研究 [J]. 混凝土，2005 (4)：85-87.

[43] 唐明，朱伟勇. 流态混凝土粗集料最佳级配的研究 [J]. 高校应用数学学报，1990 (3)：397-402.

[44] 严琳，杨长辉，王冲. 粗骨料颗粒形状指数、级配对自密实混凝土工作性能的影响 [J]. 混凝土，2011 (1)：75-77.

[45] Bethmont S, Schwartzentruber L D A, Stefani C, et al. Contribution of granular interactions to self compacting concrete stability: Development of a new device [J]. Cement & Concrete Research, 2009, 39 (1): 30-35.

[46] Phillips R J, Armstrong R C, Brown R A, et al. A constitutive equation for concentrated suspensions that accounts for shear-induced particle migration [J]. Physics of Fluids A Fluid Dynamics, 1992, 4 (1): 30-40.

[47] Geiker, Brandl M, Thrane L N, et al. On the Effect of Coarse Aggregate Fraction and Shape on the Rheological Properties of Self-Compacting Concrete [J]. Cement Concrete & Aggregates, 2002, 24 (24): 3-6.

[48] 李化建，张勇，赵庆新，等. 简化柱状法对自密实混凝土静态稳定性表征 [J]. 建筑材料学报，2017，20 (2)：251-255.

[49] ASTM C1712—09. Standard Test Method for Rapid Assessment of Static Segregation Resistance of Self-Consolidating Concrete Using Penetration Test [S]. 2009.

[50] Shen L, Jovein H B, Li M. Measuring static stability and robustness of self-consolidating concrete using modified Segregation Probe [J]. Construction & Building Materials, 2014, 70: 210-216.

[51] 张勇，张庆新，李化建，等. 自密实混凝土基本工作性能与其静态稳定性间的关系 [J]. 硅酸盐学报，2016，44

(2): 261-267.
- [52] Zerbino R, Barragán B, Garcia T, et al. Workability tests and rheological parameters in self-compacting concrete [J]. Materials & Structures, 2009, 42 (7): 947-960.
- [53] Sedran, Larrard D E. Optimization of self compacting concrete thanks to packing model [J]. Materials & Structures, 1999.
- [54] 龙广成, 谢友均. 自密实混凝土 [M]. 北京: 科学出版社, 2013.
- [55] Bonen D S P. Fresh and hardened properties of self-consolidating concrete [J]. Concrete Construction, 2005 (7): 14-26.
- [56] Khayat K H. Comparison of Field-Oriented Test Methods to Assess Dynamic Stability of Self-Consolidating Concrete [J]. ACI Materials Journal, 2004, 101 (2): 168-176.
- [57] Li Z. State of workability design technology for fresh concrete in Japan [J]. Cement & Concrete Research, 2007, 37 (9): 1308-1320.
- [58] 黄绵松. 堆石混凝土中自密实混凝土充填性能的离散元模拟研究 [D]. 北京: 清华大学, 2010.
- [59] 杜新光, 金先龙, 陈向东. 基于流固耦合的新拌混凝土流动及变形仿真方法 [J]. 上海交通大学学报, 2008 (12): 1993-1996.
- [60] Roussel N. A thixotropy model for fresh fluid concretes: Theory, validation and applications [J]. Cement & Concrete Research, 2006, 36 (10): 1797-1806.
- [61] Chu H, Machida A, Suzuki N. 1073 Experiment Investigation and DEM Simulation of Filling Capacity of Fresh Concrete [J]. コンクリート工学年次論文報告集, 1996, 18 (22): 9-14.
- [62] 刘谊曦. 自充填混凝土质流行为之离散元法参数分析 [D]. 台北: 台湾大学, 2002.

3
自密实混凝土用原材料

以水泥、砂、石为代表的建筑工程材料具有使用量大必须就地取材、质量波动大现场控制难等特点，而自密实混凝土对原材料的敏感性决定了其对所用原材料必须具有特殊的品质要求以及更严格的质量稳定性要求。本章主要从原材料对自密实混凝土工作性能与收缩性能影响为试验基础，结合我国高速铁路工程混凝土原材料水平，借鉴国内外自密实混凝土相关技术要求，从原材料品质要求与质量稳定性两方面，提出了我国高速铁路自密实混凝土原材料的技术要求。

3.1 自密实混凝土与高性能混凝土用原材料的异同

3.1.1 相同点

自密实混凝土与高性能混凝土所用原材料均是由六组分或更多组分构成。除传统混凝土的水泥、砂、石和水之外，高性能混凝土和自密实混凝土都应有矿物掺合料和外加剂。为明确和限制混凝土中矿渣粉或粉煤灰等矿物掺合料的掺量，水泥多是选用普通硅酸盐水泥或硅酸盐水泥。矿物掺合料以常见的粉煤灰和矿渣粉为主，当有强度或耐久性特殊要求的时候，偶尔使用硅灰作为矿物掺合料。砂多为中砂，河砂和经过专门机组生产的机制砂均可使用。石子可以为碎石或卵石。水为洁净的饮用水或符合规定的其他用水。

3.1.2 不同点

自密实混凝土和高性能混凝土用原材料主要差别体现在以下四个方面[1]。

（1）自密实混凝土使用矿物掺合料的范围更广

除了常用的粉煤灰、矿渣粉以外，为改善新拌混凝土工作性能、降低水化热、提高耐久性，石灰石粉、白云石粉、硅质微粉等惰性矿物掺合料已经应用于自密实混凝土工程中。

在自密实混凝土相关规范中都规定可以使用石灰石粉或磨细石英粉等惰性矿物掺合料，但对石灰石粉的技术指标并没有明确的规定。日本《Recommendation for Self-Compacting Concrete》(JSCE)规范规定：自密实混凝土中可以添加比表面积为$250 \sim 800 m^2/kg$的石灰石粉，其他技术要求应满足日本混凝土协会提出的混凝土用石灰石粉技术要求（草案）[2]。美国《Self-Consolidating Concrete》（ACI 237R—07）规定自密实混凝土中可以添加磨细石灰石粉或硅质骨料，这些惰性矿物掺合料可以通过优化水泥粒度分布使其获得密实的紧密堆积密度[3]。欧洲《The European Guidelines for Self-Compacting Concrete Specification-Production and Use：2005》指出，碳酸盐掺合料赋予自密实混凝土优良的流变特征和良好的抹面效果，最有利的部分粒径小于0.125mm，且0.063mm筛通过率在70%以上的颗粒[4]。我国《自密实混凝土应用技术规程》（CECS 203：2006）[5]和《自密实混凝土设计与施工指南》（CECS 02—2004）[6]都建议可以添加如石灰石粉或磨细石英砂等惰性矿物掺合料，后者没有对惰性掺合料给出任何技术要求，前者参照《用于水泥和混凝土中的粒化高炉矿渣粉》中S95矿渣粉给出了惰性掺合料的指标要求。很显然石灰石粉无法满足表 3.1 的要求，主要是烧失量指标，以碳酸钙为主要成分的石灰石粉无法采用混凝土矿物掺合料烧失量的检测方法来检测。

表 3.1 惰性矿物掺合料技术指标

项目	三氧化硫	烧失量	氯离子	比表面积	流动度比	含水量
指标	≤4.0%	≤3.0%	≤0.02%	≥350m²/kg	≥90%	≤1.0%

（2）自密实混凝土用砂中细颗粒的含量更多

为了增加自密实混凝土中粉体的含量，砂中小于 0.075mm 的颗粒的量可以适当增加。砂的比表面积不同，对水的需求量不同。细砂的比表面积较大，这样会增加混凝土拌合物的需水量，而粗砂则会降低混凝土拌合物的黏聚性，制备自密实混凝土多采用中砂。为了使自密实混凝土中有足够的粉体含量，自密实混凝土用砂中应尽可能多的提高细颗粒含量。通常采用Ⅱ区中砂。砂的粗细不能只以细度模数衡量，还需要考虑砂的级配情况。

（3）自密实混凝土用粗骨料的最大粒径限制更严

浆体相和大小不同的骨料颗粒相对混凝土拌合物性能的贡献差异非常大，体系中骨料颗粒与浆体的运动趋势不同，大颗粒骨料向下运动，水分和浆体向上运动，易导致拌合物稳定性不良。从经典的骨料颗粒在混凝土拌合物中的运动速度方程（3-1）可知，骨料颗粒的运动速度不仅与颗粒自身的粒径、表观密度有关，还与浆体的表观密度及黏性系数 η 密切相关。为了保持良好的工作性，拌合物中骨料颗粒粒径和浆体的黏度应当合适，以保证骨料颗粒运动速度较低，使得拌合物内部各组成相稳定性良好。

$$v = 2r^2(\rho - \rho_c)/(9\eta) \tag{3-1}$$

式中　v——颗粒的运动速度；

　　　r——颗粒的半径；

　　　ρ——颗粒的密度；

　　　ρ_c——浆体的密度。

在自密实混凝土设计时，应充分考虑以下问题：拌合物中粗骨料颗粒以悬浮状态存在，粗骨料之间必须存在一定的间距，不相互接触，中间填充砂浆层，以保证拌合物在流动过程中粗骨料之间不易形成摩擦互锁作用而产生堆积；粗骨料最大粒径应较小，以保证混凝土拌合物的稳定性和均匀性，通常自密实混凝土用骨料最大粒径不大于 25mm。体系中的砂浆应具有合适的黏度，一方面支撑粗骨料颗粒，另一方面包裹粗骨料颗粒，在粗骨料之间起滚珠轴承的作用，砂浆与粗骨料一起流动，通过钢筋间隙，砂浆应均匀变形，不与粗骨料发生分离。

（4）功能性外加剂使用概率更高

自密实混凝土拌合物流动性较大，对水的敏感性很高，为确保自密实混凝土的稳定性，宜添加一些功能性外加剂，如抗离析剂、黏度改性材料、流平剂等。自密实混凝土中胶凝材料用量较高、单方用水量较大，自密实混凝土的自收缩和干燥收缩会随之增加，因此，自密实混凝土中可以适当添加减缩剂、膨胀剂等。

3.2 原材料对自密实混凝土工作性能的影响

3.2.1 粗骨料最大粒径

在粗骨料用量相同的情况下，粗骨料最大粒径越大，其总的比表面积越小，对浆体的需求量也越小，这样有利于降低胶凝材料用量，同时还有利于提高自密实混凝土硬化体的体积稳定性。但粗骨料最大粒径越大，在钢筋密布的空间里，发生骨料堵塞的风险就会增加。因此，粗骨料最大粒径对自密实混凝土工作性能的影响至关重要。选择了最大粒径分别为10mm、16mm和20mm的三种粗骨料进行试验，粗骨料级配范围分别为：5～10mm连续级配、5～16mm连续级配和5～20mm连续级配，自密实混凝土的试验配合比如表3.2所示，拌合物的性能如表3.3所示。

表3.2 自密实混凝土试验配合比

编号	水泥/kg	粉煤灰/kg	石灰石粉/kg	矿粉/kg	用水量/kg	中砂/kg	碎石/kg	石子级配
SC1	286	156	52	26	176.8	816	884	5～20mm连续级配
SC2	286	156	52	26	176.8	816	884	5～16mm连续级配
SC3	286	156	52	26	176.8	816	884	5～10mm连续级配

表3.3 自密实混凝土拌合物性能

编号	坍落度/mm	扩展度/mm	含气量/%	t_{500}/s	L形仪 ΔH/mm	湿容重/(kg/m^3)
SC1	260	680	2.7	4.5	25	2379
SC2	265	680	2.6	4.6	25	2385
SC3	265	670	2.6	5.0	20	2336

由表3.3可知，在本试验范围内，粗骨料最大粒径对混凝土拌合物工作性能指标影响并不明显，各组混凝土扩展度、t_{500} 和 L形仪高差 ΔH 值均较为接近，通过调整外加剂掺量，均能获得较高的流动性和填充性。虽然粗骨料最大粒径对自密实混凝土拌合物性能指标影响不明显，但混凝土拌合物外观状态有所不同。试验中三组自密实混凝土单方粗细骨料用量相同，砂率也均为48%，混凝土拌合物外观如图3.1所示。采用5～20mm连续级配粗骨料配制的自密实混凝土拌合物浆体量明显多于采用5～10mm连续级配粗骨料的情况，采用5～16mm连续级配的自密实混凝土拌合物状态则居中。相同骨料用量的情况下，骨料最大粒径越小，其总的比表面积也就越大，完全包裹润滑其表面所需水泥浆体量也就更大。

对采用最大粒径为31.5mm碎石配制的自密实混凝土的表观状态不是十分理想，大粒径的粗骨料会浮在表面，分布也不均匀，包裹性略低。粗骨料最大粒径越小（由31.5mm变为25mm），配制的自密实混凝土的流动性越大，黏聚性越好，匀质性越高。骨料的最大粒径不宜大于25mm。

粗骨料除了最大粒径会影响自密实混凝土的工作性能外，其颗粒形貌对自密实混凝土

(a) 5～20mm连续级配

(b) 5～16mm连续级配

(c) 5～10mm连续级配

图 3.1 不同最大粒径骨料配制自密实混凝土的工作性能

工作影响也很大。研究表明当石子针、片状颗粒含量大于 7% 时，自密实混凝土拌合物在填充时容易产生堵塞，当针、片状石子含量在 5%～7% 时，随针、片状颗粒的增加堵塞逐渐增加，配制自密实混凝土的针、片状石子含量不宜大于 5%[7]。CECS 203：2006《自密实混凝土应用技术规程》规定粗骨料中针、片状含量不宜超过 8%[4]；而 CCES 02—2004《自密实混凝土设计与施工指南》规定粗骨料中针、片状含量不宜超过 10%[5]。粗骨料中针片状含量对自密实混凝土性能的影响还与胶凝材料用量有关，当自密实混凝土胶凝材料用量较多时 (520kg)，粗骨料的针、片状颗粒含量宜控制在 8% 以内；当自密实混凝土胶凝材料用量较少时 (460kg)，粗骨料的针、片状颗粒含量宜控制在 7% 以内[8]。颗粒形貌可以用针片状含量粗略估计，精确地描述颗粒形貌可以用形状系数来表示。粗骨料形状指数越大，说明其粒形越好，针片状含量越少，所配制的自密实混凝土拌合物的黏度越小、流动性越好，工作性能越好[9]。当粗骨料形状系数从 0.4743 减小到 0.3785，t_{500} 流动时间增大、坍落扩展度减小、L 形流动仪高度比 H_2/H_1 减小、U 形仪高度差 Δh 增大，拌合物抗离析能力下降，稳定性变差。

3.2.2 细骨料

细度模数表征砂的粗细程度，同时也能间接表示砂中粗细颗粒比例。细度模数越大，砂中粗颗粒部分所占比例越高；细度模数越小，砂中细颗粒部分所占比例就高[10]。对于自密实混凝土配制而言，其主要配制理念就是要降低粗骨料含量，增加体系粉体或砂浆的含量，以提高混凝土拌合物的流动性，从而实现其自密实功能。一般而言，人们习惯通过增加胶凝材料用量或采用超细粉体材料替代水泥来增加粉体含量,但胶凝材料用量的增大,势必对混凝土的体积稳定性和耐久性产生不利影响。细骨料细度模数对自密实混凝土拌合物工作性有明显影响,细骨料的细度模数越小,混凝土拌合物的流动性越大,因为细度模数的降低,在细骨料总量不变的情况下,意味着细骨料中细颗粒组分含量的增加。在砂率和骨料总量固定的情况下,混凝土拌合物中砂浆的含量增加,这样会增大粗骨料颗粒间的距离,有效降低粗骨料颗粒间的摩擦阻力,从而提高混凝土拌合物的流动性。当然,随着细骨料细度模数的降低,细骨料的比表面积增大,也会增大混凝土拌合物对水和减水剂的需求量。本试验设计思路为固定胶凝材料的用量,通过改变砂的细度模数,研究细度模数对自密实混凝土工作性的影响。试验采用特细砂与中砂进行复配来获得不同细度模数的砂。不同细度模数配制自密实混凝土的试验配合比如表3.4所示,混凝土拌合物工作性的检测结果如表3.5所示。

表 3.4　不同细度模数砂配制自密实混凝土的试验配合比　　　　单位:kg/m³

编号	水泥	粉煤灰	重钙	砂	5~10mm 碎石	水	减水剂	HPMC
SC4	286	156	78(2500目)	816 中砂	884	171.6	3.64	0.042
SC5	286	156	78(2500目)	816 混合砂	884	171.6	4.68	0.005
SC6	286	156	78(800目)	816 混合砂	884	171.6	5.20	0.005
SC7	286	156	78(800目)	816 中砂	884	171.6	3.12	0.005

表 3.5　不同细度模数砂配制自密实混凝土的工作性能

编号	坍落度/扩展度 /mm	t_{500} /s	含气量 /%	湿容重 /(kg/m³)	L形流出仪 ΔH/mm
SC4	270/670	6.4	3.4	2321	38
SC5	268/690	5.4	2.5	2329	15
SC6	268/700	7.4	1.9	2350	13
SC7	265/650	7	3.0	2350	22

由表3.5可知,采用混合细砂配制的自密实混凝土拌合物具有比采用中砂的混凝土拌合物更好的工作性能,表现为坍落扩展度更大,L形仪流出时间更短,特别是高度差ΔH显著小于中砂自密实混凝土。细砂的掺入(主要是0.315mm粒径以下部分),在不增加胶凝材料用量的情况下,通过增加砂中细粉的含量来增加浆体的体积含量,形成更多的富余浆体,使混凝土拌合物的流动性增大。采用混合细砂配制的自密实混凝土拌合物外观也明显好于采用中砂的自密实混凝土(如图3.2所示),主要表现为浆体含量多、粗骨料外露少,且表面气泡少。

蒋正武等通过混凝土配合比基本参数优化技术、外加剂复掺技术、大掺量矿物掺合料复掺技术等,配制出初始坍落度大于24cm、坍落扩展度大于60cm、倒坍落度筒流出时间5~15s、抗压强度等级达到C50以上的大掺量矿物掺合料机制砂自密实混凝土[11]。由于机制砂石粉含量高、颗粒表面粗糙、级配不良,因此机制砂自密实混凝土的配合比设计参数要求与河砂自密实混凝土存在明显差异。水胶比对机制砂混凝土流动性、黏聚性影响很大,不宜过大,建议小于0.40;用机制砂配制自密实混凝土,砂率不宜过低,宜为50%左右。

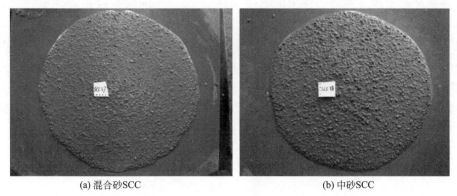

(a) 混合砂SCC　　　　　　　　　　　　(b) 中砂SCC

图3.2　不同细度模数砂配制的自密实混凝土拌合物

3.2.3　功能型外加剂

无砟轨道充填层自密实混凝土不但要求具有高的流动性，还需具有良好的抗离析性能和气泡稳定性。针对这些特点，中国铁道科学研究院开发了一种用于改善自密实混凝土工作性能的外加剂，授权国家发明专利 ZL 201110321237.6[12]，该发明专利荣获第十八届中国专利优秀奖。通过改变功能外加剂的掺量和组分，可有效调节自密实混凝土拌合物体系的流动性和黏度，实现流动性和稳定性的统一。同时，该功能型外加剂还能有效抑制泌水，降低拌合物流动摩擦阻力，有利于自密实混凝土的灌注施工。

（1）功能型外加剂掺量对自密实混凝土工作性能的影响

图3.3为TZ-Ⅰ型功能外加剂对水泥浆体流变性能的影响。由图3.3可知，水泥浆体的流动度与浆体黏度随功能型外加剂掺量增加呈现相反的变化趋势，功能型外加剂对浆体黏度的影响比流动度的影响更为敏感，这也说明了功能型外加剂主要是通过改变浆体黏度来改善浆体流变性能。另外，当功能型外加剂掺量超过3%时，水泥浆体的

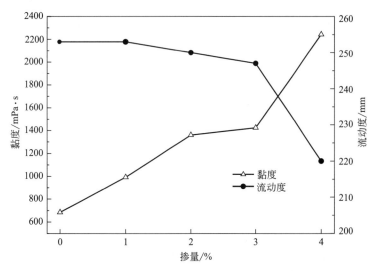

图3.3　功能型外加剂掺量对水泥浆体黏度和流动度的影响

黏度和流动度都出现了突变,这表明对该体系而言,3%的掺量值是功能型外加剂的临界掺量点。

图 3.4 和图 3.5 分别为水泥浆体的马歇尔流出时间与流动度和浆体黏度间的相关关系。由图 3.4 和图 3.5 可知,水泥浆体的马歇尔流出时间与浆体黏度和流动度均呈线性相关性,马歇尔流出时间与流动度呈现负相关性,与黏度呈现正相关性,且马歇尔流出时间与浆体黏度的相关性系数更高,因此,马歇尔流出时间在一定程度上可以表征浆体的黏度。在没有黏度测试设备的情况下,可以用马歇尔流出时间来表征浆体的黏度。

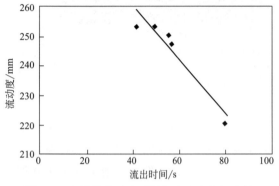
图 3.4　水泥浆体流出时间与流动度的相关性

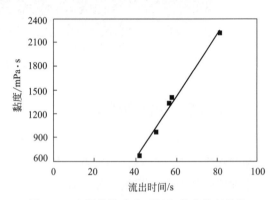
图 3.5　水泥浆体流出时间与黏度的相关性

图 3.6 是 TZ-Ⅰ型功能外加剂对自密实混凝土拌合物扩展度和 t_{500} 的影响。混凝土拌合物的 t_{500} 与净浆马歇尔流出时间具有相似的变化趋势,功能型外加剂可以适当延长自密实混凝土的 t_{500},即适当提高混凝土拌合物的黏度。另外,随着 TZ-Ⅰ型功能外加剂掺量的增加,混凝土拌合物 t_{500} 逐渐增大,而扩展度则呈减小趋势。功能性外加剂对于混凝土拌合物的影响与对净浆影响的规律相似,且具有相似的掺量变化拐点。当 TZ-Ⅰ型功能外加剂在掺量小于 3%的范围内,能保证自密实混凝土拌合物在具有很好流动性的同时具有适当的塑性黏度。

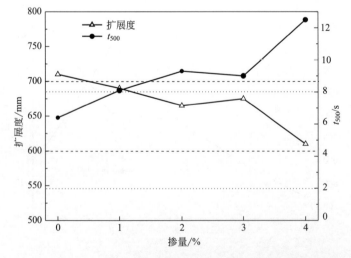
图 3.6　TZ-Ⅰ型功能外加剂对自密实混凝土流变性能的影响

（2）掺加与不掺加功能型外加剂自密实混凝土拌合物性能的比较

表 3.6 为掺加和不掺加功能型外加剂自密实混凝土的工作性能，其中编号 TJ1 为未掺功能型外加剂的基准混凝土，TJ2 为掺加功能型外加剂的对比混凝土。由表 3.6 可知，TZ-Ⅰ型功能型外加剂有两大功能：一是能显著改善自密实混凝土拌合物的泌水和抓底问题；二是具有稳定气泡和细化气泡的作用。由图 3.7 可以看出，未掺 TZ-Ⅰ型功能型外加剂的混凝土拌合物表面具有大量浮浆和浮泡，且拌合物内部气泡不断上浮到混凝土的表面，而掺 TZ-Ⅰ型功能型外加剂的混凝土表面无气泡浮出，拌合物断面也无明显的大气泡。与净浆试验表现不同的是，TZ-Ⅰ型功能型外加剂的掺入并未降低混凝土拌合物的扩展度，相反，由于改善了混凝土拌合物状态，混凝土扩展度反而较基准混凝土略微增大。掺入 TZ-Ⅰ型功能型外加剂后，由于拌合物体系塑性黏度增加，t_{500} 流动时间略有增大。另外，由凝结时间可知，TZ-Ⅰ型功能型外加剂具有一定的缓凝作用，但延缓混凝土拌合物凝结时并不明显。

表 3.6 自密实混凝土拌合物性能

编号	扩展度/mm	t_{500}/s	含气量/%	凝结时间		备注
				初凝	终凝	
TJ1	680	5.06	3.3	7h58min	11h12min	泌水、抓底严重
TJ2	695	5.37	4.8	9h20min	12h54min	状态良好

注：试验环境温度 20.3℃，相对湿度 64%，水温 19.6℃。

表 3.7 是 TZ-Ⅰ型功能型外加剂对混凝土拌合物泌水率的影响结果。由结果可见，TZ-Ⅰ型功能型外加剂对解决混凝土泌水具有显著功效，这从图 3.7 也可以得以验证。未掺 TZ-Ⅰ型功能型外加剂的基准混凝土泌水和浮泡严重，而掺 TZ-Ⅰ型功能型外加剂的对比样则无泌水和浮泡现象。

表 3.7 自密实混凝土常压泌水试验结果

编号	泌水量/(g/mm^2)	泌水率/%
TJ1	2.08×10^{-4}	2.9%
TJ2	0	0

(a) 基准组　　　　　　　　　　　(b) 对比组

图 3.7 TZ-Ⅰ型功能型外加剂的稳泡作用

3.2.4 矿物掺合料

研究了矿渣粉、不同细度石灰石粉、硅质微粉和硅灰等几种矿物掺合料对自密实混凝土工作性能的影响规律。自密实混凝土中胶凝材料组成比例如表3.8所示，自密实混凝土工作性能如表3.9所示。

表3.8 自密实混凝土胶凝材料组成比例

编号	水泥/%	粉煤灰/%	掺合料/%	硅灰/%
1#	55	30	15（矿渣粉）	—
2#	55	30	15（800目石灰石粉）	—
3#	55	30	15（1250目石灰石粉）	—
4#	55	30	15（2500目石灰石粉）	—
5#	50	30	15（1250目石灰石粉）	5
6#	55	30	15（硅质微粉）	—

表3.9 不同矿物掺合料混凝土拌合物工作性能

编号	坍落度/mm	扩展度/mm	含气量/%	t_{500}/s	湿容重/(kg/m³)	L形仪 ΔH/mm
1#	265	630	3.5	4.5	2325	45
2#	265	650	1.9	3.0	2329	20
3#	265	670	2.5	5.0	2336	20
4#	268	690	2.6	4.5	2350	15
5#	260	620	2.9	5.0	2350	25
6#	267	690	3.5	6.1	2313	16

由表3.9可知，在这几种矿物掺合料中，石灰石粉和硅质微粉具有较好的改善混凝土拌合物工作性的作用。石灰石粉的改善作用随其细度的增加而增强，并且石灰石粉的掺入不会引起拌合物含气量的增加，而硅质微粉的掺入会略微增加拌合物含气量；硅灰的掺入则能增加拌合物的黏度，也会一定程度增加拌合物对减水剂的需求量，在本试验中也发现硅灰的掺入会引起混凝土拌合物含气量的明显增大。与前几种矿物掺合料相比，矿渣粉对拌合物工作性的改善作用最差，且矿渣粉的掺入容易引起拌合物出现泌水现象，这样势必会影响混凝土的流动性和填充性。

3.3 原材料对自密实混凝土流变性能与剪切变形行为的影响

在生产搅拌、输送及浇筑等剪切作用下，自密实混凝土会表现出明显的剪切变稠或剪切变稀现象。剪切变稠是指拌合物塑性黏度随剪切速率增大而增大的现象，剪切变稀是指拌合物塑性黏度随剪切速率增大而减小的现象，如图3.8所示。剪切变稠具体表现为拌合物塑性黏度随剪切速率的增大而增大，从而导致泵送困难、泵送压力增加，甚至出现泵管

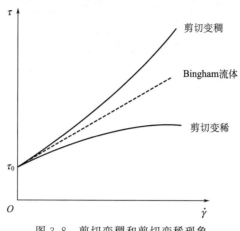

图 3.8 剪切变稠和剪切变稀现象

破坏;剪切变稀具体表现为拌合物塑性黏度随剪切速率增大而减小,剪切变稀虽然可以提高拌合物在施工过程中的流动变形能力,但也极易出现离析、泌水现象,导致硬化混凝土性能降低[13~15]。

1998 年,Larrard 等[16]在美国国家标准与技术研究所(NIST)采用 BTRHEOM 流变仪测试了 78 组拌合物的流变性能。通过测试发现,新拌自密实混凝土剪切速率与剪应力之间偏离了线性关系,表现出明显的剪切变稠现象。当研究者采用 Bingham 模型对测试点线性回归时,屈服应力出现了负值,而采用 H-B 模型对测试点进行拟合时,则可以很好地避免上述现象。Larrard 等学者的研究报道吸引了很多学者的关注。2002 年,《Cement and Concrete Research》上发表了一篇题为"The effect of measuring procedure on the apparent rheological properties of self-compacting concrete"的文章。文章的主论点是"自密实混凝土的剪切变稠是一种假象"。作者认为,由于新拌混凝土的触变性、工作性损失、离析等因素导致自密实混凝土在流变性能测试过程中处于非稳定状态,促使拌合物表现出剪切变稠的假象。剪切变稠是自密实混凝土的一种属性抑或是一种假象?这显然成了当时争论的焦点,而这一争论一直持续到 2008 年。这一年,比利时学者 Feys 等[17,18]通过预剪切、降速测试等一系列方法刻意降低或避免触变、工作性损失、颗粒迁移等因素对流变性能测试结果的影响,采用 Tattersall Mk-Ⅱ 流变仪对一系列自密实混凝土进行了流变性能测试,并采用 Con Tec Viscometer 5 流变仪对测试结果进行检验。结果表明,两种流变仪的测试结果表现出相似的剪切变稠现象,从而证实了自密实混凝土剪切变稠行为是真实存在的。

3.3.1 胶凝材料组成

本节系统探讨了粉煤灰(FA)、矿渣粉(SL)、石灰石粉(LS)、偏高岭土(MK)、硅灰(SF)等矿物掺合料对自密实混凝土流变性能及剪切变形行为的影响[19]。自密实混凝土配合比如表 3.10 所示,水胶比固定为 0.35。试验过程中通过调整减水剂和引气剂用量,将混凝土坍落扩展度和含气量分别控制在(680±10)mm、(6.5±1.0)%范围内,并适当调整黏度改性材料掺量以避免拌合物出现明显的离析泌水现象。

表 3.10 自密实混凝土配合比及其性能

试样号	配合比/(kg/m³)												坍落扩展度/mm	含气量/%	t_{500}/s
	水泥	粉煤灰	矿渣粉	硅灰	石灰石粉	偏高岭土	膨胀剂	VMA	碎石	砂	减水剂	引气剂			
A1	473	—	—	—	—	—	47	0.65	747	913	4.75	0.075	680	6.8	4.0
A2	268	205	—	—	—	—	47	0.82	747	913	5.10	0.075	675	5.7	5.3
A3	268	—	205	—	—	—	47	1.00	747	913	5.75	0.075	685	6.8	4.3
A4	268	—	—	—	205	—	47	0.65	747	913	6.25	0.075	670	5.8	4.8
A5	421	—	—	—	—	52	47	0.65	747	913	8.50	0.075	670	6.4	5.8
A6	268	63	142	—	—	—	47	0.82	747	913	5.25	0.075	675	5.8	5.6
A7	268	63	116	26	—	—	47	0.82	747	913	5.65	0.075	690	5.7	3.4

(1) 胶凝材料组成对自密实混凝土流变参数的影响

新拌自密实混凝土达到目标坍落扩展度时减水剂用量如图3.9所示。由图可知,掺加一定量的矿物掺合料后,拌合物达到目标坍落扩展度所需减水剂用量均出现不同程度的增大,这是因为:①试验中采用的矿物掺合料密度均小于水泥密度,当矿物掺合料大量取代水泥后,拌合物体系比表面积显著增大,润湿体系中颗粒所需自由水量也将增加,在相同用水量的条件下,体系中颗粒的相对滑动变得困难,宏观表现为拌合物达到既定坍落扩展度时所需减水剂用量增加;②为保证拌合物达到既定坍落扩展度时不出现明显的泌水离析现象,掺加矿物掺合料后,拌合物所需黏度改性材料用量增加或保持不变,由于黏度改性材料为水溶性聚合物,在碱性环境下会快速溶解形成黏稠性液相,束缚部分自由水,因此,拌合物坍落扩展度一定时,减水剂用量也会随着黏度改性材料掺量的增加而增加[20]。

偏高岭土取代部分水泥后,达到目标坍落扩展度时,其减水剂用量相对采用纯水泥制备的自密实混凝土增加约80%。出现这种现象的原因是偏高岭土颗粒平均粒径约为水泥颗粒粒径的1/100,虽然可以填充水泥颗粒间的空隙,置换部分填充水,但是其巨大的比

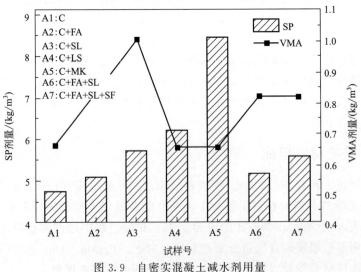

图 3.9 自密实混凝土减水剂用量

表面积及表面开孔的层状结构,使其对减水剂和自由水的吸附量更大,导致拌合物工作性能大幅度降低。

矿物掺合料对自密实混凝土流变参数的影响如图 3.10 所示。由图 3.10 可知,掺加矿物掺合料后,拌合物的屈服应力均出现不同程度的降低,而塑性黏度的变化趋势因矿物掺合料的类型各异。

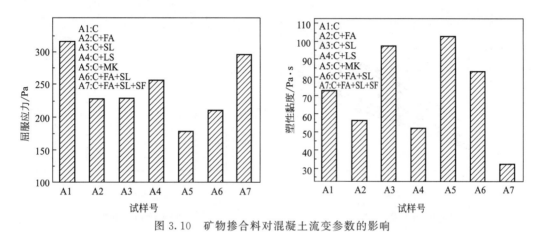

图 3.10　矿物掺合料对混凝土流变参数的影响

矿物掺合料对屈服应力的影响规律与以下因素有关:①矿物掺合料等质量取代部分水泥后,稀释了体系中水泥水化产物的比例,此外,矿物掺合料中的细小颗粒还会分散水泥水化产物,对水泥水化形成的絮状产物起到一定的解絮作用;②粉煤灰的"滚珠轴承"作用有利于减小拌合物体系内部颗粒间的摩擦阻力,导致拌合物屈服应力降低;③掺加矿物掺合料后,拌合物达到相同坍落扩展度时所需减水剂用量均有不同幅度的增加,减水剂用量的增大也会导致拌合物屈服应力降低。

单掺粉煤灰会降低自密实混凝土的塑性黏度,这是因为粉煤灰是一种近似圆球状的表面光滑的颗粒,能在拌合物中起到明显的"滚珠轴承"作用,有利于拌合物颗粒间的相对滑动[21]。单掺石灰石粉同样会降低拌合物塑性黏度,这是因为石灰石粉为惰性充填性材料,石灰石粉替代部分水泥会降低参与水化的自由水量,从而导致拌合物塑性黏度降低[22]。粉煤灰-矿渣粉-硅灰复掺会增大粉体体系的堆积密实度,客观上增大了自由水含量,因此也会造成拌合物塑性黏度降低。单掺矿渣粉及粉煤灰-矿渣粉复掺会增大拌合物塑性黏度,这可能与黏度改性材料用量有关。掺加偏高岭土后,拌合物塑性黏度明显增大,这是由于偏高岭土巨大的比表面积及表面开孔的层状结构吸附大量自由水所致[23]。

(2) 胶凝材料组成对自密实混凝土剪切变稠行为的影响

图 3.11(a) 是采用 H-B 模型拟合得到的自密实混凝土流变曲线。由图 3.11(a) 可知,采用纯水泥制备的自密实混凝土流变曲线为凸曲线,即呈现剪切变稀现象。掺加矿物掺合料的自密实混凝土流变曲线为凹曲线,即呈现剪切变稠现象。采用改进 Bingham 模型对测试数据进行拟合可得到相同结论,如图 3.11(c) 所示。图 3.11(b) 和图 3.11(d) 分别是矿物掺合料类型对 H-B 模型流变指数 n 和改进 Bingham 模型 c/μ 值的影响。由上述两图可以看出,掺加矿物掺合料后,流变指数 n 和 c/μ 值均出现不同幅度的增大,其

中惰性矿物掺合料石灰石粉对自密实混凝土剪切变稠行为影响最小，对比单掺粉煤灰或矿渣粉、粉煤灰-矿渣粉复掺以及粉煤灰-矿渣粉-硅灰复掺四组数据可见，无论是单掺粉煤灰或矿渣粉还是粉煤灰-矿渣粉复掺都大幅度增加了自密实混凝土剪切变稠行为，而适量硅灰的掺入则可削弱这种剪切变稠行为。

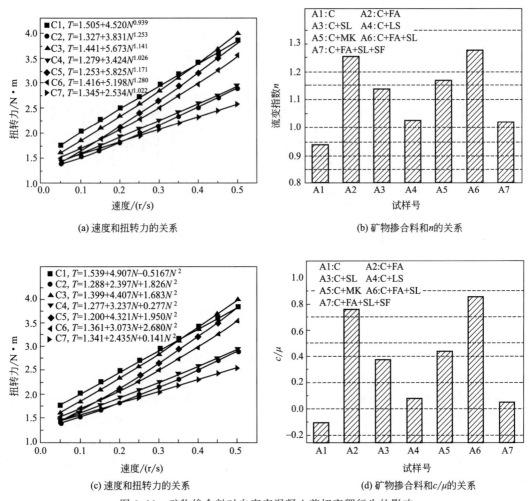

图 3.11　矿物掺合料对自密实混凝土剪切变稠行为的影响

3.3.2　粗骨料最大粒径

关于适用于自密实混凝土的粗骨料最大粒径认知并不统一，日本、欧洲、英国等国家标准[24~26]及我国标准《自密实混凝土设计与施工指南》（CECS 02—2004）[27]与《自密实混凝土应用技术规程》（JGJ/T 283—2012）[28]中均规定粗骨料最大粒径一般不宜大于20mm，福建省地方标准[29]规定粗骨料最大粒径不宜大于25mm。我国《高速铁路CRTSⅢ型板式无砟轨道自密实混凝土暂行技术条件》[30]中规定自密实混凝土最大粒径不宜大于16mm。本节分别采用最大粒径为10mm、16mm、20mm、25mm的石子作为粗骨料制备自密实混凝土，研究粗骨料最大粒径对自密实混凝土剪切作用下流变行为的影响。自密实混凝土配合比如表3.11所示,水胶比固定为0.35。试验过程中通过调整减水剂和引气剂用量,将混凝土坍落扩展度和含气量分别控制在(680±10)mm、6.5%±1.0%范围内。

表3.11 自密实混凝土配合比及其性能

试样号	配合比/(kg/m³)									坍落扩展度/mm	含气量/%	t_{500}/s
	水泥	粉煤灰	矿渣粉	膨胀剂	VMA	碎石	砂	减水剂	引气剂			
B1	250	63	159	47	0.78	747(5~10mm)	913	6.10	0.075	680	5.8	3.7
B2	250	63	159	47	0.78	747(5~16mm)	913	5.75	0.075	680	5.6	4.0
B3	250	63	159	47	0.78	747(5~20mm)	913	560	0.075	670	5.5	4.2
B4	250	63	159	47	0.78	747(5~25mm)	913	5.40	0.075	675	5.8	4.6

(1) 粗骨料最大粒径对自密实混凝土流变参数的影响

粗骨料最大粒径对自密实混凝土流变参数的影响如图3.12所示。由图3.12可知,自密实混凝土屈服应力和塑性黏度均随粗骨料最大粒径的增大呈现小幅度增大的趋势。自密实混凝土流变参数随粗骨料最大粒径的变化趋势与以下两方面因素有关:①自密实混凝土坍落扩展度一定时,随着骨料粒径增大,骨料体系的比表面积减小,客观上增大了骨料表面浆体层厚度和体系内自由水含量,从而提高了拌合物流动性,导致拌合物屈服应力和塑性黏度降低[31];②粗骨料密度相同时,骨料体积越大,拌合物对剪应力的阻碍作用力及流动过程中骨料间的摩擦阻力越大,宏观表现为拌合物屈服应力和塑性黏度增加。本试验条件下,后者占据主导地位,从而导致拌合物屈服应力和塑性黏度均随粗骨料最大粒径小幅度增大。

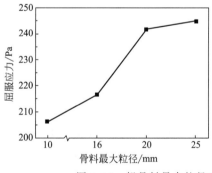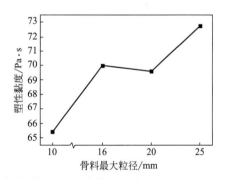

图3.12 粗骨料最大粒径对自密实混凝土流变参数的影响

(2) 粗骨料最大粒径对自密实混凝土剪切变稠行为的影响

图3.13(a)是采用H-B模型拟合得到的自密实混凝土流变曲线,由图3.13(a)可以看出,采用最大粒径分别为10mm、16mm、20mm、25mm粗骨料制备的自密实混凝土流变曲线均为凹曲线,即表现出剪切变稠现象。采用改进Bingham模型对测试点进行拟合可得出相同结论,如图3.13(c)所示。图3.13(b)和图3.13(d)分别为粗骨料最大粒径对自密实混凝土剪切变稠行为的影响,由以上两图可知,随着粗骨料最大粒径增大,拌合物剪切变稠程度降低。这是由于随着骨料粒径增大,粗骨料颗粒惯性作用逐渐占据主导

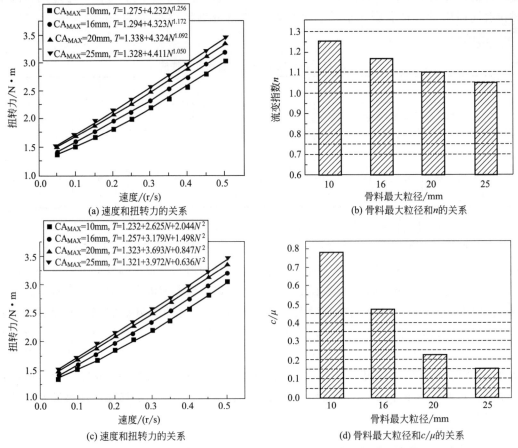

图 3.13 粗骨料最大粒径对自密实混凝土剪切变稠行为的影响

地位,对其周围水泥水化簇的破坏作用越明显,导致拌合物剪切变稠程度降低。这与 Feys 等研究结论一致[15]。

3.3.3 黏度改性材料类型

黏度改性材料在水泥基材料中的应用始于 20 世纪 70 年代,主要应用于水下工程建设及维修和喷射混凝土中。为解决自密实混凝土高流动性与高抗离析性能之间的矛盾,自密实混凝土中通常也需要加入一定量的黏度改性材料。本节分别采用纤维素醚(CE)、温轮胶(WG)、黄原胶(XG)、改性淀粉(MS)作为自密实混凝土黏度改性材料,按照表 3.12 制备自密实混凝土,水胶比固定为 0.35。研究黏度改性材料类型对自密实混凝土剪切作用下流变行为的影响。

表 3.12 自密实混凝土配合比及其性能

试样号	配合比/(kg/m³)									坍落扩展度/mm	含气量/%	t_{500}/s
	水泥	粉煤灰	矿渣粉	膨胀剂	VMA	碎石	砂	减水剂	引气剂			
C1	250	63	159	47	0.78(CE)	747	913	5.25	0.075	690	6.4	3.59

续表

试样号	配合比/(kg/m³)									坍落扩展度/mm	含气量/%	t_{500}/s
	水泥	粉煤灰	矿渣粉	膨胀剂	VMA	碎石	砂	减水剂	引气剂			
C2	250	63	159	47	0.05(WG)	747	913	4.50	0.075	690	5.9	3.07
C3	250	63	159	47	0.25(XG)	747	913	4.00	0.075	700	5.8	2.91
C4	250	63	159	47	0.50(MS)	747	913	4.75	0.075	680	6.2	3.59

（1）黏度改性材料类型对自密实混凝土流变参数的影响

采用不同种类黏度改性材料制备自密实混凝土时，黏度改性材料掺量及自密实混凝土拌合物流变参数如表3.13所示。

表3.13 黏度改性材料掺量及拌合物流变参数

名称	掺量/(kg/m³)	屈服应力/Pa	塑性黏度/Pa·s
纤维素醚(CE)	0.78	247.3	44.1
温轮胶(WG)	0.05	247.8	45.8
黄原胶(XG)	0.25	234.0	50.7
改性淀粉(MS)	0.50	253.9	25.2

由表3.13可见，当拌合物均达到目标坍落扩展度时，其屈服应力在小范围内波动。对比黏度改性材料掺量和拌合物塑性黏度两组数据可以发现，自密实混凝土黏度相近时，温轮胶用量最小，黄原胶次之，纤维素醚用量最大，这说明温轮胶的增稠效果更为显著。不同种类黏度改性材料之间增稠效果的差异与各黏度改性材料性能有关：温轮胶、黄原胶均属于生物胶，具有巨大的分子结构且主链和侧链上都含有大量羟基（如图3.14和图3.15所示）[32,33]，极易与水分子结合，从而提高拌合物黏度。与黄原胶相比，温轮胶分子结构更大，平面扩展范围更广，有利于相互连接形成空间网状结构，因此其增稠效果也更为显著。掺加改性淀粉的自密实混凝土塑性黏度明显小于其余三组自密实混凝土塑性黏度，这说明本次试验采用的改性淀粉增稠作用并不明显，不适宜用作自密实混凝土黏度改性材料。

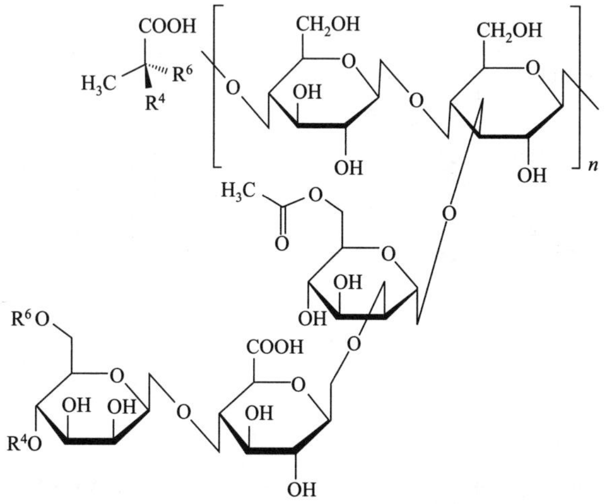

图3.14 黄原胶化学结构

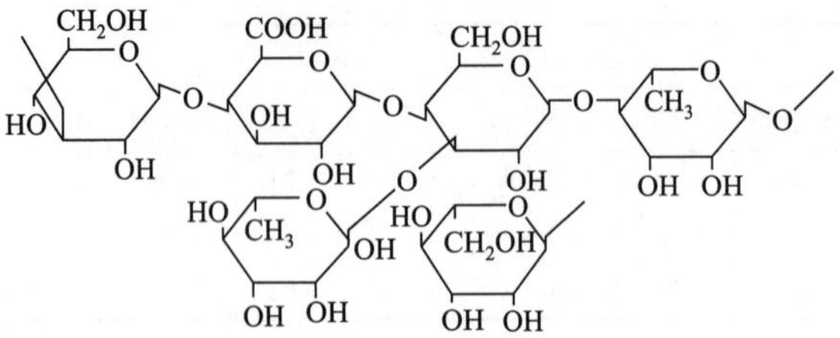

图 3.15　温轮胶化学结构

（2）黏度改性材料类型对自密实混凝土剪切变稀行为的影响

图 3.16(a) 是采用 H-B 模型拟合得到的不同黏度改性材料制得的自密实混凝土流变曲线。由图 3.16(a) 可以看出，采用 H-B 模型拟合得到的各自密实混凝土流变曲线为凹曲线，即自密实混凝土表现出剪切变稀现象。采用改进 Bingham 模型对测试点进行拟合可得出相同结论，如图 3.16(c) 所示。图 3.16(b) 和图 3.16(d) 分别是流变指数 n 和 c/μ 值随黏度改性材料种类的变化情况。由上述两图可以看出，采用黄原胶制备的自密实混凝土剪切变稀最为显著，采用温轮胶制备的自密实混凝土剪切变稀行为略大于采用纤维

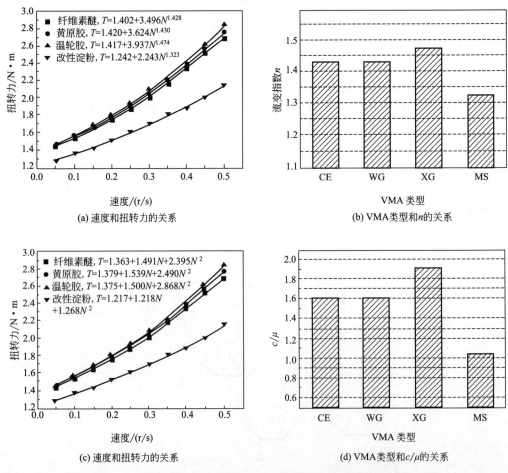

图 3.16　黏度改性材料类型对自密实混凝土剪切变稀行为的影响

醚制备的自密实混凝土,采用改性淀粉制备的自密实混凝土剪切变稠行为最弱。试验采用的四种类型黏度改性材料均为多糖类高分子量聚合物,其分子通过氢键、静电引力等作用彼此之间相互缠绕,随着剪应力增大,会促使缠结点解散,内部结构由聚合态转变为无规则线团(如图3.17所示)[34],导致拌合物黏度降低。纤维素醚掺量相对较大,导致其诱使拌合物发生剪切变稀的作用更强烈,因此拌合物宏观表现出剪切变稠程度相对较弱;由于温轮胶分子量巨大,在剪切应力作用下其结构较容易由聚合态转变为无规则线团,因此也表现出相对较低的剪切变稠现象。试验采用的改性淀粉增稠效果并不明显,因此可以推测在静置状态下,其分子之间的相互作用并不显著或其分子之间并没有形成一定的聚合态结构,掺加改性淀粉的自密实混凝土拌合物剪切变稠行为最低,可能与其分子通过空间位阻的作用阻碍了"水泥颗粒簇"的形成有关。

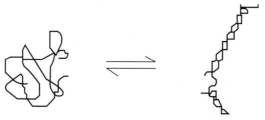

图 3.17　黏度改性材料分子由无规则线团结构到聚合态的转变[33]

3.3.4　小结

① 新拌自密实混凝土坍落扩展度和含气量相当时,掺加矿物掺合料会降低自密实混凝土的屈服应力,自密实混凝土塑性黏度的变化规律则与掺合料种类相关。粉煤灰-矿渣粉复掺可以降低自密实混凝土的屈服应力,提高其塑性黏度,同时也会加剧其剪切变稠程度,适量硅灰的掺入则可以削弱粉煤灰-矿渣粉复掺引起的自密实混凝土剪切变稠行为。

② 随着粗骨料最大粒径增加,粗骨料颗粒惯性作用力增大,促使自密实混凝土剪切变稠程度降低,但是随着粗骨料最大粒径增大,拌合物屈服应力亦随之增大。

③ 试验采用的纤维素醚、温轮胶、黄原胶、改性淀粉增稠效果从大到小依次为:温轮胶＞黄原胶＞纤维素醚＞改性淀粉,其中采用黄原胶作为黏度改性材料制备的自密实混凝土剪切变稠现象相对较为严重,改性淀粉增稠效果不明显,不适合用作自密实混凝土黏度改性材料。

3.4　自密实混凝土用原材料技术要求

3.4.1　水泥

普通泵送混凝土所用水泥一般均可用于自密实混凝土,但是由于自密实混凝土中往往都会掺入粉煤灰、矿渣粉、石灰石粉等矿物掺合料,如果水泥中再含有较多的矿物掺合料，特别是当水泥中所掺矿物掺合料种类不明确时，则可能引起硬化混凝土强度发展异常或者耐久性不足等问题。对于自密实混凝土，建议优先选用不含矿物掺合料或矿物掺合料含量较少的硅酸盐水泥和普通硅酸盐水泥。另外，为确保自密实混凝土在施工时不因流动性损失过快而影响其自密实效果，应控制水泥的比表面积、C_3A 含量，且不宜采用凝结速度快的早强水泥。日本规定可以使用高贝利特水泥来制备自密实混凝土，高贝利特水泥中的 C_2S 的含量应在 40%～70%，且符合 JIS R5210 的要求[35]。台北 101 大楼使用高贝利特水泥制备自密实混凝土，获得良好的效果[6]。

自密实混凝土选用水泥的基本原则包括工程结构部位所处环境条件、结构构件尺寸（水化热）、骨料是否有碱活性以及经济性等。一般来说，水泥宜选用硅酸盐水泥或普通硅酸盐水泥，混合材宜为粉煤灰或矿渣粉。宜选择低水化热水泥，不宜使用早强水泥。水泥性能除满足《通用硅酸盐水泥》(GB 175)的规定外，还应符合表 3.14 的规定。

表 3.14 水泥的技术要求

序号	项目	技术要求
1	比表面积/(m^2/kg)	≤350
2	游离氧化钙含量/%	≤1.0
3	碱含量/%	≤0.60
4	熟料中的 C_3A 含量/%	≤8.0
5	Cl^- 含量/%	≤0.06
6	SO_3 含量/%	≤3.5

3.4.2 矿物掺合料

(1) 活性矿物掺合料

自密实混凝土需要浆体总量较大，如果胶凝材料仅用水泥则会引起混凝土水化放热较大、硬化混凝土收缩大，易产生开裂，不利于混凝土结构的体积稳定性和耐久性。在胶凝材料中掺用优质矿物掺合料则可以克服这些缺陷；另外，自密实混凝土的拌合物必须具有高流动性、高黏聚性和高抗离析性，优质矿物掺合料和水泥颗粒形成良好的级配，可以降低胶结料的需水量，从而改善拌合物的工作性。

矿物掺合料应选用品质稳定的产品，通常选用粉煤灰、矿渣粉、硅灰等。粉煤灰应选择颜色均匀、不含有油污等杂质的 F 类产品，且与水泥和水混合时不得有明显刺激性气体放出，其性能应满足表 3.15 的规定。矿渣粉的性能应满足表 3.16 的规定，当有特殊要求时，可将矿渣粉的比表面积适当放宽。

表 3.15 粉煤灰的技术要求

序号	项目	技术要求
1	细度(45μm 方孔筛余率)/%	≤12.0
2	需水量比/%	≤95
3	烧失量/%	≤5.0
4	氯离子含量/%	≤0.02

续表

序号	项目	技术要求
5	含水量/%	≤1.0
6	三氧化硫含量/%	≤3.0
7	半水亚硫酸钙含量[①]/%	≤3.0
8	氧化钙含量/%	≤10
9	游离氧化钙含量/%	≤1.0
10	二氧化硅、三氧化二铝和三氧化二铁总含量/%	≥70
11	密度/(g/cm³)	≤2.6
12	活性指数(28d)/%	≥70
13	碱含量	②

①当采用干法或半干法脱硫工艺排出的粉煤灰时,应检测半水亚硫酸钙($CaSO_3 \cdot 1/2H_2O$)含量。
②碱含量用于计算混凝土的总碱含量。

表 3.16 矿渣粉的技术要求

序号	名称	技术要求
1	密度/(g/cm³)	≥2.8
2	MgO 含量/%	≤14.0
3	SO_3 含量/%	≤4.0
4	烧失量/%	≤3.0
5	氯离子含量/%	≤0.06
6	比表面积/(m²/kg)	350~500
7	流动度比/%	≥95
8	含水率/%	≤1.0
9	28d 活性指数/%	≥95
10	碱含量	①

①碱含量用于计算混凝土的总碱含量。

为了改善自密实混凝土的黏度,或者提高自密实混凝土的强度和抗氯离子渗透性,可以在自密实混凝土中添加硅灰,硅灰的技术要求应满足表 3.17 的规定。由于硅灰的活性高、需水量大,不利于减少混凝土的温度变形,并且增大混凝土的自收缩,降低混凝土的工作性能,因此,当有特殊需要使用硅灰时,硅灰宜与其他矿物掺合料复掺使用,且其掺量不宜过大,一般不超过胶凝材料的 8%。

表 3.17 硅灰的性能

序号	项目	技术要求
1	烧失量/%	≤4.0
2	比表面积/(m²/kg)	≥18000
3	需水量比/%	≤125
4	活性指数(28d)/%	≥85
5	氯离子含量/%	≤0.02
6	二氧化硅含量/%	≥85
7	含水量/%	≤3.0

续表

序号	项目	技术要求
8	碱含量/%	≤1.5
9	三氧化硫含量	①

①三氧化硫含量用于混凝土总三氧化硫含量的计算。

为了满足特定性能而使用其他矿物掺合料时，如煅烧高岭土、沸石粉等，沸石粉的性能要求如表 3.18 所示，可以按国家标准《高强高性能混凝土用矿物外加剂》（GB/T 18736）来检验，这些矿物掺合料必须经过试验才能在自密实混凝土中使用。

表 3.18　沸石粉的性能

序号	项目	技术要求	
		Ⅰ	Ⅱ
1	吸铵值/(mmol/100g)	≥130	≥100
2	比表面积/(m^2/kg)	≥700	≥500
3	需水量比/%	≥110	≥115
4	28d 活性指数/%	≥90	≥85
5	Cl^-含量/%	≤0.02	≤0.02

（2）惰性矿物掺合料

惰性矿物掺合料的使用可在不提高水化热的前提下，满足自密实混凝土粉体用量的要求。当自密实混凝土设计强度较低、水化温升要求较低的情况下，可以使用惰性矿物掺合料。关于惰性矿物掺合料目前尚未有一个明确的定义，通常将磨细的石灰岩、石英砂、白云石以及各种硅质岩石的产物称为惰性物质[36]。在 Sidney Mindess 等所著《混凝土》一书中将掺合料分为三类，即火山灰材料、潜在水硬性材料以及非活性材料，其中非活性材料中包括磨细石灰石、石英粉、熟石灰等[37]。顾名思义所谓惰性掺合料是指不参与水泥水化反应的物质，或者说活性指数低于某个数值。但似乎这两方面对于石灰石粉都不能适用：第一，石灰石粉是参与水泥水化的，并且能够加速水泥的水化；第二，在水泥中添加适量的石灰石粉，在一定程度上会促进水泥的强度发展[38]。因此，也有将石灰石粉称为半惰性矿物掺合料。可以用作自密实混凝土用惰性矿物掺合料的有石灰石粉、白云石粉、石英粉等，以石灰石粉应用较为普遍。

虽然石灰石粉在自密实混凝土中已经规模使用，但目前对石灰石粉这种矿物掺合料尚无评价指标。在开展大量石灰石粉应用研究的基础上，提出了碳酸盐掺合料的技术要求[39]，如表 3.19 所示。在配制自密实混凝土时，可以参照执行。

表 3.19　碳酸盐掺合料的技术要求

序号	项目	技术要求
1	细度(45μm 方孔筛筛余率)/%	≤15
2	碳酸钙含量/%	≥75
3	MB 值/(g/kg)	≤1.0
4	含水量/%	≤1.0

续表

序号	项目	技术要求	
5	流动度比/%	⩾100	
6	抗压强度比/%	7d	⩾60
		28d	⩾60

3.4.3 细骨料

与传统振捣混凝土不同,设计自密实混凝土时可将细骨料中小于0.075mm的颗粒作为粉体材料,用水粉比来代替传统的水胶比。关于对粉体细度的分类不尽一致,欧洲是将粒径小于0.125mm的颗粒作为粉体,日本是将粒径小于0.09mm的颗粒作为粉体。细骨料的形貌和级配对自密实混凝土工作性能影响很大,由于砂颗粒的紧密堆积,自密实混凝土使用减水剂的量较小,且自密实混凝土的黏度较低[40]。有实践证明,当砂在0.6mm筛的累积筛余大于65%,0.3mm筛的累计筛余大于85%,0.15mm筛的累计筛余大于98%时,砂的级配较好,适合用于配制自密实混凝土[41]。砂的细度模数控制在2.6~2.8,用于配制自密实混凝土最佳。

配制自密实混凝土时,可选用天然河砂和经过专门机组生产的机制砂,河砂应选用级配合理、质地坚固、吸水率低、空隙率小的洁净天然河砂,也可选用采用专门机组生产的机制砂,不得使用海砂。细骨料的颗粒级配应满足表3.20中Ⅱ区或Ⅲ区的规定,其他性能应满足表3.21的规定。

表3.20 细骨料的颗粒级配范围

级配区 粒径/mm	累计筛余/% 区域		
	Ⅰ区	Ⅱ区	Ⅲ区
10.0	0	0	0
5.00	10~0	10~0	10~0
2.50	35~5	25~0	15~0
1.25	65~35	50~10	25~0
0.63	85~71	70~41	40~16
0.315	95~80	92~70	85~55
0.160	100~90	100~90	100~90

注:除5.00mm和0.63mm筛挡外,细骨料其他筛挡的实际累计筛余与本表相比允许稍有超出分界线,但超出总量不得大于5%。

表3.21 细骨料的技术要求

序号	项目	技术要求
1	细度模数	⩽2.7
2	含泥量(天然砂)/%	⩽2.0
3	泥块含量/%	⩽0.5

续表

序号	项目	技术要求
4	坚固性/%	≤8
5	吸水率/%	≤1
6	云母含量/%	≤0.5
7	轻物质含量/%	≤0.5
8	硫化物及硫酸盐含量/%	≤0.5
9	有机物含量	浅于标准色
10	碱活性(碱-硅酸反应活性)	快速砂浆棒膨胀率(ε_t)<0.30%

注：1. 当细骨料中含有颗粒状的硫酸盐或硫化物杂质时，应进行专门检验，确认能满足混凝土耐久性要求时，方能采用。

2. 当细骨料的快速砂浆棒膨胀率(ε_t)≥0.20%且<0.30%时，应对混凝土采取抑制碱-骨料反应的技术措施，并经试验证明抑制有效。

3.4.4 粗骨料

粗骨料的最大粒径、颗粒形貌和级配对自密实混凝土的工作性能，尤其是间隙通过性影响很大。关于粗骨料的最大粒径，日本土木学会建议为20～25mm，欧洲建议为12～20mm，我国建议小于20mm。鉴于高速铁路自密实混凝土层结构特征，自密实混凝土层厚度为10cm，中间设置有钢筋网片，上下净间距约为4cm，因此自密实混凝土用粗骨料的最大粒径不宜大于20mm。颗粒形貌是影响自密实混凝土流动过程内摩擦力大小的关键。按照不同的形貌和棱角，将骨料分为5级，如图3.18所示。配制自密实混凝土应选用棱角小、圆润度高的粗骨料，即3级以下骨料[41]。

粗骨料应选用粒形良好、质地坚固、线胀系数小的洁净碎石、碎卵石或卵石。粗骨料宜采用二级或多级级配骨料混配而成。粗骨料颗粒级配应符合表3.22的规定，压碎指标值应符合表3.23的规定，其他性能应符合表3.24的规定。

表3.22 粗骨料的颗粒级配范围

级配情况	粒径/mm	累计筛余率(质量分数)/%				
		筛孔边长尺寸/mm				
		2.36	4.75	9.5	16.0	19.0
连续级配	5～10	95～100	80～100	0～15	0	—
	5～16	95～100	85～100	30～60	0～10	0
	5～20	95～100	90～100	40～80	—	0～10

表3.23 粗骨料的压碎指标　　　　　　单位：%

岩石种类	沉积岩	变质岩或深成的火成岩	喷出的火成岩
碎石	≤10	≤12	≤13
卵石	≤12		

注：沉积岩包括石灰岩、砂岩等，变质岩包括片麻岩、石英岩等，深成的火成岩包括花岗岩、正长岩、闪长岩和橄榄岩等，喷出的火成岩包括玄武岩和辉绿岩等。

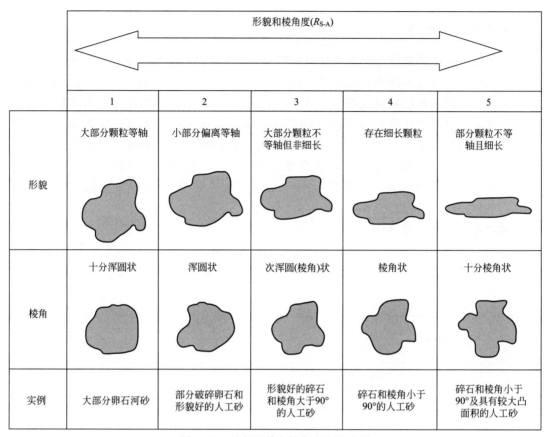

图 3.18 骨料形貌和棱角度选取准则

表 3.24 粗骨料的技术要求

序号	检验项目		技术要求
1	针片状颗粒总含量/%		≤5.0
2	含泥量/%		≤0.5
3	泥块含量/%		≤0.2
4	岩石抗压强度		母岩与混凝土强度等级之比不应小于1.5
5	吸水率/%		<1
6	紧密空隙率/%		<40
7	坚固性/%		≤8
8	硫化物及硫酸盐含量/%		≤0.5
9	Cl^- 含量/%		≤0.02
10	有机物含量(卵石)		浅于标准色
11	碱活性/%	碱-硅酸反应活性	快速砂浆棒膨胀率(ε_t)<0.30
		碱-碳酸盐反应活性	岩石柱膨胀率(ε_t)<0.10

注：1. 当粗骨料为碎石时，碎石的强度用岩石抗压强度表示。
2. 施工过程中，粗骨料的强度可用压碎指标值进行控制。
3. 当粗骨料的快速砂浆棒膨胀率（ε_t）≥0.20%且<0.30%时应对混凝土采取抑制碱-骨料反应的技术措施，并经试验证明抑制有效。

3.4.5 减水剂

减水剂应选用品质稳定且能明显提高混凝土耐久性能的材料。减水剂与水泥及矿物掺合料之间应具有良好的相容性，其匀质性应满足国家标准《混凝土外加剂》GB 8076 的规定。当选用聚羧酸系减水剂时，其性能要求应符合表 3.25 的规定，当选用其他类型减水剂时，其性能应符合 GB 8076 的规定。采用萘系减水剂配制的自密实混凝土的工作性能损失快，通常应选择聚羧酸系减水剂，聚羧酸减水剂坍落度损伤小，通常可以保持 90min 以上，但一定要注意聚羧酸减水剂的引气质量。减水剂的选择必须开展以下试验：①与胶凝材料的相容性；②120min 混凝土工作性能经时变化（损失或返大）；③引气质量，可以用含气量损失或新拌混凝土气泡参数来评价[42,43]；④对温度变化和含水量波动的敏感性。

表 3.25　聚羧酸减水剂的性能

序号	检验项目		技术要求
1	减水率/%		≥25
2	含气量/%		≤3.0
3	常压泌水率比/%		≤20
4	压力泌水率比/%		≤90
5	抗压强度比/%	3d	≥160
		7d	≥150
		28d	≥140
6	坍落度 1h 经时变化量/mm		≤60mm
7	凝结时间差/min	初凝	−90~+120
		终凝	
8	甲醛含量（按折固含量计）/%		≤0.05
9	硫酸钠含量（按折固含量计）/%		≤5.0
10	Cl⁻含量（按折固含量计）/%		≤0.6
11	碱含量（按折固含量计）/%		≤10
12	收缩率比/%		≤110

3.4.6 引气剂

引气剂宜选用能够在混凝土中均匀引入细小气泡的材料，引气剂应与减水剂、水泥及矿物掺合料之间具有良好的相容性。引气剂的性能应符合表 3.26 的规定。引气剂的选择必须开展以下试验：①引气剂的质量，可以用新拌混凝土气泡参数与硬化体混凝土气泡参数来评价；②与其他外加剂或者粉体材料的相容性；③对混凝土硬化体力学性能的影响。

表 3.26 引气剂的性能

序号	项目		技术要求
1	减水率/%		≥6
2	含气量/%		≥3.0
3	泌水率比/%		≤70
4	1h 含气量经时变化/%		−1.5～+1.5
5	抗压强度比/%	3d	≥95
		7d	≥95
		28d	≥90
6	凝结时间之差/min	终凝	−90～+120min
		初凝	
7	收缩率比/%		≤125
8	相对耐久性(200次)/%		≥80
9	28d 硬化体气泡间距系数/μm		≤300

3.4.7 黏度改性材料

黏度改性材料不仅能提高水下不分散混凝土的絮凝能力、增加自密实混凝土的黏度、降低喷射混凝土的回弹，还能解决轻骨料混凝土的骨料上浮的问题、改善低品质骨料混凝土的施工性能。按照成分类型，黏度改性材料可分为无机类、有机类和复合类。无机类黏度改性材料主要包括硅灰、高岭土以及其他超细矿物掺合料，该类黏度改性材料主要是利用粉体之间的内聚力来实现增稠的作用；有机类黏度改性材料主要有纤维素醚、聚丙烯酰胺、多糖等，其增稠机理多是增大溶液黏度；复合类黏度改性材料主要是指将有机类和无机类进行复合，综合发挥两种增稠机理的优势。有机类黏度改性材料具有掺量少、增稠效果好、施工方便等特点，被广泛应用于混凝土工程中，其中应用最广且效果较好的是丙烯系、纤维素系及来源于微生物的多糖等。丙烯系黏度改性材料[44]是一种阴离子型的电解质，具有较高的分子量（可达 200 万），在较小掺量情况下便能起到较好的增稠效果，但在掺量较大时会造成混凝土需水量增加，从而降低混凝土的强度。纤维素系黏度改性材料[45]因纤维素三元环上羟基的氢被烃基醚化，增稠作用明显，在小掺量时具有一定的减水效果；大掺量时，引气量较高还会造成缓凝，具体的性能与其分子取代基的种类和羟基的置换度有关。多糖类黏度改性材料[46]是一类通过有氧深层发酵而得的可溶性微生物胞外多糖，如温轮胶（welan gum）、迪特胶（diutan gum）、黄原胶（xanthan gum）等，即使掺量低至胶凝材料总量的 0.1% 也具有良好的增稠效果，且具有良好的耐高温性、耐盐性以及酸碱稳定性，缺点是生产工艺复杂、成本较高。

黏度改性材料的增稠机理为：

① 保水。长链聚合物分子吸附在水分子周围，吸附和固定部分拌合水而产生膨胀，进而增加拌合物和水泥基材料的黏度，如纤维素类。

② 缔合。聚合物链附近分子产生吸引力，阻碍水分子运动，造成凝胶形成和黏度增

加。当溶液浓度较高时，聚合物还会相互缠绕，导致表观黏度进一步增大。如温轮胶、迪特胶，这类黏度改性材料不会与超塑化剂争夺水泥颗粒的表面[47]。

③ 桥接。聚合物[48]吸附在水泥颗粒表面，形成颗粒-颗粒的桥接结构，构成相对刚性的网络，如纤维素类、丙烯酸类。Mikanovic 等[49] 以图 3.19 的形式解释了以上三种机理。

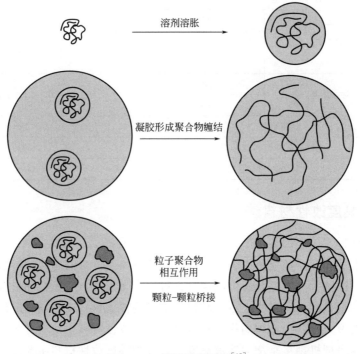

图 3.19　增稠机理图示[48]

黏度改性材料在提高新拌水泥基材料黏度的同时还会提高其屈服应力，从而会减小拌合物的流动性，在选择过程中应该平衡其对水泥基材料流动性和黏度影响程度，尽量选择既能显著提高塑形黏度、又不会对流动性产生很大影响的材料。Coralie Brumaud 等[50]在固定水胶比（$W/B=0.4$）的情况下研究了羟乙基甲基纤维素（HEMC）对屈服应力的影响，研究结果表明，相比于对照组水泥砂浆，掺入 HEMC 的水泥砂浆的屈服应力与临界应变都大幅度的提高。王海峰[51]发现当在砂浆中掺入 0.06% 的纤维素醚时，其流动度降低 8%；掺量为 0.08% 时，流动度降低超过 13.5%。Y. Zhang[52]的研究表明，在混凝土中分别掺入 0.12% 和 0.10% 的温轮胶和迪特胶会分别使混凝土的流动度降低 33.3% 和 25%。

显然，黏度改性材料与减水剂的作用是互斥的，因此探讨黏度改性材料和减水剂之间的相容性就显得尤为重要。Kawai 和 Okada[53] 发现在 pH 为 13 且 HPMC 浓度为 0.8% 的水溶液中加入浓度为 1% 的萘系减水剂后，其黏度会剧烈增长，这种现象归因于由于两种外加剂之间的不相容性而产生的化学凝胶。表 3.27 总结了不同减水剂与黏度改性材料之间的相容性的研究结果[54,55]。

表 3.27 黏度改性材料与减水剂的相容性

种类	温轮胶	羟丙基甲基纤维素	聚丙烯酰胺	羟乙基纤维素	羧甲基纤维素
萘系	√	×	—	×	√
三聚氰胺	√	√	√	√	√
氨基磺酸盐	—	×	—	×	×
脂肪族磺酸盐	—	√	—	√	×

注：√表示相容性良好；×表示相容性较差，配合使用时会产生化学凝胶；—表示还没有学者对相应相容性进行研究。

为了满足高速铁路无砟轨道用自密实混凝土的特殊要求，需开发具有增稠、稳泡、降敏感性等多重功效的黏度改性材料，在少掺量下便能提高自充填混凝土黏度、改善抗离析性，且不降低自充填混凝土力学性能和耐久性能，其性能应满足表 3.28 的规定。

表 3.28 黏度改性材料的性能

序号	项目		技术要求
1	Cl^-含量（按折固含量计）/%		≤0.6
2	碱含量（按折固含量计）/%		≤1.0
3	黏度比/%		≥150
4	用水量敏感度/(kg/m³)		≥12
5	扩展度之差/mm		≤50
6	常压泌水率比/%		≤50
7	凝结时间差/min	初凝	−90~+120
		终凝	
8	抗压强度比/%	3d	≥90
9		28d	≥100
10	28d 收缩率比/%		≤100

3.4.8 膨胀剂

膨胀剂宜选用性能符合 GB 23439 规定的产品，其水中养护 7d 的限制膨胀率不小于 0.050%，空气中养护 21d 的限制膨胀率不小于 −0.010%。

3.4.9 拌合水

拌合水宜选用洁净饮用水。当采用其他水源时，水的性能要求应符合表 3.29 的规定。养护用水除不溶物、可溶物可不作要求外，其他性能应与拌合水的性能相同。

表 3.29 拌合水的性能

序号	项目	技术要求
1	pH 值	>6.5
2	不溶物含量/(mg/L)	<2000

续表

序号	项目	技术要求
3	可溶物含量/(mg/L)	<5000
4	氯化物含量/(mg/L)	<1000
5	硫酸盐含量/(mg/L)	<2000
6	碱含量/(mg/L)	<1500
7	抗压强度比(28d)/%	≥90
8	凝结时间差/min	≤30

3.4.10 纤维

自密实混凝土中可以加入钢纤维、合成纤维和混杂纤维等,其性能要求应符合《纤维混凝土结构技术规程》CESC 38 中的规定。

参 考 文 献

[1] 李化建,谭盐宾,易忠来,等. CRTSⅢ型板式无砟轨道自密实混凝土用原材料性能要求 [J]. 混凝土与水泥制品, 2014, 11: 123-125.

[2] JSCE. Design and Construction Recommendations for Self-Compacting Concrete, Self-Strength Concrete and High-Durability Concrete [S]. 2001.

[3] American Concrete Institute. Self-Consolidating Concrete (ACI 237 R—07) [R]. 2007.

[4] BIBM, CEMBUREAU, ERMCO, EFCA, EFNARC. The European Guidelines for Self-Compacting Concrete [S]. 2005.

[5] 高延继,安雪晖,赵霄龙,等. 自密实混凝土应用技术规程 [S]. 北京:中国计划出版社,2006.

[6] 余志武,郑建岚,谢友均,等. 自密实混凝土设计与施工指南 [S]. 北京:中国建筑工业出版社,2004.

[7] 梅世龙,蒋正武,孙振平. 骨料对自密实混凝土性能的影响 [J]. 建筑技术,2007,38 (1):53-55.

[8] 曾冲盛,桂苗苗,刘君秀,等. 针、片状骨料对自密实混凝土间隙通过性影响的量化分析 [J]. 混凝土,2011 (11):34-39.

[9] 严琳,杨长辉,王冲. 粗骨料颗粒形状指数、级配对自密实混凝土工作性能的影响 [J]. 混凝土,2011 (1):75-77.

[10] 张青,廉慧珍,王蓟昌. 自密实高性能混凝土配合比研究与设计 [J]. 建筑技术,1998,30 (1):19-21.

[11] 蒋正武,石连富,孙振平. 用机制砂配制自密实混凝土的研究 [J]. 建筑材料学报,2007,10 (2):154-161.

[12] 李化建,谭盐宾,易忠来. ZL 201110321237.6—种高速铁路无砟轨道自充填混凝土专用改性剂 [S]. 2015.

[13] 陈钱宝,尤业字,陈雷,等. 聚合物/无机黏度增效剂的制备及其对自密实混凝土流变特性的影响 [J]. 胶体与聚合物,2016,33 (2):51-54.

[14] Dimitri Feys, Ronny Verhoeven, Geert De Schutter. Fresh self-compacting concrete, a shear thickening material [J]. Cement and Concrete Research, 2008 (38): 920-929.

[15] Dimitri Feys, Ronny verhoeven, Geert De Schutter. Why is fresh self-compacting concrete shear thickening [J]. Cement and Concrete Research, 2009 (39): 510-523.

[16] de Larrard F, Ferraris C F, Sedran T. Fresh concrete: a Herschel-Bulkley material [J]. Materials and Structures, 1998, 31: 494-498.

[17] Dimitri Feys, Ronny verhoeven, Geert De Schutter. Evaluation of time independent rheological models applicable to fresh self-compacting concrete [J]. Applied Rheology, 2007, 17 (5): 1-10.

[18] Dimitri Feys, Ronny Verhoeven, Geert De Schutter. Fresh self-compacting concrete, a shear thickening materi-

al [J]. Cement and Concrete Research, 2008 (38): 920-929.

[19] 黄法礼. CRTSⅢ板式无砟轨道自密实混凝土剪切作用下的流变行为 [D]. 北京: 中国铁道科学研究院, 2016.

[20] Kamal H, Khayat. Viscosity-enhancing admixtures for cement-based materials——an overview [J]. Cement and Concrete Composites, 1998, 20: 171-188.

[21] 冯金, 马昆林, 龙广成. 基于不同流变模型下粉煤灰对水泥净浆流变性能的影响 [J]. 铁道科学与工程学报, 2015, 12 (3): 534-539.

[22] 谢友均, 陈小波, 马昆林, 等. 石灰石粉对水泥-粉煤灰砂浆流变行为影响的研究 [J]. 铁道科学与工程学报, 2015, 12 (1): 59-65.

[23] 曹征良, 李伟文, 陈玉伦. 偏高岭土在混凝土中的应用 [J]. 深圳大学学报理工版, 2004, 21 (2): 183-186.

[24] EFNARC. Specification and guidelines for self-compacting concrete [S] // European: EFNARC, 2002: 4. EFNARC, BIBM, ERMCO, et al. The European self-compacting concrete guidelines [S]. European: European Project Group, 2002.

[25] BSI. BS EN206-9—2010. Additional rules for self-compacting concrete [S]. UK: BSI Group, 2010.

[26] 桂苗苗. 国内外自密实混凝土的标准概况与比较 [J]. 材料导报, 211, 3: 97-100.

[27] CECS 02—2004. 自密实混凝土设计与施工指南 [S]. 北京: 中国建筑工业出版社, 2004.

[28] JGJ/T 283-2012. 自密实混凝土应用技术规程 [S]. 北京: 中国建筑工业出版社 2012.

[29] 福州大学. DBJ 13-55—2004. 自密实高性能混凝土技术规程 [S]. 福州: 福建省建设厅, 2004.

[30] 中国铁路总公司. CRTSⅢ型板式无砟轨道自密实混凝土暂行技术条件 [S]. 北京: 中国铁道出版社, 2013.

[31] 徐杰, 叶燕华, 朱铁梅, 等. 骨料粒径对自密实混凝土工作性能的影响 [J]. 混凝土与水泥制品, 2012, 9: 90-92.

[32] 杨春玉, 王霞, 苏海军, 等. 黄原胶生物合成的研究进展 [J]. 现代化工, 2005, 25 (2): 21-24.

[33] Tako M, Kiriaki M. Rheological Properties of Welan Gum in Aqueous Media [J]. Journal of the Agricultural Chemical Society of Japan, 1989, 54 (12): 3079-3084.

[34] Khayat K H. Effect of antiwashout admixtures on fresh concrete properties [J]. ACI Materials Journal, 1995, 92 (2): 164-171.

[35] Japan Society of Civil Engineer (JSCE). Recommendation for Self-Compacting concrete [S]. 1999.

[36] 吴中伟, 廉慧珍. 高性能混凝土 [M]. 北京: 中国铁道出版社, 1999: 74-75.

[37] Sidney Mindess, Francis Young J, David Darwin. 混凝土 [M]. 吴科如, 张雄, 姚武等译. 北京: 化学工业出版社, 2005: 83.

[38] 李化建, 赵国堂, 谢永江, 等. 石灰石粉作为混凝土矿物掺合料应用问题的探讨 [J]. 混凝土与水泥制品, 2012 (2): 71-73.

[39] 李化建. 京沪高速铁路现浇梁张拉龄期试验研究 [R]. 北京: 中国铁道科学研究院, 2011.

[40] ICAR. 108-2FAggregates in Self-Consolidating Concrete [R]. 2007.

[41] 安雪晖, 黄绵松, 大内雅博, 等. 自密实混凝土技术手册 [M]. 北京: 中国水利水电出版社, 知识产权出版社, 2008.

[42] Li Huajian, Yang Lu, Xie Yongjiang. Air-void parameters measurement of fresh concrete [J]. Journal of Wuhan University of Technology, 2013.

[43] Li Huajian, Xie Yongjiang, Yang Lu. Air-void parameters measurement of fresh concrete and hardened concrete [J]. Journal of Central South University of Technology, 2013.

[44] 胡玉建. 水下混凝土和易性的控制 [J]. 混凝土, 1994 (2): 14-17.

[45] Cappellari M, Daubresse A, Chaouche M. Influence of organic thickening admixtures on the rheological properties of mortars: Relationship with water-retention [J]. Construction & Building Materials, 2013, 38 (2): 950-961.

[46] Plank J. Applications of Biopolymers in Construction Engineering [M] // Biopolymers Online. Wiley-VCH Verlag GmbH & Co. KGaA, 2005: 113-115.

[47] Yammamuro H, Izumi T, Mizunuma T. Study of non-adsorptive viscosity agents applied to self-compacting concrete [C]//Superplasticizers and Other Chemical Admixtures in Concrete. Proceedings Fifth CANMET/ACI International Conference, 1997.

[48] Nawa, Izumi, Edamatsu Y. State-of-the-art report on materials and design of self-compacting concrete [C]. Proceedings of International Workshop on Self-Compacting Concrete, Japan, 1998: 160-190.

[49] Mikanovic N, Sharman J, Jolicoeur C, et al. Compatibility of Viscosity Enhancing Agents and Superplasticizers in Cementitious and Model Systems: Rheology, Bleeding and Segregation [C]//International Conference on Superplasticizers and Other Chemical Admixtures in Concrete. 2009: 1-5.

[50] Hot J, Bessaies-Bey H, Brumaud C, et al. Adsorbing polymers and viscosity of cement pastes [J]. Cement & Concrete Research, 2014, 63 (9): 12-19.

[51] 王海峰. 纤维素醚对自流平砂浆性能影响 [J]. 混凝土, 2013 (7): 99-101.

[52] Zhang Y, Zhao Q, Liu C, et al. Properties comparison of mortars with welan gum or cellulose ether [J]. Construction & Building Materials, 2016, 102: 648-653.

[53] Kawai T Okada. Effect of superplasticizer and viscosity-increasing admixture on properties of lightweight aggregate concrete [J]. ACI, 1989 (SP-119): 583-604.

[54] 宋作宝. 混凝土增稠剂的研究 [D]. 北京：北京工业大学, 2003.

[55] Khayat K H, Yahia A. Effect of welan gum-high-range water reducer combinations on rheology of cement grout [J]. ACI Materials Journal, 1997, 94 (5): 365-372.

4 自密实混凝土的配制与性能

自密实混凝土配合比应根据无砟轨道的结构特点、施工条件以及环境条件所要求的性能进行设计,在综合工作性能、力学性能、收缩性能、耐久性能以及其他必要性能要求的基础上,提出试验配合比。自密实混凝土试验配合比确定后,应开展现场工艺性揭板试验(实尺寸模型试验),并根据现场工艺性揭板试验效果来调整并最终确定施工配合比。本章介绍了自密实混凝土的设计原则及方法,提出了常规自密实混凝土配制技术,研究了自密实混凝土力学性能、体积稳定性和耐久性能,揭示了自密实混凝土性能的经时发展规律。介绍了包括高强自密实混凝土、聚合物自密实混凝土等新型自密实混凝土。

4.1 自密实混凝土配合比设计方法

自密实混凝土配合比设计理念与传统振捣混凝土有很大的差异,且自密实混凝土的配合比会因原材料的差异而在较大范围波动。尽管国内外学者对自密实混凝土配合比设计方法进行了大量的研究[1~11],但很难给出一个通用的配合比设计法则,这可能就是自密实混凝土这门技术的魅力之所在。正如参考文献[12]所述,由于高性能混凝土对环境和原材料的敏感性,决定其在设计上是一门"精密"技术、在实施上是一门"逼近"技术,从而决定了高速铁路高性能混凝土技术是一门应用管理技术[12]。

虽然自密实混凝土设计方法没有统一,但基于体积法的配合比设计得到普遍认可。目前的标准规范中多是给出自密实混凝土配合比的设计流程以及配合比设计关键参数。尽管每个配合比设计采用不同的方法,但都有相似之处。在表4.1所总结的13种方法中,除了"理性配合比设计方法"和"基于试验的统计设计"两种方法外,其他的方法都假设自密实混凝土是骨料悬浮在浆体中的体系,这些方法必须要做三件事情,即确定浆体的量、浆体组成以及混合骨料。浆体体积必须大于骨料紧密堆积的空隙率,但不同方法对骨料紧密堆积和浆体量的选择差别很大。浆体的组成设计取决于流动性与硬化体的性能,每一种设计方法是采用相应的测试方法并设计不同的目标值来选择浆体组成。骨料设计的目的除了个别方法外大部分主要是获得最小空隙率。表4.1汇总了自密实混凝土的设计方法,并给出了不同设计方法的特征与局限。每一种配合比设计方法都存在一定的局限,但也都有其特点,存在适用性问题。

表 4.1 不同的自密实混凝土配合比设计方法

方法	基本原理	提出	特征	局限
先进水泥基材料中心(ACBM)浆体流变模型/最小浆体体积法	最小浆体量的选择是基于固体相(阻塞)或液体相(离析、流动性、表面可装饰性)标准,浆体流变性通过实验室测试确定,引入自流平区(以屈服应力和表观黏度来定义)概念来确保抗离析性与流动性	该方法被很多研究者发展,Bui等[15]最早提出最小浆体法,并将其与浆体流变模型法相结合	该方法提供详细的公式来计算防止阻塞所需最小浆体的量,公式也可以从液体相标准所获得,然而必须假设骨料间的平均距离	选择骨料间平均距离以及最优浆体流变性能的指导较为有限

续表

方法	基本原理	提出	特征	局限
可压缩堆积模型	配合比基于堆积模型。等式可以计算屈服应力、塑性黏度，一个参数代表流动/通过能力，另一个参数代表抗离析能力	这种方法基于Larrard[16]提出的可压缩堆积模型。该模型（包括表征流动/通过能力的参数）被扩展到自密实混凝土配合比设计	该方法用一个相似堆积模型来优化骨料，包括计算屈服应力、塑性黏度、流动、通过能力参数以及抗离析的参数	使用该模型需要专用软件。屈服应力和塑性粘度是基于BTRHEOM流变仪的经验测量获得的，通常比其他流变仪的计算测量值偏高
混凝土管理软件	该方法综合了堆积模型和穆尼方程，通过相对黏度来预测工作性能。软件程序可以优化试拌次数	这种方法由Roshavelov[17]发展，并形成了软件包。与Larrard[16]提出的固体悬浮模型/可压缩模型相似	使该方法可以预测混凝土表观黏度，特制的毛细管流变仪可对测试的混凝土进行评价	配合比的选择必须通过软件来完成，计算复杂
致密配合比设计算法	骨料与粉煤灰复合获得最小的空隙率。浆体的量通过骨料与粉煤灰之间空隙率确定。浆体组成选择以硬化体性能为依据	该方法在中国台湾发展为高性能混凝土设计方法，并被扩展到自密实混凝土设计中	粉煤灰被认为是骨料的一部分，而不是浆体	该方法主要适用于高强度混凝土的设计。骨料-粉煤灰复合能够获得最小空隙率，但对工作性能并不一定是最优
富浆理论	富裕浆体相对厚度被计算出来，并被应用于预测混凝土浆体的屈服应力和塑性黏度	该方法是基于Kennedy 1940年提出[18]的富浆理论。此后，该方法被很多研究者用于传统振捣混凝土与自密实混凝土的配合比设计	基于骨料特性、浆体积和浆体流变性，该模型可以准确预测自密实混凝土塑性黏度和屈服应力	测定骨料比表面积的方法不同。当考虑细骨料时，该方法计算量很大。屈服应力和塑性黏度必须采用相同的方法来检测，以便浆体和混凝土具有可比性
高强自密实混凝土设计方法[19]	合适浆体组成决定于Marsh漏斗和小型坍落度筒，受制于强度。优化骨料获得最小空隙率。测试不同浆体积来获得适宜的流动性和抗压强度	该方法是由高强和高性能混凝土配合比设计概念发展而来	通过优化浆体组分设计获得高强自密实混凝土	该方法主要适合高强度自密实混凝土设计。具有最小空隙率的混合骨料可能无法获得最优的工作性能。这种选择浆体组成的方法不能使浆体积最小
颗粒矩阵模型	该模型的建立是基于浆体积、浆体流变性和骨料的性能。浆体流变性用流动阻力比来表征，流动阻力比靠Flow-Cyl装置来测定。用空隙率来表征骨料，空隙率取决于骨料体积、细度模数和骨料参数。不同浆体积（不同流动阻力比、空隙率）工作性能测试。公式用于预测配合比变化的影响	该模型最早由Mørtsell为传统振捣混凝土提出[20]，后来成功扩展到自密实混凝土	流动阻力比和空隙率参数是用于描述浆体流变性和骨料特征的参数	该模型已经成功应用。模型开发人员指出，在优化浆体流变性能方面，还需要做更多的工作。空隙模数计算复杂，尤其是骨料参数的确定。流动阻力比可能不是描述浆体流变性能的最佳参数。流动阻力比和空隙模数的物理意义并不十分明确

续表

方法	基本原理	提出	特征	局限
理性配合比设计方法	混凝土中粗骨料的量设定为50%~60%。砂浆中细骨料的量设定为40%~50%。水粉比、高效减水剂用量取决于浆体最小流动扩展度和最小V形漏洞流出时间是否满足规定的目标值	该方法由日本提出，并被不同的研究者使用。该方法已经被发展，但是基本原则都是一样的。该方法被EFNARC、PCI等一些协会推荐	粗细骨料用量的确定是通过规定的体积密度的倍数。通过小坍落度和小V形漏斗来选择合适浆体的流变性能	通过建立目标流动性能来设定粗细骨料的量是相当受限制的方法。导致的结果是自密实混凝土配合比不是最优的
基于试验的统计设计	基于试验的统计设计是使用统计的方法评价4~5个参数影响。回归模型用于评价数据，并优化配合比	大家熟知的统计概念被广泛应用于很多工业，被很多研究者应用于自密实混凝土配合比的设计		回归模型只考虑了材料和配合比的范围。一些实例中，没有给出自密实的流动特征。设计测试方案前，须预先了解原材料信息和自密
简易配合比设计方法[9]	粗细骨料以松散堆积体积计，并考虑堆积因子。水泥用量和水胶比由强度决定。添加粉煤灰和矿渣浆体来填充剩余的空隙体积。粉煤灰和矿渣粉用水量通过跳桌试验分别确定	该方法由中国台湾地区研究者提出	使用堆积因子来选择砂和石子的用量	并不是所有配合比参数的初始值都能很好的界定。堆积因子、砂率、矿渣和粉煤灰用量等参数必须事先确定，但没有给出指导。水的用量通过三次独立过程来确定，没有考虑总用水量对强度和工作性能的影响，必须通过混凝土试配来评价
CBI模型（瑞典水泥混凝土研究院）	通过粗细骨料的混合来获得最小的空隙率。浆体体积选择依靠骨料空隙率和阻塞临界值。浆体的选择依靠流变性能测试。配合比最终经过试配确定	该方法由瑞典水泥混凝土研究院提出。该方法部分基于Van Bui提出的最小浆体体积法[15]	该方法有详细的确保通过能力的标准	浆体流变性和浆体量选择标准没有很好建立
CTG方法（意大利水泥技术中心）	浆体组成以强度设计，浆体体积以工作性能设计。骨料选择的依据是获得抗离析与阻塞能力	该方法由意大利水泥技术中心提出，被全世界意大利水泥公司使用		该方法简单，通常依靠之前的试验经验
罗斯托克大学方法	根据影响因素K选择混合骨料和浆体体积。影响因素K由骨料颗粒的大小和形状确定。每种固体材料的需水量要单独测定。每种材料需水量累加来选择总用水量并确定最终配合比	这种方法由德国罗斯托克大学提出	这种方法评价骨料空隙率，但没有建议通过混合骨料来选择最小空隙率。这种方法特别之处是决定浆体体积的量和根据固体组成需水量来决定总需水量	计算单个需水量可能导致不合适的黏度。浆体量发生变化会引起混凝土需水量的变化。选择混合骨料的指导有限。离心法确定骨料需水量的方法并不是每一个实验室都可实现的

自密实混凝土的配制多是基于相关标准中所给出的参数，如骨料体积（绝对体积或松散堆积体积）、浆体体积、水粉比、单位体积用水量以及单位体积粉体量。由于原材料的差异以及设计理念的不同，以上参数有所差别。关于自密实混凝土配合比设计尚未达成统一的认识，国内外学者提出的自密实混凝土配合比设计方法可以大致分为六类，即原型模型法、固定砂石体积法、全计算法、改进计算法、参数设计法、骨料比表面积法和简易配合比法等。

（1）原型模型法（prototype method）[1]

日本东京大学冈村教授提出了简单的自密实高性能混凝土配合比方法。粗骨料的用量固定为固体体积的50%，细骨料的用量固定为砂浆体积的40%，体积水灰比取决于水泥的性质，约为0.9~1.0，超塑化剂的用量和实际水胶比应根据自密实混凝土工作性能的要求来确定。该方法适用于大掺量细粉掺合料和水胶比小于0.3的自密实混凝土，但这种把粗骨料和细骨料单独考虑的结果是导致自密实混凝土中含有相对较多的浆体。这样配出来的自密实混凝土的强度会比设计强度高很多。原型模型法是自密实混凝土配合比设计的起点，以后不同研究者所提出自密实混凝土设计方法多是对原型模型法的改进。

（2）固定砂石体积法[2]

固定砂石体积法实质上是改进的原型模型法，或者称对原型模型法的细化。该方法是根据自密实混凝土的流动性及抗离析性和配合比因素之间的平衡关系，在试验研究的基础上得到的一种能较好满足自密实混凝土的特点和要求的配合比计算方法。具体计算方法为：①设定每立方米混凝土中石子的松堆体积为 $0.5 \sim 0.55 m^3$ 时，得到石子用量和砂浆含量；②设定砂浆中砂体积含量为 $0.42 \sim 0.44$，得到砂用量和浆体含量；③根据水胶比和胶凝材料中的掺合料比例计算得到用水量和胶凝材料总量，由胶凝材料总量计算出水泥和掺合料各自的用量。

（3）全计算法[3,4]

自密实混凝土全计算法是基于陈建奎所提出的高性能混凝土配合比设计方法[3]。其基本观点为：首先建立混凝土体积模型，推导出混凝土单方用水量和砂率的计算公式；然后将这两个公式结合传统的水灰比定则，得出外加剂掺量的计算方法。该方法可全面地确定混凝土各组成材料用量，以实现对自密实混凝土配合比的全计算设计。

（4）改进的全计算法[13]

改进的全计算法是结合固定砂石体积法的特点，对全计算法用于计算自密实混凝土配比做了改进，其主要观点为：砂石计算引进了固定砂石体积含量计算的方法，保留了计算法的用水量公式。改进的全计算法可以通过用水量计算公式将浆体体积与传统的水胶比定则联系起来，混凝土配合比的参数可全部按公式定量计算。

（5）参数设计法[6]

参数设计法提出了用四个参数来设计自密实混凝土的配合比，即 α 为粗骨料系数，β 为砂拨开系数，γ 为掺合料系数以及 W/B 为水胶比。粗骨料系数用于计算石子用量，砂拨开系数用于计算砂用量，这两个参数分别体现了粗、细骨料对混凝土性能的不同影响，决定了自密实混凝土的砂率、浆骨比和砂在砂浆中的体积含量；掺合料系数和水胶比表征浆体的组成，主要与混凝土硬化后的强度和耐久性有关。针对所用原材料，建议 α 取值

0.63～0.65，β 取值 1.50～1.60，γ 取值根据实际情况和净浆流动度试验结果选定，W/B 要考虑强度和耐久性要求。该方法适用于设计 28d 抗压强度为 40～100MPa 的自密实混凝土。

(6) 骨料比表面积法[7,8]

傅沛兴[7] 等将富勒（Fuller）堆积密实理论应用于自密实混凝土的配合比设计，粗骨料连续级配用理查德（F. E. Richart）的级配公式，如公式(4-1)，并计算出粗骨料最大粒径为 25mm 和 20mm 的骨料最佳级配。

$$P=100\sqrt[3]{d/D} \tag{4-1}$$

式中　　P——通过百分率；

　　　　d——筛孔径，mm；

　　　　D——粗骨料最大粒径，mm。

浙江大学[8] 提出了基于骨料比表面积的自密实混凝土配合比设计方法，该方法是在对骨料比表面积和富余浆量理论进行研究的基础上，结合骨料的用量、空隙率及比表面积建立的自密实混凝土富余浆量计算模型。单方混凝土中浆体总量与填充骨料空隙和包裹骨料表面的浆体总和之比，称为水泥浆富余系数。建议的水泥浆富余系数取值范围为 1.55～1.65。

(7) 简易配合比法[9]

简易配合比法的原则是骨料的堆积系数和胶凝材料完全填充骨料之间的空隙。该方法规定了骨料的堆积系数（PF）为自密实混凝土中处于密实状态的骨料与处于松散堆积状态的骨料的质量之比。PF 的取值显然会影响自密实混凝土中骨料的用量。PF 值越大，则粗细骨料的含量越多，而胶凝材料越少，相应的混凝土的流动性、自密实性和抗压强度将会降低；相反，PF 值越小，则胶凝材料用量越多，会提高原材料成本，而且会导致混凝土的干燥收缩增大，并影响到工作性和耐久性等其他方面。因此，在配合比设计中，选择最佳的 PF 值来满足自密实混凝土的各项性能是很重要的，同时也要兼顾到经济性要求。

(8) 其他方法

法国路桥试验中心（LCPC）开发了基于 BTRHEOM 流变仪和 RENE LCPC 软件的自密实混凝土配合比设计方法，但不购买软件，该方法很难为他人使用。瑞典水泥混凝土研究院（CBI）基于粗骨料堵塞体积率和钢筋净距与微粒粒径比率之间的关系提出了自密实混凝土的配合比设计方法，但这种仅采用粗骨料和浆体拌合的混凝土很容易导致严重的离析。

自密实混凝土每种配合比设计方法都具有一定的适应性和局限性，必须根据具体的原材料和自密实混凝土的目标值来进行优化设计[14]。

4.1.1　配合比设计方法

(1) 配合比设计原则

自密实混凝土配合比设计原则：以骨料设计为前提，以工作性能设计为核心，用硬化体性能来验证。

工作性能等级确定：应根据现场实际情况确定合适的自密实混凝土水平流动距离或垂直浇筑距离，以确保其施工质量与施工效率。自密实混凝土水平流动距离或垂直浇筑距离取决于自密实混凝土拌合物的性能。水平流动距离由自密实混凝土的流动能力、间隙通过能力与抗离析能力所决定,但流动能力与间隙通过能力影响更为显著;垂直浇筑距离主要由自密实混凝土的抗离析能力所决定,抗离析能力差,自密实混凝土垂直浇筑时就会引发自密实混凝土离析以及上部浮浆层过厚。大多数标准规范规定,浇筑时最大下落高度宜在 5m 以下,当超过 5m 时宜采用导管法浇筑[5,21,22]。快速垂直浇筑时,自密实混凝土中的气泡没有足够时间上升到混凝土表面,造成混凝土内部孔洞增加。最大水平流动距离不宜超过 10m,也有规范规定不超过 7m。合理的水平流动距离可以使自密实混凝土中的大气泡溢出,当自密实混凝土水平流动距离超过 10m 时,会造成自密实混凝土动态离析或者孔洞形成。

高速铁路板式无砟轨道用自密实混凝土的水平流动距离应该满足最宽道岔或轨道板的长度要求。根据目前道岔和轨道板的长度,结合具体的灌注方式(单点灌注与侧向灌注),自密实混凝土的水平流动距离至少在 7m 以上,但一般不应超过 10m。CRTSⅢ型板式无砟轨道自密实混凝土多是从轨道板中间灌注孔进行灌注,流动距离最长不超过 6m。

硬化体性能验证:高速铁路自密实混凝土硬化体性能主要包括承载力、耐久性和体积稳定性等。自密实混凝土以力学性能和耐久性为验证目标,自密实混凝土力学性能以满足自密实混凝土层承载力以及传力要求为前提,弹性模量以不同结构层之间材料弹性模量相互匹配为原则;自密实混凝土的耐久性要求视环境作用而确定,可能遇到的作用环境有碳化环境、氯盐环境、酸雨环境和冻融破坏环境等。为了防止自密实混凝土层与轨道板或道岔板之间离缝的发生,自密实混凝土的收缩性能必须要足够小。根据大量实验结果与目前的技术水平,高速铁路板式无砟轨道用 C40 自密实混凝土 56d 的干燥收缩值宜小于 400×10^{-6}。

(2)配合比设计流程

基于性能的自密实混凝土配合比设计的首要目标是确定自密实混凝土的充填性能等级,而配合比设计的核心是要满足自密实混凝土的充填性。配合比的设计流程大致可以分为 7 个步骤,即充填性能等级的确定、材料的设计与选择、配合比参数设计、工作性能检验、硬化体性能验证、工艺性揭板试验以及最终配合比调整与确定,具体流程如图 4.1 所示。

步骤一为充填性能等级的确定。充填性能等级主要由工程结构条件和施工条件所决定。工程结构条件主要包括钢筋间距、配筋率、钢筋用量以及截面尺寸等;施工条件主要包括施工方式(泵送、斗送等)、最大水平流动距离、垂直下落高度、施工空间及辅助振捣的可能性等。我国《自密实应用技术规程》中对自密实混凝土充填性能等级按照最小钢筋间距分为 35～60mm、60～200mm 以及 200mm 以上三个等级,其检测评价方法采用 U 形箱检验,不同的钢筋间距,自密实混凝土上升的高度要大于 300mm,也有标准规定大于 320mm。也有规范按照 L 形仪中的钢筋净距 40mm 和 60mm 分为两级,相应的 U 形仪钢筋净距也分为 40mm 和 60mm。充填性等级设计中所采用最多的是扩展度等级,达到不同扩展度等级所需要的浆体量不尽相同。

步骤二为材料的设计与选择。材料设计与选择的前提是骨料的选择,核心是浆体的设计(浆体用量与浆体的组成),关键是外加剂与粉体材料的应用。骨料选择包括最大骨料粒径、骨料颗粒形貌、骨料级配等。粗骨料最大粒径取决于钢筋最小间距,一般要求为不

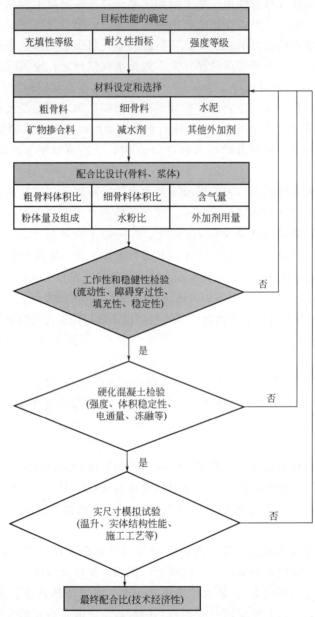

图 4.1　自密实混凝土配合比设计基本流程

大于：模板间最小间距的 1/5，混凝土板厚的 1/3，钢筋、套管等最小净间距的 3/4。通常粗骨料最大粒径应小于 25mm，在结构物配筋密集时可以采用 16mm 或 10mm，在钢筋用量较少时可以采用 25mm，部分无筋结构中甚至可以采用 38mm，如水工自密实混凝土技术规程中骨料最大粒径为 40mm。除了骨料的最大粒径以外，骨料的级配和骨料的形貌也是影响自密实混凝土工作性能的关键。

步骤三为配合比参数设计。自密实混凝土配合比设计关键参数为粗骨料体积、浆体用量以及浆体组成。粗骨料形成自密实混凝土的骨架，理想中的骨架为空隙率足够小，骨料的孔隙率由骨料最大粒径、级配和颗粒形状综合决定,通常在 40% 左右。浆体用量取决于骨料的空隙率,空隙率越大,所需浆体的量越多。浆体的量除了要填充粗骨料孔隙之间外,还要在骨料与骨料之间形成浆体层,使骨料之间不会接触而产生内摩擦力,如式(4-2)所示。骨料与骨料之间浆体的量通常在 8%~16%,这主要取决于骨料的形貌,可以由骨料形状系数来计算,如式(4-3)所示[23]。浆体的组成主要考虑的因素有自密实混凝土设计强度、水化热、耐久性以及经济性等。

$$V_{\text{paste-filling}_{\text{ability}}} = V_{\text{paste-voids}} + V_{\text{paste-spacing}} \tag{4-2}$$

$$V_{\text{paste-spacing}} = 8 + (\frac{16-8}{4})(R_{\text{S-A}} - 1) \tag{4-3}$$

式中 $R_{\text{S-A}}$——骨料的形状系数等级。

步骤四为工作性能检验。自密实混凝土工作性能检验是验证自密实混凝土配合比设计是否成功的关键一步。通过在实验室采用标准方法验证混凝土的自密实性能是否能够满足目标充填性等级。工作性能的检验过程中一定要注意工作性能的经时损失性,通常应检测 90min 或者 120min 工作性能的保持情况,以验证自密实混凝土的可施工时间。

步骤五为硬化体性能验证。选择工作性能满足要求的自密实混凝土配合比,按照设计和规范要求,成型自密实混凝土力学性能、耐久性能和体积稳定性能试验的试件,以验证硬化体性能是否能够满足设计要求。

步骤六为工艺性揭板试验。工艺性揭板试验又称为模拟试验,其主要目的是检测自密实混凝土配合比能否满足最终结构要求,对于一些新的结构形式以及净间距小于 60mm 的复杂结构,必须进行实尺寸模拟试验。实尺寸模拟试验还应根据结构尺寸大小进行实体结构温度测试、实体结构力学性能、耐久性能以及外观的测试。模拟试验除了验证配合比与实体结构的性能以外,还可以验证施工装备、施工组织的合理性以及施工工人的熟练程度。

步骤七为配合比调整与确定。根据自密实混凝土工作性能检验、硬化体性能以及工艺性揭板试验,确定技术经济性好的混凝土配合比。

4.1.2 配合比设计关键参数

自密实混凝土配合比设计的核心是平衡混凝土拌合物屈服应力与塑性黏度之间的关系,其途径是通过外加剂、胶凝材料和粗细骨料的精心设计,使混凝土拌合物的屈服应力减小到足够小,且塑性黏度适宜,使骨料悬浮于水泥浆体中,不出现离析和泌水现象。为达到自密实混凝土的自密实特性,目前设计理念有三个方面,一是通过增加体系中粉体的量来提高自密实混凝土的内聚力;二是通过添加非吸附型黏度改性剂来提高混凝土中浆体的黏度;三是综合提高自密实混凝土中内聚力及其浆体的黏度。日本最早配制自密实混凝土是采用粉体系,粉体材料(小于 0.15mm)用量较高,通常在 550~650kg/m³,粉体主要提供浆体塑性黏度和抗离析性,屈服应力的降低则依靠超塑化剂的添加;随着黏度改性剂的出现,逐渐采用黏度改性技术来实现混凝土的自密实性能,粉体材料用量较小,通常在 350~450kg/m³ 之间,抗离析性能依靠黏度改性剂提供,屈服应力降低取决于添加的超塑化剂;体系中既添加改性剂又适当增加粉体的量,称为复合体系自密实混凝土,该体系中粉体的用量为 450~550kg/m³，该体系是目前使用最为广泛的自密实混凝土体系[24]。

颗粒最紧密堆积理论是获得高自密实性的理论基础。自密实混凝土各组分之间应互相填充，即细骨料填充于粗骨料构成的空隙中，胶凝材料和水填充于粗细骨料共同构成的空隙中，并且在满足自密实性能的前提下，以浆体用量最小为优。因此，自密实混凝土配合比设计的关键参数为：粗骨料松散体积、砂浆中砂的体积、浆体的水粉比以及胶凝材料中矿物材料的用量。

4.1.2.1 自密实混凝土配合比设计的关键参数

（1）粗骨料松散体积

混凝土中粗骨料用量太少，自密实混凝土的抗压强度、弹性模量等力学性能降低；粗骨料用量太多，自密实混凝土的工作性能显著降低，且会增加混凝土离析泌水的出现。日本 Okamura 等提出自密实混凝土中粗骨料占总固体体积的 50%，如图 4.2 所示[25]。当粗骨料空隙率小于 40%、针片状颗粒含量小于 10%时，采用这种粗骨料的松散体积在 0.5~0.6m³ 时，所配制自密实混凝土的工作性能基本能够达到自密实的要求。规范中多将自密实混凝土中粗骨料松散体积定为 50%~60%[5]，也有规范是根据混凝土的自密实等级提出单位粗骨料的绝对体积用量，如表 4.2 所示[22,26,27]。

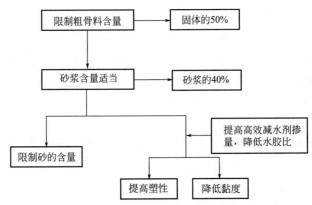

图 4.2 自密实混凝土设计方法

表 4.2 单位体积粗骨料量

混凝土自密实性能等级		一级	二级	三级
日本粉体系：单位体积粗骨料绝对体积/m³		0.28~0.30	0.30~0.33	0.32~0.35
日本并用系：单位体积粗骨料绝对体积/m³		0.28~0.30	0.30~0.33	0.30~0.35
中国	大陆：单位体积粗骨料绝对体积/m³	0.28~0.30	0.30~0.33	0.33~0.35
	台湾：单位体积粗骨料绝对体积/m³	0.28~0.31	0.30~0.33	0.30~0.36

注：一级适用于钢筋最小净间距为 35~60mm、结构形状复杂、构件断面尺寸小的钢筋混凝土结构物及构件的浇筑；二级适用于钢筋最小净间距为 60~200mm 的钢筋混凝土结构物及构件的浇筑；三级适用于钢筋最小净间距 200mm 以上、断面尺寸大、配筋量少的钢筋混凝土结构物及构件的浇筑，以及无筋结构物的浇筑。

(2) 砂浆中砂的体积

自密实混凝土砂浆中砂的体积越大，包裹砂所用水泥浆体的量越大，用于满足流动性的浆体的量越少，自密实混凝土的工作性能降低；另外，强度和弹性模量等力学性能指标也有可能降低。如果砂浆中砂的体积过小，自密实混凝土可能会由于水泥浆体量过大而引起水化温升大、收缩大以及体积稳定差等问题。当采用中砂来配制自密实混凝土时，中砂在自密实混凝土砂浆中的体积含量宜为 $0.42 \sim 0.44 m^3$。

(3) 水粉比

水粉比不同于水胶比，是指单位体积拌合水与单位体积粉体量的体积之比，粉体是指水泥、掺合料以及骨料中粒径小于 0.075mm 的颗粒。水粉比过大，将会导致自密实混凝土的流动性过大、抗离析性能不佳；水粉比过小，则会导致自密实混凝土的流动性不足或过于黏稠。不同种类和掺量粉体的自密实混凝土，其水粉比相差较大。如果按体积比来计算，水粉比宜为 $0.80 \sim 1.15$。

(4) 单位体积胶凝材料用量和用水量

胶凝材料是指用于配制混凝土的水泥和活性矿物掺合料的总称。矿物掺合料既包括以粉煤灰、磨细矿渣粉和硅灰为代表的活性矿物掺合料，也包括以石灰石粉为代表的惰性掺合料。胶凝材料用量过大，会导致混凝土体积稳定性不良以及水化热过大，并且不经济。胶凝材料过少，则浆体的量过少，难以满足混凝土的自密实性能。自密实混凝土中胶凝材料中用量宜为 $450 \sim 600 kg/m^3$，《铁路混凝土结构耐久性设计规范》中规定了常用强度等级自密实混凝土的胶凝材料最大限值[28]，即 C30～C35 等级自密实混凝土的胶凝材料最大用量限值为 $550 kg/m^3$，C40～C45 等级自密实混凝土的胶凝材料最大用量限值为 $600 kg/m^3$。单位体积用水量是影响自密实混凝土性能的关键，单位体积用水量不宜超过 $200 kg/m^3$，高耐久自密实混凝土的单方用水量不宜超过 $180 kg/m^3$。

4.1.2.2 各组成材料对自密实混凝土性能的影响

除了以上四个参数之外，自密实混凝土各组成材料对其性能具有显著影响的主要有矿物掺合料、骨料、高效减水剂和黏度改性材料。

(1) 矿物掺合料

在外加剂的作用下，矿物掺合料与水泥的复合可以有效改善自密实混凝土的填充性能、间隙通过性和体系稳定性，诸如粉煤灰、矿粉、硅灰、磨细石灰石粉等均能起到改善作用。因为矿物掺合料的颗粒粒径与水泥颗粒在微观上形成级配体系，其包裹在粗糙的水泥颗粒和骨料表面，具有"滚珠"润滑和物理减水作用，其形态效应和微骨料效应可降低混凝土拌合物的屈服剪切应力，增大流动性。同时，矿物掺合料对自密实混凝土工作性的改善作用也受到每种材料的粒度分布、颗粒体积、颗粒形貌以及化学组成的影响。对自密实混凝土配合比设计而言，矿物掺合料的选择原则是能够为水泥砂浆提供合适的屈服应力以实现自密实性，同时又能保持足够的体系黏度以确保其具有高间隙通过能力和抗离析能力。适当的粉体含量是获得最佳流动性的必要条件，单位体积粉体量以 $0.16 \sim 0.23 m^3$ 为宜。

(2) 骨料

粗细骨料性能（包括骨料级配、颗粒尺寸、颗粒形貌、体积含量等）是影响自密实混凝土的关键。与传统振捣混凝土相比，应尽量降低自密实混凝土中粗骨料的含量，这样可以增加拌合物的流动性，减少骨料在通过间隙时堵塞的概率。自密实混凝土各组分粒径应力求满足"最大堆积密度理论"，这就要求骨料首先要实现最大密实度，这时骨料间的填充空间最小，在较低的胶材用量下，就能形成足够多的浆体量以使拌合物获得高的流动性能。有研究表明，通过骨料粒径分布优化，利用"particle-lattice"效应，采用 315kg/m³ 或更少的胶凝材料用量可以制备工作性能优良的自密实混凝土，并将其称为 Eco-SCC（经济型自密实混凝土）。根据 P.L.Domone 对 1993～2003 年间世界各地自密实混凝土应用技术特点的总结，单方混凝土中粗骨料密实体积基本处于 0.28～0.38m³ 的范围内，砂浆中砂的体积比范围为 0.38～0.54[30]。

（3）高效减水剂

高效减水剂是配制自密实混凝土不可缺少的组分，其主要功效是降低浆体的屈服应力。作用机理为减水剂吸附在水泥颗粒周围形成双电层结构，使水泥颗粒间产生静电斥力和空间位阻，拆散其絮凝结构，释放出包裹于水泥颗粒中的水，水泥颗粒间相互滑动能力增大，使混凝土开始流动的屈服剪切应力 τ_0 降低，从而获得高的流动性。理论上，通过增加用水量或掺入减水剂均能增加混凝土拌合物的流动性，但高效减水剂和水所产生的分散作用本质并不相同[29]。用水量的增加，可以提高混凝土拌合物的流动性，但体系黏度会降低，使自密实混凝土在流动过程中发生离析的概率大大增加。而减水剂的掺入，在增加混凝土拌合物流动性的同时还能保持一定的黏度，这样可以避免离析现象的发生，达到变形能力和黏度的统一协调。

（4）黏度改性材料

黏度改性材料是改善自密实混凝土拌合物黏度的关键组分，可改变混凝土拌合物体系的黏度而不过多影响流动性。掺入黏度改性材料可使混凝土拌合物对砂或碎石的含水率、细度、颗粒级配以及配合比变化的敏感性大幅降低，提高自密实混凝土的施工可操作性。另外，对于低胶凝材料用量的自密实混凝土和采用多孔骨料的自密实混凝土，黏度改性材料的掺入是必不可少的。当配制低胶凝材料用量自密实混凝土时，黏度改性材料的作用尤显突出：胶凝材料用量的降低，意味着单位体积中水泥浆体量的降低，浆体黏度也会随之下降，离析问题发生的概率增大。黏度改性材料的加入则能将浆体中的自由水形成絮凝结构，在不增加胶凝材料用量的前提下有效提高体系的黏度，增加浆体的稳定性。

高速铁路岔区充填层自密实混凝土和 CRTSⅢ型板式无砟轨道自密实混凝土，其灌注性能以及体积稳定性要求较高，基于此，参照自密实混凝土配合比设计理论，提出基于自充填性与体积稳定性的自密实混凝土配合比设计方法如下所述。

① 第一步，自密实混凝土工作性能的确定。自密实混凝土工作性能的确定是以能够将自密实混凝土层灌注饱满为原则，对于道岔区应以最宽的道岔为配制充填层混凝土的目标值。具体指标要求如下：扩展度小于 700mm，t_{500} 为 2～6s，泌水率为 0，B_J 小于 18mm，冻融环境下混凝土含气量宜为 4%～6%、其他环境下宜小于 4%。充填层自密实混凝土工作性能调整方法以及对其他性能影响如表 4.3 所示。

表 4.3 自密实混凝土工作性指标调整方式

评价指标	性能描述	解决途径
扩展度小于 500mm	1. 混凝土太干 2. 混凝土黏度太大	1. 增加减水剂用量 2. 增加用水量 3. 增加浆体体积
扩展度大于 750mm	1. 混凝土太稀 2. 混凝土离析	1. 减少用水量 2. 减少外加剂用量 3. 减少浆体体积 4. 提高混凝土的黏度
t_{500} 小于 2s	混凝土黏度小	1. 减少浆体体积 2. 增加黏度改性材料用量 3. 增加细粉含量(细砂或矿物掺合料)
t_{500} 大于 6s	混凝土黏度大	1. 增加用水量或减水剂用量 2. 增加浆体体积 3. 减少砂率 4. 降低黏度改性剂用量
离析泌水	1. 混凝土黏度太小 2. 骨料级配不合理 3. 粗骨料粒径太大	1. 减少用水量 2. 添加黏度改性剂 3. 提高砂率 4. 减小骨料最大粒径 5. 优化骨料级配

② 第二步,自密实混凝土原材料的确定。水泥强度等级为 42.5 的普通硅酸盐水泥,粉煤灰为烧失量小于 5% 的 Ⅰ 级粉煤灰或 Ⅱ 级粉煤灰;所用胶凝组分的水化热最好不要超过低热水泥的水化热,即 3d 水化热小于 200J/g;粗骨料的最大粒径由自密实混凝土层的结构所决定,骨料最大粒径不宜超过 20mm,多选择 16mm;外加剂种类和添加量应以调整自密实混凝土状态为目标。

③ 第三步,自密实混凝土配合比参数的确定。从限制水泥收缩的角度考虑,胶凝材料的总用量应小于 580kg/m³;单方用水量宜在 180kg 以内;根据细骨料的细度模数来调整砂率,通常为 50%~55%;骨料的绝对体积宜为 0.28~0.31m³。

④ 第四步,自密实混凝土性能验证。在自密实混凝土工作性能满足目标要求的前提下,验证充填层混凝土硬化体的影响,包括强度、收缩、抗氯离子渗透性和抗冻性等。

⑤ 第五步,自密实混凝土工艺性揭板试验。模拟现场浇筑情况,开展自密实混凝土工艺性揭板试验,验证自密实混凝土配合比合理性、施工工艺和施工装备可行性以及施工人员操作的熟练程度。

4.2 配合比参数对自密实混凝土工作性能的影响

4.2.1 单位粉体含量

配制自密实混凝土时,单位体积粉体量宜控制在 0.16~0.23m³ 之间,此时粉体含量有利于让混凝土获得高的流动能力。选择三种不同级配粗骨料(5~10mm 连续级配、5~16mm 连续级配和 5~20mm 连续级配)的自密实混凝土配合比,研究了胶凝材料用量

（即单位体积粉体含量）对自密实混凝土拌合物工作性的影响。扩展度指标主要反映混凝土拌合物的流动能力和填充能力，扩展度越大，表明拌合物开始流动需克服的屈服应力 τ_0 越小，拌合物流动能力越强。由图 4.3 可知，随着单位体积粉体含量的增加，混凝土拌合物扩展度呈增大趋势，最大粒径 5～10mm 和 5～20mm 自密实混凝土表现较为明显，最大粒径 5～16mm 各组混凝土扩展度相差仅为 10mm，变化不大。

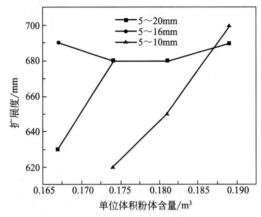

图 4.3　单位体积粉体含量对自密实混凝土扩展度的影响

图 4.4 所示为单位体积粉体含量对自密实混凝土 t_{500} 的影响。由图可知，随着单位体积粉体含量的增加，拌合物 t_{500} 逐渐减小，即拌合物黏性降低，流动能力增大。扩展时间 t_{500} 则是反映拌合物黏性和流动性的指标，t_{500} 越短，表明拌合物黏性越小，流动性越大，但黏性过低也会导致拌合物离析趋势的增加。但 t_{500} 过短时，混凝土拌合物离析倾向也将大大增加。

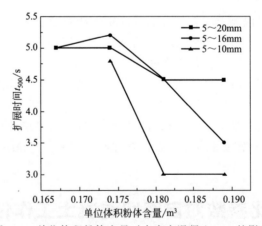

图 4.4　单位体积粉体含量对自密实混凝土 t_{500} 的影响

4.2.2　含气量

图 4.5 为含气量对自密实混凝土拌合物扩展度和流动时间 t_{500} 的影响。由图可知，含气量与自密实混凝土拌合物的扩展度和 t_{500} 均呈非线性关系。混凝土拌合物扩展度随含气

量的增大而增大,而 t_{500} 则随含气量的增加而逐渐减小。另外,由两图的拟合曲线可以看出,当自密实混凝土含气量在 5% 以下时,含气量对拌合物的流变特征参数扩展度和 t_{500} 影响显著;而当含气量超过 5%,则拌合物扩展度和 t_{500} 变化幅度大大降低,趋于平衡。

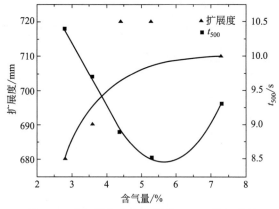

图 4.5 含气量与自密实混凝土 t_{500} 的相关性

4.2.3 砂率

图 4.6 所示是砂率对自密实混凝土拌合物扩展度和 t_{500} 的影响。图 4.6 表明,对于给定的自密实混凝土配合比,砂率对混凝土拌合物流动性的影响存在一个最佳临界砂率。在临界砂率时,自密实混凝土拌合物流动能力最大,而低于或高于该砂率,混凝土拌合物流动性降低。从骨料紧密堆积原则可知,当粗细骨料达到最紧密堆积时,只要水泥浆体量超过实现最大密实度所需的最小浆体量,即能实现混凝土拌合物的流动。富余的浆体量越多,越有利于流动性的提高。对于固定的胶凝材料用量,同样存在粗、细骨料比例的最佳值,即达到最紧密堆积时,骨料颗粒间空隙率最小,流动性最大,由此不难理解最佳临界砂率存在的原因。随着砂率的增大,混凝土拌合物 t_{500} 呈降低趋势,因为随着砂率的增加,细骨料含量不断增加,水泥砂浆浆体量也随之增加,这样有利于减少粗骨料之间相互摩擦的概率和摩擦阻力,从而加快混凝土拌合物流动速度。

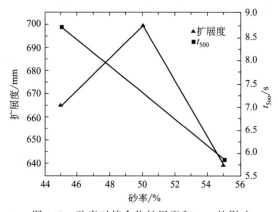

图 4.6 砂率对拌合物扩展度和 t_{500} 的影响

砂率对自密实混凝土含气量的影响如图 4.7 所示，随着砂率的增加，自密实混凝土拌合物的含气量呈现逐渐增加的趋势。

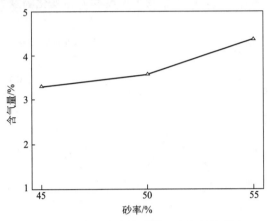

图 4.7　砂率对自密实混凝土含气量的影响

4.3　配合比参数对自密实混凝土剪切变稠性能的影响

本节总结了水胶比、坍落扩展度、含气量、粗骨料体积分数等关键配合比参数对自密实混凝土剪切作用下流变行为的影响，并对比了粉体型、黏度改性材料型、粉体-黏度改性材料复合型自密实混凝土剪切变稠行为对水胶比变化的敏感性，以期为自密实混凝土配合比的设计和优化提供有效参考依据。

4.3.1　水胶比

本节研究了水胶比对自密实混凝土剪切作用下流变行为的影响[31,32]。自密实混凝土配合比如表 4.4 所示。试验过程中通过调整减水剂和引气剂掺量，将各自密实混凝土坍落扩展度控制在 (680±10) mm、6.5%±1.0%范围内。

表 4.4　自密实混凝土配合比及其性能

试样号		配合比/(kg/m³)								水胶比	坍落扩展度/mm	含气量/%	t_{500}/s
		水泥	粉煤灰	矿渣粉	膨胀剂	VMA	碎石	砂	减水剂	引气剂				
粉体型	D1	240	72.5	233.5	54	0	850	745	3.05	0.09	0.30	680	6.5	5.2
	D2	240	72.5	233.5	54	0	850	745	2.85	0.09	0.31	685	5.9	6.1
	D3	240	72.5	233.5	54	0	850	745	2.70	0.09	0.32	670	6.8	5.3
	D4	240	72.5	233.5	54	0	850	745	2.55	0.09	0.33	680	7.0	4.5
	D5	240	72.5	233.5	54	0	850	745	2.45	0.09	0.34	680	7.0	3.5
	D6	240	72.5	233.5	54	0	850	745	2.15	0.09	0.35	680	5.0	3.4
	D7	240	72.5	233.5	54	0	850	745	1.95	0.09	0.36	680	5.5	3.4

续表

试样号		配合比/(kg/m³)								水胶比	坍落扩展度/mm	含气量/%	t_{500}/s
		水泥	粉煤灰	矿渣粉	膨胀剂	VMA	碎石	砂	减水剂	引气剂				
黏改型	E1	248	45	120	36	1	838	872	7.30	0.06	0.36	690	7.0	4.3
	E2	248	45	120	36	1.1	838	872	7.00	0.06	0.37	690	6.5	3.2
	E3	248	45	120	36	1.1	838	872	6.50	0.06	0.38	670	8.2	6.2
	E4	248	45	120	36	1.1	838	872	6.00	0.06	0.39	670	5.7	4.7
	E5	248	45	120	36	1.1	838	872	5.60	0.06	0.40	670	6.1	5.7
	E6	248	45	120	36	1.1	838	872	5.25	0.06	0.41	690	5.8	3.2
复合型	F1	250	63	159	47	—	747	913	6.60	0.075	0.33	670	6.4	6.0
	F2	250	63	159	47	—	747	913	5.50	0.75	0.34	670	6.0	6.0
	F3	250	63	159	47	—	747	913	4.50	0.075	0.35	690	6.2	5.2
	F4	250	63	159	47	—	747	913	3.80	0.075	0.36	670	7.1	6.0
	F5	250	63	159	47	—	747	913	3.45	0.075	0.37	670	6.0	4.6
	F6	250	63	159	47	—	747	913	3.15	0.075	0.38	670	7.2	4.6
	F7	250	63	159	47	—	747	913	2.80	0.075	0.39	680	7.0	3.5
	F8	250	63	159	47	—	747	913	2.60	0.075	0.40	680	5.8	4.2

（1）水胶比对自密实混凝土流变参数的影响

图4.8是水胶比对三种不同类型自密实混凝土屈服应力和塑性黏度的影响。由图可知，三种类型自密实混凝土屈服应力均随水胶比的增大而增大，塑性黏度均随水胶比的增大而减小。一般认为，自密实混凝土坍落扩展度与屈服应力之间存在很好的相关性，当拌合物坍落扩展度一定时，其屈服应力通常不会发生显著变化[33,34]。本次试验研究中，在保证坍落扩展度一定的条件下[(680±10)mm]，自密实混凝土屈服应力发生了较大范围的变化。这是因为试验是在保持各类型自密实混凝土粉体用量不变的条件下进行的，增大水胶比则意味着增加混凝土拌合水用量，这会降低拌合物减水剂用量，如图4.9所示。减水剂用量的降低会促进水泥颗粒的相互吸引，从而导致拌合物屈服应力增大。此外，增大水胶比还会促使单位体积混凝土拌合物中胶凝材料含量降低，导致拌合物体系内聚力下降，塑性黏度降低。

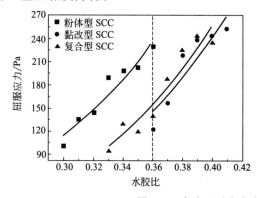 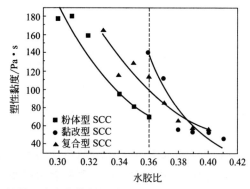

图4.8 水胶比对自密实混凝土流变参数的影响

对比具有相同水胶比（$W/B=0.36$）的三种类型自密实混凝土流变参数可见，粉体型自密实混凝土的屈服应力明显大于复合型自密实混凝土，黏改型自密实混凝土屈服应力与复合型自密实混凝土屈服应力差别较小，而塑性黏度则恰好相反。这是因为试验制备的粉体型、黏度改性材料型以及复合型自密实混凝土粉体用量分别为 $600 kg/m^3$、$450 kg/m^3$、$520 kg/m^3$。固定水胶比下，粉体材料用量的增加会使骨料颗粒间的浆体量增加，从而改善拌合物工作性。为保证三种类型自密实混凝土坍落扩展度均维持在（680±10）mm 范围内，减水剂掺量必然随粉体用量的增加适当降低，如图 4.9 所示。减水剂用量的降低，使得拌合物的屈服应力增大，塑性黏度降低。

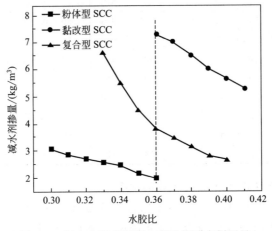

图 4.9　每方自密实混凝土高性能减水剂用量

(2) 水胶比对自密实混凝土剪切变稠行为的影响

图 4.10(a)～(c) 分别是采用 H-B 模型拟合得到的粉体型、黏度改性材料型和复合型自密实混凝土流变曲线，图 4.10(d)～(f) 分别是采用改进 Bingham 模型拟合得到的粉体型、黏度改性材料型和复合型自密实混凝土流变曲线。图 4.11 是水胶比对三种类型自密实混凝土流变指数 n 和 c/μ 值的影响。由图 4.11 可知，试验制备的粉体型、黏度改性材料型、复合型自密实混凝土呈现剪切变稠时，均存在临界水胶比，分别为 0.36、0.41、0.40。当水胶比小于相应临界值时，拌合物表现出剪切变稠现象，且水胶比越小剪切变稠现象越显著；当水胶比大于相应临界值时，拌合物表现出剪切变稀现象，且水胶比越大剪切变稀现象越显著。

水胶比对自密实混凝土剪切变稠行为的影响可以用粒子簇理论来解释。剪应力作用下，因拌合物流动产生的水动力会促使悬浮液中的分散颗粒相互结合形成粒子簇，包裹更多的自由水从而增大颗粒间的摩擦力，促使拌合物黏度增大，表现出剪切变稠现象。随着水胶比增大，单位体积拌合物中胶凝材料含量降低，胶凝材料颗粒间距增大，粒子簇的数量不再随剪应力的作用明显多甚至部分解体，导致剪切变稠程度降低甚至出现剪切变稀现象。此外，水胶比增大会导致自密实混凝土塑性黏度减小（如图 4.8 所示），骨料在拌合物体系内部受到水泥浆体的黏滞阻力减小，在剪切应力作用下骨料惯性力增加，从而破坏周围水泥水化簇，同样会削弱剪切变稠行为。

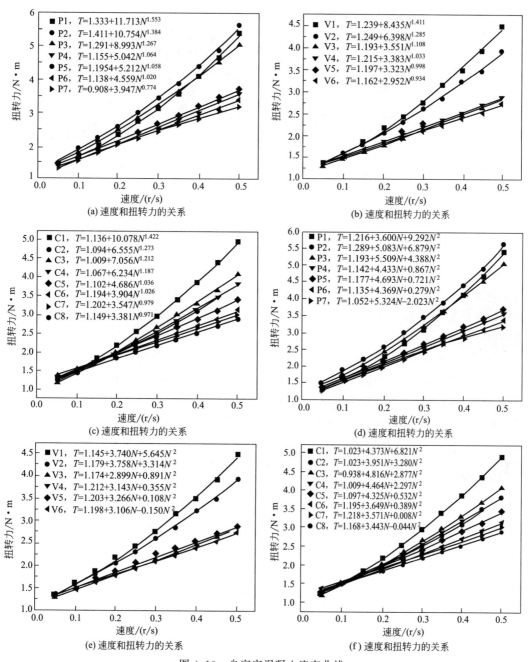

图 4.10 自密实混凝土流变曲线

Khayat 等[35]研究认为，黏度改性材料高分子链在低剪切速率下会缠结在一起，在高剪切速率下会被打破，从而促使混凝土拌合物表现出剪切变稀现象。但在本次试验中，掺有黏度改性材料的复合型、黏度改性材料型自密实混凝土流变指数 n 和 c/μ 值均明显大于具有相同水胶比的粉体型自密实混凝土（如图 4.11 所示），这可能与三种不同类型自密实混凝土减水剂的用量有关：①剪切速率的增大不仅会使拌合物颗粒

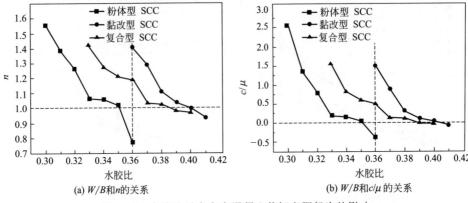

图 4.11　水胶比对自密实混凝土剪切变稠行为的影响

体系无序化程度增加,还会促使减水剂高分子链无序化程度增大,根据有序-无序转变理论,减水剂掺量的增加会导致拌合物剪切变稠程度增大;②已吸附在水泥颗粒上的高性能减水剂分子随着剪切速率的增大可能会出现脱附现象,重新返回到自由水中,促使拌合物剪切变稠程度增大,脱附状态下的水泥颗粒更容易发生絮凝,使拌合物剪切变稠程度进一步增大。

(3) 不同类型自密实混凝土剪切变稠行为对水胶比变化的敏感性

分别以水胶比 0.30 粉体型自密实混凝土、水胶比 0.36 黏度改性材料型自密实混凝土及水胶比 0.33 复合型自密实混凝土 c/μ 值为基准,分析水胶比增大对三种不同类型自密实混凝土剪切变稠行为的影响,如图 4.12 所示。由图 4.12 可以看出,三种类型自密实混凝土 c/μ 值均随水胶比的增大而减小(变化率为负值)。对比三种类型自密实混凝土 c/μ 值相对各自基准值的变化率可知,黏度改性材料型自密实混凝土剪切变稠行为对水胶比的变化最为敏感,粉体型自密实混凝土次之,复合型自密实混凝土剪切变稠行为对水胶比的变化敏感性最低。较大的粉体用量提高了复合型自密实混凝土的内聚力、适当的黏度改性材料掺量提高了复合型自密实混凝土的黏度,综合表现为拌合物的稳健性提高,剪切变稠行为对水胶比变化的敏感性最低。

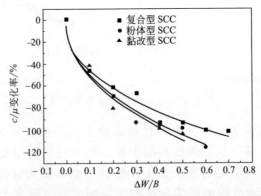

图 4.12　不同类型自密实混凝土剪切变稠行为对水胶比变化的敏感性

4.3.2 坍落扩展度

本节在固定水胶比条件下,通过调整减水剂掺量得到坍落扩展度分别为510mm、570mm、650mm、700mm的自密实混凝土拌合物,研究坍落扩展度对自密实混凝土剪切作用下流变行为的影响[36]。混凝土配合比如表4.5所示,试验过程固定水胶比为0.35,通过调整引气剂掺量,将各新拌混凝土含气量控制在6.5%±1.0%范围内。混凝土坍落扩展度与高性能减水剂掺量对应关系如图4.13所示。

表4.5 自密实混凝土配合比及其性能

试样号	配合比/(kg/m³)								坍落扩展度/mm	含气量/%	t_{500}/s
	水泥	粉煤灰	矿渣粉	膨胀剂	VMA	碎石	砂	减水剂	引气剂			
G1	250	63	159	47	0.78	747	913	4.50	0.075	510	5.7	10.2
G2	250	63	159	47	0.78	747	913	5.00	0.075	570	6.3	6.7
G3	250	63	159	47	0.78	747	913	6.15	0.075	650	5.8	6.3
G4	250	63	159	47	0.78	747	913	7.50	0.075	700	6.8	6.2

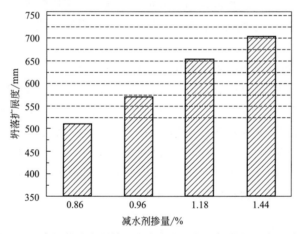

图4.13 高性能减水剂掺量与自密实混凝土坍落扩展度的关系

(1) 坍落扩展度对自密实混凝土流变参数的影响

坍落扩展度对自密实混凝土流变参数的影响如图4.14所示。由图4.14可知,随着减水剂掺量增加,拌合物屈服应力和塑性黏度均显著降低。

高性能减水剂分子能在水泥颗粒表面形成定向排列的吸附层,通过静电斥力和空间位阻等作用分散水泥颗粒,释放其包裹的自由水,导致拌合物屈服应力随减水剂掺量增加显著降低。而减水剂掺量对混凝土塑性黏度的影响,目前研究结论并不一致。Ferraris认为,随减水剂掺量增加,新拌混凝土塑性黏度呈现先减小后增大的变化趋势[37]。也有研究认为,减水剂掺量对新拌混凝土塑性黏度影响不大[38]。我国学者陈健中采用自制流变仪研究了减水剂掺量对新拌混凝土塑性黏度的影响,结果表明随减水剂掺量增加,拌合物塑性黏度小幅度增大。作者认为出现这种现象的原因是:减水剂掺量增加一方面会导致新拌混凝土中浆体组分塑性黏度降低，但同时也会导致水泥浆体的润滑作用下降，从而提高骨料颗粒间的摩擦阻力，引起拌合物塑性黏度增大[39]。

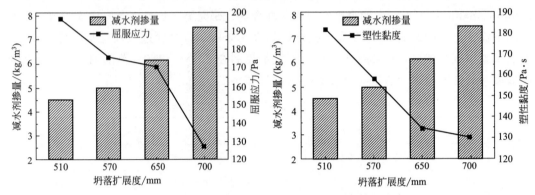

图 4.14　坍落扩展度对自密实混凝土流变参数的影响

值得注意的是，上述学者均是以普通混凝土为研究对象进行的试验研究。普通混凝土粉体用量少且砂率小，骨料颗粒间的摩擦阻力受浆体黏度的影响较大。而自密实混凝土粉体用量大且砂率大，大量的砂浆包裹和润滑粗骨料颗粒，浆体黏度的降低对粗骨料颗粒间的摩擦阻力影响较小，因此随减水剂掺量增加，自密实混凝土塑性黏度亦呈现显著减小的趋势。

（2）坍落扩展度对自密实混凝土剪切变稠行为的影响

图 4.15(a) 是采用 H-B 模型拟合得到的不同坍落扩展度自密实混凝土流变曲线。由图 4.15(a) 可以看出，采用 H-B 模型拟合得到的各自密实混凝土流变曲线为凹曲线，即自密实混凝土表现出剪切变稠现象。采用改进 Bingham 模型对测试点进行拟合可得出相同结论。图 4.15(b) 和图 4.15(d) 分别是流变指数 n 和 c/μ 值随减水剂掺量的变化情况，由上述两图可以看出，流变指数 n 和 c/μ 值均随减水剂掺量的增大而增大，即增大减水剂掺量会导致自密实混凝土剪切变稠程度加剧。

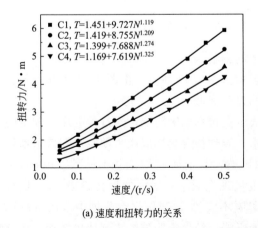

(a) 速度和扭转力的关系　　　　(b) 坍落扩展度和 n 的关系

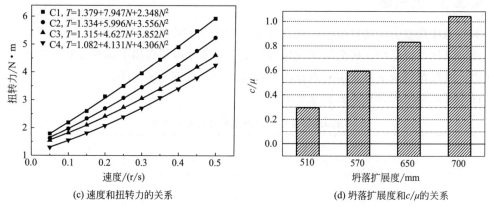

(c) 速度和扭转力的关系

(d) 坍落扩展度和c/μ的关系

图 4.15 坍落扩展度对自密实混凝土剪切变稠行为的影响

产生上述现象的原因是：①减水剂掺量的增大促进了浆体颗粒的相互分散，提供了剪切变稠发生的必要条件，更容易出现剪切变稠现象；②剪切速率的增大不仅会使拌合物颗粒体系无序化程度增加，还会促使减水剂高分子链无序化程度增大，根据有序-无序转变理论，减水剂掺量的增加会导致拌合物剪切变稠程度增大；③已吸附在水泥颗粒上的高性能减水剂分子随着剪切速率的增大可能会出现脱附现象，重新返回到自由水中，促使拌合物剪切变稠程度增大，脱附状态下的水泥颗粒更容易发生絮凝，使拌合物剪切变稠程度进一步增大[40]，如图 4.16 所示。

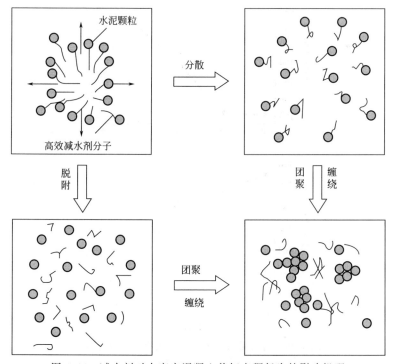

图 4.16 减水剂对自密实混凝土剪切变稠行为的影响机理

4.3.3 含气量

本节通过调整引气剂掺量,得到含气量分别为4.0%、5.0%、6.1%、7.3%、8.7%的自密实混凝土拌合物,研究了含气量对自密实混凝土剪切作用下流变性能的影响。试验过程中,通过调整减水剂掺量,将各新拌混凝土坍落扩展度控制在(680±10)mm范围内。自密实混凝土配合比如表4.6所示。

表4.6 自密实混凝土配合比及其性能

试样号	配合比/(kg/m³)										坍落扩展度/mm	含气量/%	t_{500}/s
	水泥	粉煤灰	矿渣粉	膨胀剂	VMA	碎石	砂	水胶比	减水剂	引气剂			
H1	250	63	159	47	0.78	747	913	0.35	6.75	0	675	4.0	4.1
H2	250	63	159	47	0.78	747	913	0.35	6.75	0.05	685	5.0	3.8
H3	250	63	159	47	0.78	747	913	0.35	6.75	0.07	680	6.1	4.0
H4	250	63	159	47	0.78	747	913	0.35	6.75	0.09	670	7.3	4.3
H5	250	63	159	47	0.78	747	913	0.35	9.00	0.10	680	8.7	5.5

(1) 含气量对自密实混凝土流变参数的影响

含气量对自密实混凝土流变参数的影响如图4.17所示。由图4.17可知,坍落扩展度相当的自密实混凝土,其屈服应力随含气量增大而增大,塑性黏度随含气量增大而减小。

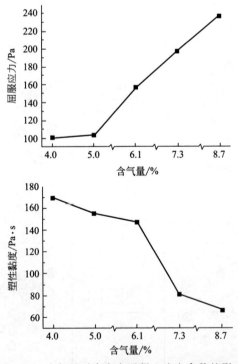

图4.17 含气量对自密实混凝土流变参数的影响

含气量对水泥基材料屈服应力的影响是两方面因素综合作用的结果:一方面,掺加引气剂引入大量微小均匀的球状气泡起到一定的润滑作用，同时还会增大浆体体积，从而降低拌合物的屈服应力；另一方面，由于水化水泥颗粒表面带正电，引气剂生成的气泡表面带负电，在静电力作用下，水泥颗粒与气泡相互吸引形成气泡桥，从而增大拌合物屈服应力。对于水泥净浆而言，气泡桥对屈服应力的影响占据主导地位，因而浆体屈服应力随含气量增大而增大[41]。对于普通混凝土而言，引入气泡能显著降低混凝土内部颗粒尤其是骨料颗粒之间的摩擦阻力，润滑作用占据主导地位，因而混凝土屈服应力随含气量的增大而减小[42]。本次试验研究中，自密实混凝土胶凝材料用量高达 520kg/m³，气泡桥对屈服应力的影响占据主导地位，因而混凝土屈服应力随含气量增大而增大。自密实混凝土塑性黏度随含气量增大而减小是由于引入气泡的形状效应起到滚珠轴承作用，以及作为附加流体增大了浆体体积和变形能力造成的。

（2）含气量对自密实混凝土剪切变稠行为的影响

图 4.18(a) 是采用 H-B 模型拟合得到的不同含气量自密实混凝土流变曲线。由图 4.18(a) 可知，当拌合物含气量为 4.0%、5.0%、6.1%、7.3% 时，自密实混凝土流变曲线为凹曲线，表现出剪切变稠现象；当拌合物含气量增大至 8.7% 时，自密实混凝土流变曲线为凸曲线，表现出剪切变稀现象。采用改进 Bingham 模型对测定数据点进行拟合可得到相同结论，如图 4.18(c) 所示。图 4.18(b) 和图 4.18(d) 分别是含气量对流变指数 n 和 c/μ 值的影响。由上述两图可以看出，流变指数 n 和 c/μ 值均随含气量增大而减小，这说明增大混凝土含气量可以削弱自密实混凝土剪切变稠行为。

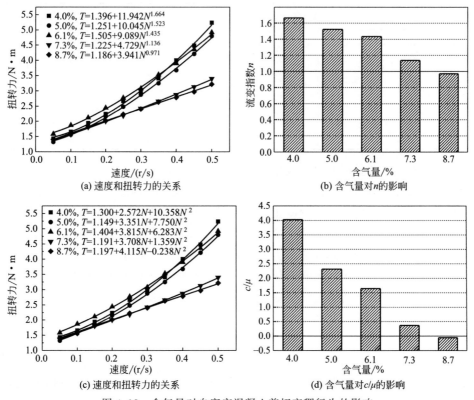

图 4.18 含气量对自密实混凝土剪切变稠行为的影响

根据"有序-无序转变"理论和"粒子簇"理论，在剪应力作用下，不仅会促使拌合物颗粒由有序分布状态转变为无序分布状态，还会驱动颗粒间相互结合形成"粒子簇"，这都将使拌合物在流动时耗散更多能量，黏度增大，导致低含气量自密实混凝土呈现剪切变稠现象。由于引气剂是一种阴离子型表面活性剂，引入的气泡会自动吸附在水化水泥颗粒表面，被吸附状态下的水泥颗粒发生絮凝的难度增大，从而导致混凝土剪切变稠程度随含气量增大而减小。此外，随着含气量增大，混凝土中的毛细管道被气泡隔绝，阻碍了水分的迁移，同时拌合物变形能力增大，拌合物流动过程中产生的水动力减小或就近解除，当水动力小于颗粒间斥力时，"粒子簇"就会解体，导致混凝土剪切变稠程度降低甚至出现剪切变稀现象。

4.3.4 粗骨料体积分数

Joumana 研究认为，混凝土屈服应力是骨料体积分数的函数[43]。作为混凝土的骨架，粗骨料体积分数对自密实混凝土屈服应力和塑性黏度均有严重影响。本节通过调整砂率制备了 26%、27%、28%、29%、30% 五种不同粗骨料体积分数的自密实混凝土，研究了粗骨料体积分数对自密实混凝土剪切作用下流变行为的影响。自密实混凝土配合比如表 4.7 所示。试验过程中，通过调节减水剂和引气剂掺量，将新拌混凝土坍落扩展度和含气量分别控制在 (680±10) mm 和 6.5%±1% 范围内。

表 4.7 自密实混凝土配合比及其性能

试样号	配合比/(kg/m³)									坍落扩展度/mm	含气量/%	t_{500}/s
	水泥	粉煤灰	矿渣粉	膨胀剂	VMA	碎石	砂	水胶比	减水剂	引气剂			
I1	250	63	159	47	0.78	694	966	0.35	4.9	0.075	670	6.6	7.6
I2	250	63	159	47	0.78	721	939	0.35	4.75	0.075	680	6.2	5.6
I3	250	63	159	47	0.78	747	913	0.35	4.6	0.075	675	6.4	5.5
I4	250	63	159	47	0.78	775	885	0.35	4.4	0.075	670	5.8	5.8
I5	250	63	159	47	0.78	802	858	0.35	4.3	0.075	670	6.3	6.6

(1) 粗骨料体积分数对自密实混凝土流变参数的影响

粗骨料体积分数对自密实混凝土流变参数的影响如图 4.19 所示。由图 4.19 可知，坍落扩展度与含气量相当的自密实混凝土，其屈服应力随粗骨料体积分数增大而增大，塑性黏度随粗骨料体积分数增大而减小。这是由于随着粗骨料体积分数的增大，拌合物对剪应力的抵抗能力增大，从而出现屈服应力增大的现象。另外，粗骨料体积分数的增大还会降低骨料体系比表面积，减小润湿骨料颗粒所需自由水量，导致拌合物黏度下降。

(2) 粗骨料体积分数对自密实混凝土剪切变稠行为的影响

图 4.20 (a) 是采用 H-B 模型拟合得到的自密实混凝土流变曲线。由图 4.20 (a) 可以看出，粗骨料体积分数为 0.26~0.29 范围内，自密实混凝土流变曲线为凹曲线，即表现为剪切变稠现象；粗骨料体积分数增大至 0.30 时，拌合物流变曲线为凸曲线，即表现出剪切变稀现象。采用改进 Bingham 模型对测试数据进行拟合可得到相似结论，如图 4.20 (c) 所示。图 4.20 (b) 和图 4.20 (d) 是粗骨料体积分数对流变指数 n 和 c/μ

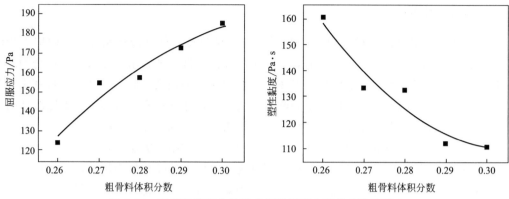

图 4.19 粗骨料体积分数对自密实混凝土流变参数的影响

值的影响，由上述两图可以看出，随着粗骨料体积分数增大，流变指数 n 和 c/μ 值逐渐减小，即拌合物剪切变稠程度降低。出现这种现象的原因是随着粗骨料体积分数增大，剪应力作用下粗骨料产生的颗粒惯性作用力逐渐增大，从而破坏其周围的水泥水化簇，导致自密实混凝土剪切变稠程度降低甚至出现剪切变稀现象。

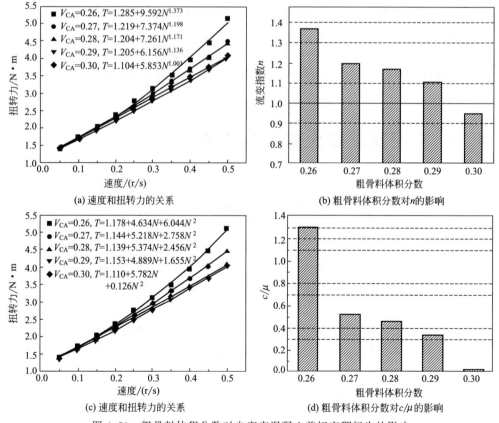

图 4.20 粗骨料体积分数对自密实混凝土剪切变稠行为的影响

4.3.5 小结

① 粉体型、黏度改性材料型、粉体-黏度改性材料复合型自密实混凝土屈服应力均随着水胶比增加而增加，塑性黏度均随着水胶比增加而降低。随着水胶比增大，拌合物体系内部形成粒子簇的概率大幅度降低，促使拌合物剪切变稠程度降低。三种类型自密实混凝土均存在由剪切变稠向剪切变稀转变的临界水胶比，粉体型自密实混凝土、黏度改性材料型自密实、复合型自密实混凝土临界水胶比分别为 0.36、0.41、0.40。

② 不同类型自密实混凝土剪切变稠行为对水胶比变化的敏感性不同，本次试验条件下，黏度改性材料型自密实混凝土剪切变稠行为对水胶比的变化最为敏感，粉体型自密实混凝土次之，复合型自密实混凝土剪切变稠行为对水胶比的变化敏感性最低。

③ 增加高性能减水剂掺量可提高自密实混凝土坍落扩展度，同时会促使自密实混凝土拌合物屈服应力和塑性黏度显著降低。减水剂掺量对混凝土塑性黏度的影响与混凝土粉体用量、砂率等因素有关，就高粉体用量、高砂率的自密实混凝土而言，随着减水剂掺量增加，自密实混凝土塑性黏度显著降低。增加高性能减水剂掺量会加剧自密实混凝土剪切变稠程度，这是静置状态下高性能减水剂能够分散水泥颗粒以及剪应力作用下出现脱附现象，导致剪应力作用下体系内部出现颗粒团聚和减水剂分子之间互相缠绕引起的。

④ 自密实混凝土含气量提高会促使拌合物屈服应力增大、塑性黏度减小。随着自密实混凝土含气量增大，拌合物变形能力增加，剪切变稠程度降低。

⑤ 增大自密实混凝土中粗骨料体积分数会导致拌合物屈服应力增大、塑性黏度逐渐减小，粗骨料体积分数增大会引起体系内部颗粒惯性力增加，导致拌合物剪切变稠程度降低。

4.4 自密实混凝土的力学性能

为获得拌合物的高流动性和高稳定性，必须采用高粉体用量、高塑化剂用量、低骨料用量、低水粉/胶比等技术途径来配制自密实混凝土。作为设计主要控制指标的自密实混凝土的力学性能引起关注。P. L. Domone 分析了 11 年 68 个自密实混凝土的应用案例，总结了自密实混凝土的抗压强度、弹性模量与钢筋黏结强度等[30]。Bertil Persson 等也对比研究了自密实混凝土与传统振捣混凝土包括收缩徐变行为的力学性能差异[44]，得出了以下主要结论。

(1) 抗压强度

相同水胶比，设计恰当的自密实混凝土的抗压强度高于传统的振捣混凝土。其原因是免振捣减少了离析和泌水的风险，提高了混凝土微观结构的均质性，减少了浆体与骨料、钢筋界面间的孔隙。采用碎石与卵石配制自密实混凝土抗压强度差别比传统振捣混凝土小，如图 4.21 所示；自密实混凝土圆柱体试件与立方体试件抗压强度的比值从 30MPa 的 0.8 变化到 90MPa 的 1，如图 4.22 所示；石灰石粉至少对 28d 龄期的抗压强度还有贡献，有效胶凝系数约为 0.2~0.3；与传统振捣混凝土相似，抗压强度随龄期的对数呈线性变化，BertilPersson 给出自密实混凝土抗压强度与龄期和水胶比的关系如式 (4-4) 所示。

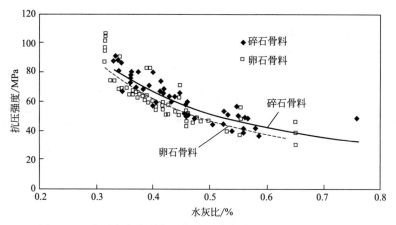

图 4.21 碎石自密实混凝土与卵石自密实混凝土抗压强度差别

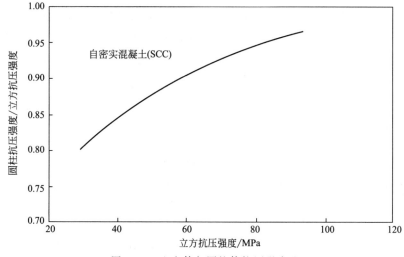

图 4.22 立方体与圆柱体抗压强度比

$$f_c = 2.07[\ln t + 11.7](W/B)^{-0.42(\ln t + 29)} \tag{4-4}$$

式中 f_c ——抗压强度，MPa；

t ——养护龄期，d；

W/B ——水胶比。

（2）抗拉（折）强度

自密实混凝土抗拉强度与抗压强度的比与传统振捣混凝土相似；两种类型抗拉强度大多数落在 EC2 建议范围的上半部分，如图 4.23 所示；相似配合比，自密实混凝土抗折强度略高于传统振捣混凝土[30]，其原因是胶凝材料浆体体积对抗拉强度影响较大，因此，自密实混凝土的抗拉强度可偏安全地按普通混凝土取值。

（3）弹性模量

在自密实混凝土弹性模量方面，多数研究者认为自密实混凝土弹性模量低于同强度等

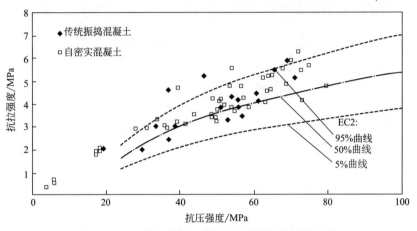

图 4.23　自密实混凝土抗拉与抗压强度之间的关系

级的振捣混凝土。但也有学者认为，同强度等级的自密实混凝土与正常振捣混凝土弹性模量相当。同强度等级自密实混凝土弹性模量低于传统振捣混凝土，随着强度等级的提高，自密实混凝土与传统振捣混凝土弹性模量之间的差逐渐减小，低强度（20MPa）自密实混凝土弹性模量比传统振捣混凝土低，最高可达 40%，高强度（90~100MPa）自密实混凝土弹性模量与传统振捣混凝土弹性模量之差小于 5%，如图 4.24 所示。

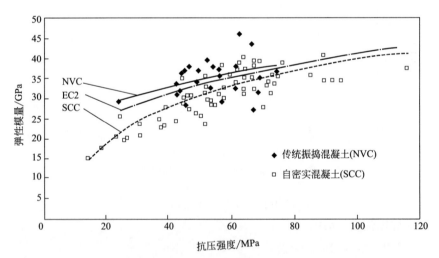

图 4.24　混凝土抗压强度与弹性模量之间的关系

（4）黏结强度

通过对自密实混凝土浇筑的 95cm×20cm×150cm 墙体构件的试验研究表明：在 140cm 高度处的钢筋的顶部黏结效应系数为 1.4，而普通混凝土为 2.0，如在自密实混凝土配合比设计中加入增稠剂还能进一步降低黏结效应系数。与传统振捣混凝土相比，自密实混凝土包裹在粗骨料外的界面过渡区更加密实而且分布更均匀，这是自密实混凝土与钢筋的黏结性能要比传统振捣混凝土好的主要原因。

4.4.1 原材料与配合比参数对自密实混凝土强度的影响

（1）粗骨料最大粒径

图 4.25 所示为粗骨料最大粒径对自密实混凝土抗压强度的影响。由图可知，在粗骨料用量相同的条件下，随着粗骨料最大粒径的减小，混凝土抗压强度呈逐渐降低的趋势，但 28d 抗压强度均满足设计强度等级 C40 要求。结合自密实混凝土工作性与体积稳定性考虑，在满足强度要求的前提下宜选用骨料粒径小的粗骨料。

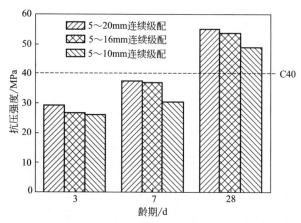

图 4.25　粗骨料最大粒径对自密实混凝土强度的影响

（2）细骨料细度模数

图 4.26 所示是细骨料细度模数对自密实混凝土抗压强度的影响。试验结果表明，细度模数对自密实混凝土强度无明显影响，虽然两种细骨料细度模数相差 0.7，一个为中砂，一个为细砂，但所配制的自密实混凝土抗压强度相差并不大，3d 和 7d 抗压强度相差不足 1MPa，28d 抗压强度相差也仅为 1.6MPa，基本可以忽略不计。

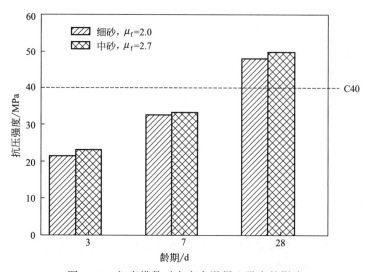

图 4.26　细度模数对自密实混凝土强度的影响

(3) 黏度改性材料

图 4.27 所示是 TZ-Ⅰ型黏度改性材料对自密实混凝土抗压强度的影响,结果表明,TZ-Ⅰ型黏度改性材料的掺入对自密实混凝土强度发展没有不利影响,与基准组混凝土相比,掺 TZ-Ⅰ型黏度改性材料的混凝土各龄期抗压强度还略高。由拌合物性能试验可知,TZ-Ⅰ型黏度改性材料的掺入不但能提高自密实混凝土拌合物的稳定性,同时还能有效抑制拌合物的泌水现象。从水泥浆体内部毛细孔隙的形成机理可知,在混凝土硬化前,内部水分的向外迁移会在混凝土内部形成毛细孔隙通道,泌水量越大,所形成的毛细孔越多,孔径也越大,这会降低硬化混凝土的密实度,进而影响强度的增长。TZ-Ⅰ型黏度改性材料可有效改善浆体黏度,抑制内部水分迁移,从而改善了混凝土内部孔结构,有利于混凝土强度的提高。

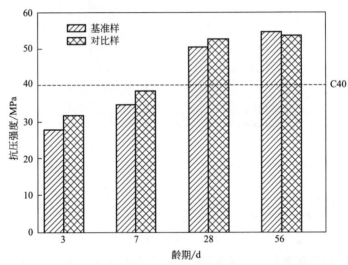

图 4.27　黏度改性材料对自密实混凝土强度的影响

(4) 胶凝材料用量

不同胶凝材料用量自密实混凝土拌合物性能见表 4.8,图 4.28 所示是胶凝材料用量对自密实混凝土强度的影响结果。

表 4.8　自密实混凝土拌合物性能

胶凝材料 用量/kg	坍落度 /mm	扩展度 /mm	含气量 /%	t_{500} /s	湿容重 /(kg/m³)
520	265	690	2.5	6	2330
480	260	650	2.6	9	2321
450	260	640	3.1	9	2310

由图 4.28 可知,随着胶凝材料用量的增加,自密实混凝土 28d 强度增加,但对于 3d 和 7d 的强度变化不明显。在本试验条件下,当胶凝材料用量最低为 450kg/m³ 时,自密实混凝土 28d 的抗压强度仍满足 C40 的要求。

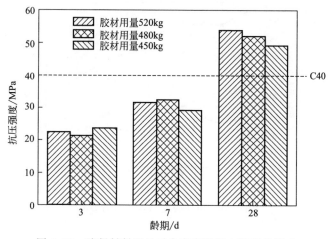

图 4.28 胶凝材料用量对自密实混凝土强度的影响

(5) 含气量

含气量是影响混凝土抗压强度的一项重要因素,随着含气量的增加,混凝土强度会逐渐降低。但对混凝土抗冻性能而言,含气量的增加则有利于抗冻性的提高。合理确定含气量是平衡混凝土抗压强度和抗冻性矛盾关系的关键。图 4.29 所示是含气量对自密实混凝土抗压强度的影响。由结果可知,自密实混凝土抗压强度随含气量的增加而降低,可细化为三个区域:当含气量小于 3.5%,自密实混凝土抗压强度随含气量增加而降低;当含气量在 3.5%~6.1%,自密实混凝土抗压强度变化不大;但当含气量大于 6.1% 时,自密实混凝土抗压强度随含气量增加而显著降低。由四个龄期自密实混凝土抗压强度和含气量回归方程可知,含气量每增加 1%,混凝土抗压强度降低 1.7~2.5MPa,对于正常振捣混凝土而言,含气量变化 1%,抗压强度则变化 3~5MPa[45,46]。其原因与自密实混凝土单向受压破坏机制有关。浆体与骨料之间的界面过渡区在加载之前就存在微裂缝,混凝土在单向受压时,受压应力在极限应力的 30%~50% 时,界面过渡区的裂缝有些扩展,但砂浆基体不会发生开裂;当应力达到极限应力的 50%~75% 时,界面过渡区裂缝开始再增长,裂缝系统逐渐趋于不稳定;当压应力超过极限应力的 75% 时,基体和界面过渡区的裂缝连通,试件完全破坏[47]。对比自密实混凝土和正常振捣混凝土配合比,自密实混凝土中粗骨料体积含量较少,存在界面过渡区也较少,受压前存在天然微裂缝也较少,在压应力作用下,自密实混凝土变形较大。这从文献 [48] 自密实混凝土压力-应变曲线可以得以验证,自密实混凝土的峰值应变在 0.002~0.003 之间,比传统振捣混凝土的相应值要大。当混凝土中引入气泡时,适当量微细气泡可以作为裂缝扩展的阻尼器和破坏应力扩展的缓解器,自密实混凝土中浆体含量较高,因此在引入气泡时,其抗压强度下降幅度较小。即使自密实混凝土含气量高达 7%,其 28d 抗压强度仍然超过 40MPa,满足设计强度等级要求。因此,在抗冻性要求较高的环境中,对于自密实混凝土而言,可以适当放宽含气量上限值要求。

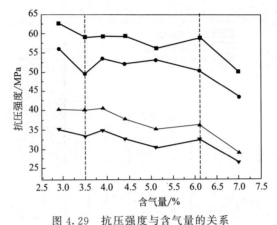

图 4.29 抗压强度与含气量的关系

4.4.2 自密实混凝土抗压强度发展规律

(1) 不同龄期

图 4.30 为不同龄期自密实混凝土抗压强度[49]。由图可知，自密实混凝土抗压强度随着龄期而增长，前期抗压强度增长速率较快，90d 后抗压强度依然随龄期呈现增长趋势。这与自密实混凝土中含有大量矿物掺合料有关，水化后期，粉煤灰和矿渣粉的活性效应逐渐得到发挥。对比相同强度等级不同含气量自密实混凝土抗压强度随龄期的变化可知，56d 前，较高含气量的 C30-2 和 C40-2 自密实混凝土抗压强度随龄期延长增加缓慢，其原因是自密实混凝土中含气量较高时，其单位体积水泥浆体量较小，抗压强度发展较慢，随着胶凝组分水化的进行，水化产物逐渐填充孔隙中，强度逐渐增加；对于 C50 自密实混凝土，由于单位体积胶凝材料用量较大，混凝土抗压强度发展受含气量的影响不显著。

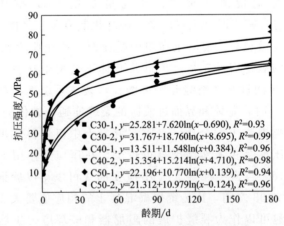

图 4.30 不同龄期自密实混凝土抗压强度

(2) 含气量

试验测试了三种强度等级自密实混凝土抗压强度发展规律，分别为 C30、C40 和 C50。考虑到自密实混凝土在不同地域应用时面临服役环境条件不同，又分别考虑了两种含气量。图 4.31(a) 和 (b) 中编号 SCC301、SCC401 和 SCC501 为低含气量自密实混凝土，含气量控制在 4% 左右；SCC302、SCC402 和 SCC502 为高含气量自密实混凝土，含气量控制在 5.5% 左右。由图可知，自密实混凝土抗压强度与龄期呈现良好的对数关系，相关系数大于 0.93，这与正常振捣混凝土相同。与正常振捣混凝土相比，自密实混凝土前期强度增长较快，且 90d 后自密实混凝土抗压强度依然随着龄期呈现增长的趋势，这与自密实混凝土中含有大量矿物掺合料矿渣粉和粉煤灰有关，水化后期，粉煤灰和矿渣粉的火山灰效应逐渐发挥，表现为自密实混凝土抗压强度逐渐增长。对比图（a）和（b）可知，自密实混凝土抗压强度随龄期的变化略有不同，56d 以前含气量为 5.5% 的 C30 和 C40 自密实混凝土抗压强度随龄期延长增加缓慢，其原因是含气量较高，混凝土单位体积浆体量较小，抗压强度发展较慢，随着胶凝组分水化的进行，水化产物逐渐填充混凝土中的孔隙，强度逐渐增加；对于 C50 自密实混凝土，由于单位体积胶凝材料用量较大，混凝土抗压强度发展并没有受含气量的显著影响。由自密实混凝土抗压强度与龄期回归方程可知，56d 后自密实混凝土抗压强度增幅才趋于平稳，因此，建议自密实混凝土力学性能指标的龄期选择 56d。

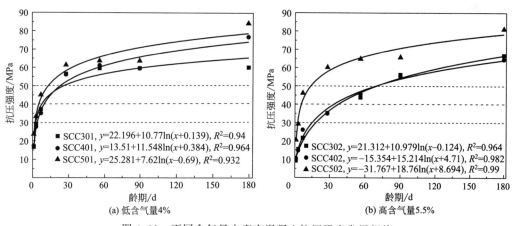

图 4.31　不同含气量自密实混凝土抗压强度发展规律

（3）养护温度

考虑到北方严寒环境和南方炎热环境的差别，研究了不同养护温度对自密实混凝土强度发展的影响规律，试验设定了三种养护温度 5℃、20℃、30℃。图 4.32 是不同养护温度对强度的影响试验结果。由图 4.32 可知，随着养护温度的提高，自密实混凝土抗压强度呈现逐渐增长的趋势。当养护温度由 5℃ 升高到 20℃ 时，自密实混凝土抗压强度增幅为 0.3MPa/℃；当养护温度由 20℃ 升高到 30℃ 时，自密实混凝土抗压强度增幅为 1.36MPa/℃。水泥水化反应速率与温度有关，其间的关系普遍适用于 Arrhenius 定律，波特兰水泥在常温下水化时的活化能 E 值为 30~40kJ/mol。设活化能为 40kJ/mol，温度从 20℃ 升至 40℃ 时，反应速率 k 值则增加 185%[50]。水泥水化速率提高是硬化体强度快速增长的关键，但并不是温度越高，混凝土的强度发展越快。Hans-Wolf Reinhardt 等[51]研究了热养护对自密实混凝土抗压强度和孔结构的影响，结果表明，当混凝土强度等级较低时，高温下养护的自密实混凝土抗压强度低于常温下养护的自密实混凝土抗压强度，当混凝土强度等级较高时，80℃下养护的自密实混凝土抗压强度高于常温下养护的自密实混凝土抗压强度。研究者将其原因归结为养护温度对自密实混凝土内部孔结构的改变。与波特兰水泥相比，火山灰效应和潜在活性对温度的变化更为敏感，在低于15℃时，矿物掺合料火山灰效应和潜在活性发挥低于波特兰水泥，而当温度高于27℃时则恰好相反[46]，这也是本次试验养护温度由20℃升高到30℃时，自密实混凝土抗压强度增幅大于养护温度由5℃升高到20℃的原因。

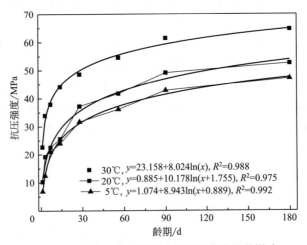

图 4.32　养护温度对混凝土抗压强度发展的影响

4.4.3　自密实混凝土抗折强度发展规律

（1）不同强度等级

图 4.33 是不同强度等级自密实混凝土的抗折强度测试结果[49]，结果表明，无论是低强度等级还是高强度等级自密实混凝土均具有较高的抗折强度，3d 抗折强度普遍高于 4MPa，28d 抗折强度普遍高于 7MPa，C50 等级自密实混凝土抗折强度则超过 9MPa。与正常振捣混凝土相比，自密实混凝土中胶凝材料用量较高，粗骨料含量低，且骨料最大粒径小，这些因素使得硬化混凝土的水化产物中 C-S-H 凝胶含量高，最终使自密实混凝土具有较高的抗折强度。当混凝土受到弯矩破坏时，依然是先从最薄弱的环节（骨料与浆体界面过渡区）发生破坏，大量的浆体致使抗压强度相当的自密实混凝土抗折强度高于正常振捣混凝土。

图 4.34 所示是自密实混凝土与轨道板 C55 混凝土抗折强度关系图。由图可知，与 C55 强度等级轨道板蒸养混凝土相比，两个强度等级自密实混凝土（C50 和 C40）主要是早期抗折强度低于轨道板 C55 等级混凝土，特别是 C40 等级自密实混凝土 3d 和 7d 抗折强度与轨道板 C55 等级混凝土相差较大，分别低 3.5MPa 和 4.0MPa，仅为 C55 等级混凝土抗折强度的 52％和 56％。但随着龄期增长，28d 后自密实混凝土抗折强度与轨道板 C55 等级混凝土抗折强度已相当接近，C50 等级自密实混凝土 28d 和 56d 抗折强度为轨道板 C55 混凝土的 93％和 102％，C40 等级自密实混凝土 28d 和 56d 抗折强度则达到轨道板 C55 混凝土的 89％和 87％。

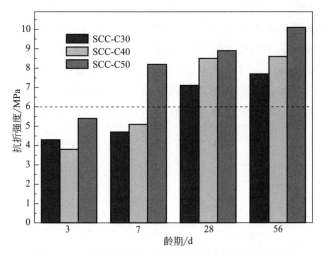

图 4.33 不同强度等级自密实混凝土抗折强度对比

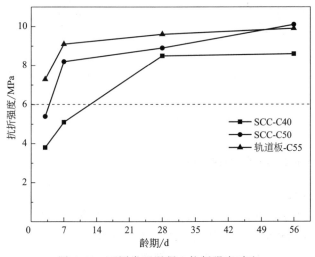

图 4.34 不同类型混凝土抗折强度对比

自密实混凝土主要用于板式无砟轨道充填层结构，而自密实混凝土层结构为长大薄板结构，其与轨道板复合成一整体承受上部列车轮轨荷载。从受力方式角度考虑，轨道板混凝土和自密实混凝土均需具有较高的抗折强度；而从协同作用角度考虑，自密实混凝土与轨道板混凝土要形成整体结构，要求自密实混凝土各项性能尽可能与轨道板混凝土相近，这样才能更好发挥整体结构的作用。试验结果表明，自密实混凝土长期抗折强度与轨道板混凝土具有良好的一致性。

（2）温度

图 4.35 所示是养护温度对自密实混凝土抗折强度的影响结果。结果表明，自密实混凝土抗折强度随着养护温度的提高而增大，且随养护龄期的延长而增加。与抗压强度相比，低温养护对自密实混凝土抗折强度的影响更为显著。30℃下混凝土各龄期抗折强度略高于 20℃，28d 抗折强度均超过 6MPa。而在 5℃养护条件下，混凝土 3d、56d 抗折强度

仅为 2.3MPa 和 5.4MPa。温度对自密实混凝土抗压强度和抗折强度影响规律之间的不同与混凝土抗折和抗压破坏的本质有关，两种混凝土强度对不同加载方式的敏感性差异较大，与压剪破坏的抗压强度相比，抗折强度对混凝土材料的均匀性以及骨料界面的黏结强度依赖性较强。温度较低时，抑制了水泥的水化和矿物掺合料火山灰活性与潜在活性的发挥，早期水泥水化产物减少，带来的连锁反应是大掺量粉煤灰二次水化反应程度随之降低，表现为降低了水泥浆体强度以及与骨料黏结性能，5℃低温下自密实混凝土抗折强度发展较慢。

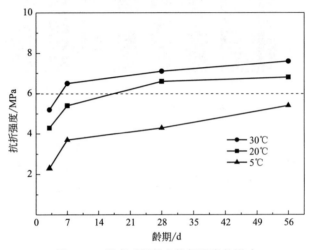

图 4.35　温度对混凝土抗折强度的影响

4.4.4　自密实混凝土弹性模量发展规律

(1) 不同强度等级

图 4.36 是不同强度等级自密实混凝土弹性模量随龄期的发展规律。由图可知，自密实混凝土早期弹性模量较低，三个强度等级自密实混凝土 7d 前弹性模量均小于 30.0GPa，28d 弹性模量在 30.0~35.0GPa。自密实混凝土砂率高，一般在 55% 左右，采用粗骨料最大粒径小于 16mm，因而其弹性模量较传统振捣混凝土要小。这与 P.L.Domone[52]、Burak Felekoğlu[53] 以及我国谢友均[54]、赵军[48] 等研究结果一致。但郑建岚等研究[5] 表明，新拌阶段表观密度正常（大于 2300kg/m³）的自密实混凝土与普通混凝土的弹性模量相差不大；当自密实混凝土粉体用量较低（550kg/m³ 以下），并且以大掺量粉煤灰(25%~45%) 来替代水泥时，其弹性模量并不比普通混凝土低；对于非引气型混凝土，当新拌混凝土表观密度明显较小时，混凝土弹性模量降低较多，但这种混凝土往往是原材料不理想或者配合比设计不够好、混凝土稳定性较差造成的。

图 4.37 是自密实混凝土与轨道板混凝土弹性模量的对比，由图可知，无论是自密实混凝土层用 C40 自密实混凝土还是 C50 自密实混凝土，其各龄期弹性模量均明显低于轨道板混凝土，轨道板混凝土 7d、28d 和 56d 弹性模量分别比 C50 自密实混凝土弹性模量高出 40%、39% 和 14%；比 C40 自密实混凝土弹性模量高出 57%、34% 和 26%。

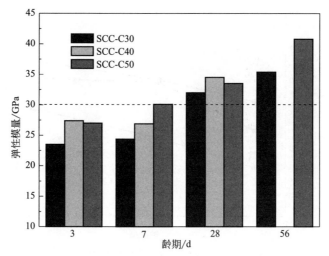

图 4.36 不同强度等级自密实混凝土弹性模量对比

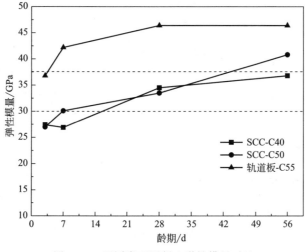

图 4.37 不同类型混凝土弹性模量对比

(2) 温度

图 4.38 是自密实混凝土在不同养护温度下弹性模量的发展规律。温度对自密实混凝土弹性模量的影响规律与对抗折强度的影响规律较为相似，即在所设定的三个养护温度条件下，5℃低温养护对自密实混凝土弹性模量发展不利影响最大，而在 20℃和 30℃条件下混凝土弹性模量发展则较为接近，该变化规律与抗折强度随温度变化类似。

4.4.5 自密实混凝土抗压强度和抗折强度、弹性模量之间的关系

(1) 抗压强度和抗折强度之间的关系

图 4.39 为自密实混凝土与正常振捣性混凝土抗压强度和抗折强度之间的关系图[49]。对比回归方程可知，同强度等级的自密实混凝土抗折强度远高于正常振捣混凝土的抗折强

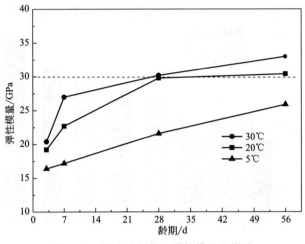

图 4.38 温度对混凝土弹性模量的影响

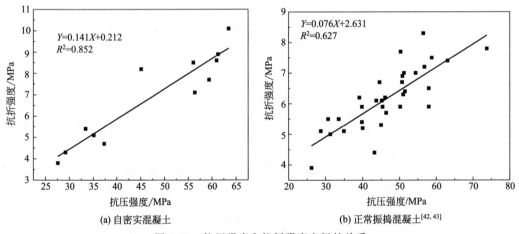

(a) 自密实混凝土 (b) 正常振捣混凝土[42, 43]

图 4.39 抗压强度和抗折强度之间的关系

度。自密实混凝土的抗折强度取决于水胶比、粗骨料的用量以及骨料与浆体界面质量等。由于抗拉强度测试的困难,本文只测试了自密实混凝土的抗折强度,但根据研究表明,自密实混凝土的抗折强度与抗拉强度具有一致性[50],对于正常振捣混凝土低强度等级混凝土的抗折强度可能比抗拉强度高 2 倍,中等强度或高强度等级混凝土抗折强度可能为抗拉强度的 70% 和 50%~60%[44]。CEB-FIP 模式规范中提出抗拉强度和抗折强度之间存在如式(4-5) 所示的关系[55]。因此,同强度等级的自密实混凝土,抗拉强度如果按照现行规范进行取值则偏安全。尽管现行规范规定了抗拉强度,但鉴于自密实混凝土层在 CRTS Ⅲ 型板式无砟轨道结构中受力状态与公路和机场道路混凝土相似,建议选择抗折强度作为其评价指标。

$$f_{\text{ctm}} = f_{\text{ct,fl}} \frac{2.0(h/h_0)^{0.7}}{1 + 2.0(h/h_0)^{0.7}} \tag{4-5}$$

式中　f_{ctm}——抗拉强度，MPa；

　　　$f_{ct,fl}$——抗折强度，MPa；

　　　h——梁高，mm；

　　　h_0——100，mm。

(2) 抗压强度和弹性模量之间的关系

图 4.40 为自密实混凝土实测值与按现行《混凝土结构设计规范》拟合对比图，拟合公式如式(4-6)所示[56]。由图可知，自密实混凝土弹性模量实测值比现行规范偏低，抗压强度越低，弹性模量比偏差越大，随着抗压强度的提高，自密实混凝土弹性模量逐渐接近公式预测值。这与 P. L. Domone 研究成果一致，自密实混凝土弹性模量比正常振捣混凝土低，对于低强度等级混凝土，最低可达 40%；而随着强度的提高，差别逐渐缩小，当混凝土强度为 90～100MPa 时，两者弹性模量差值可以小于 5%。自密实混凝土弹性模量与公式 $0.85E_c$ 更接近，这与胡琼等的研究结果一致[57]。《自密实混凝土设计与施工指南》规定，在正常使用极限状态的验算中，若无充分试验依据，自密实混凝土的弹性模量可取为同等强度等级的普通混凝土的弹性模量的 0.9 倍[5]。由于受 CRTSⅢ型板式无砟轨道自密实混凝土层厚度（小于 100mm）和内部钢筋网片的限制，自密实混凝土用骨料粒径多为小于 16mm，弹性模量受骨料最大粒径影响，通常随着骨料粒径增加，混凝土弹性模量降低，因此，建议按照设计规范中正常振捣混凝土 0.85 取值。

$$E_c = \frac{10^5}{2.2 + \dfrac{34.7}{f_{cu,k}}} \tag{4-6}$$

式中　E_c——弹性模量，MPa；

　　　$f_{cu,k}$——强度等级值，MPa。

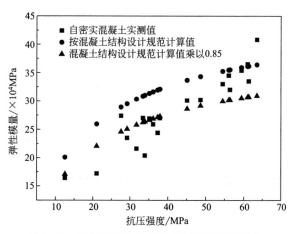

图 4.40　自密实混凝土实测值与现有规范对比

对常温下自密实混凝土抗压强度和弹性模量进行回归，得出如图 4.41 所示的曲线，拟合公式如式(4-7)所示。不同研究者对自密实混凝土弹性模量与抗压强度之间关系的拟合公式不尽相同，这不仅与自密实混凝土弹性模量检测误差较大有关，还与所研究的自密实混凝土胶凝组分、黏度改性材料掺量、含气量等有关。

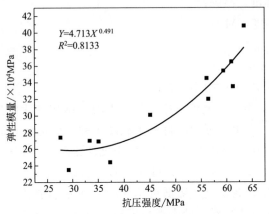

图 4.41　温度对混凝土弹性模量的影响

$$E_c = 4713 f_c^{0.491} \tag{4-7}$$

式中　E_c——弹性模量，MPa；

　　　f_c——抗压强度，MPa。

4.4.6　自密实混凝土的黏结强度

黏结强度试验主要是验证自密实混凝土与基体混凝土的黏结性能。不同强度等级自密实混凝土的黏结强度如表 4.9 所示，黏度改性材料对自密实混凝土的黏结强度影响如表 4.10 所示。由表 4.9 可知，高强度等级自密实混凝土的黏结强度相对较高，由于黏结强度离散性较大，所测 C40 强度等级与 C50 强度等级自密实混凝土的黏结强度相当。表 4.10 中添加黏度改性材料后，自密实混凝土的黏结强度会适当提高。

表 4.9　不同强度等级自密实混凝土黏结强度

项目	C30	C40	C50
28d 黏结强度/MPa	1.54	1.98	1.90

表 4.10　黏度改性材料对自密实混凝土黏结强度的影响（C40）

项目	空白样	VMM
28d 黏结强度/MPa	1.75	1.98

4.5　自密实混凝土的体积稳定性

4.5.1　塑性阶段收缩变形性能（塑性收缩）

塑性收缩是指混凝土在塑性阶段由于表面失水而产生的收缩。混凝土在新拌状态下，拌合物颗粒间充满自由水，新浇混凝土暴露于大气中，当保湿养护不足时，混凝土表面失水速率超过内部水分向表面迁移的速率时，就会造成毛细管产生负压，使水泥浆体产生塑性收缩变形。试验采用自行研发的非接触式多通道塑性收缩测试仪进行测试，测试装置如

图 4.42 所示。

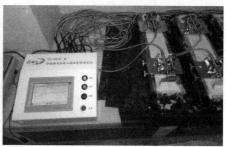

图 4.42　多通道非接触式混凝土收缩测试仪

(1) 膨胀剂掺量与类型对塑形收缩的影响

为改善自密实混凝土收缩变形性,膨胀剂是自密实混凝土不可或缺的组分。图 4.43 所示是膨胀剂掺量对自密实混凝土塑性收缩变形的影响规律[58]。膨胀剂对自密实混凝土各阶段塑性收缩变形影响显著,在塑性收缩加速的 AB 段,膨胀剂的掺入加速了 AB 段新拌混凝土收缩变形的发展;在 AB 段的后 1/3 段,随着膨胀剂掺量的增加,新拌混凝土塑性收缩值呈明显降低趋势。在进入收缩变形峰值区 BC 段后,当膨胀剂掺量超过 8% 以后,新拌混凝土塑性收缩在达到峰值后随即转入补偿收缩阶段。膨胀剂掺入与否对新拌混凝土塑性收缩变形影响的最大差别主要表现在 CD 段,未掺膨胀剂的空白样在该区段仍然为持续收缩状态,但收缩增加幅度大大降低;而掺膨胀剂混凝土则进入了补偿收缩阶段,即混凝土由收缩转为膨胀,逐渐抵消了前阶段的收缩变形。由此可见,膨胀剂对提高新拌混凝土体积稳定性具有重要作用。

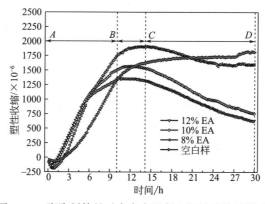

图 4.43　膨胀剂掺量对自密实混凝土塑性收缩的影响

图 4.44 所示是不同类型膨胀剂对自密实混凝土塑性收缩的影响。图中 S1 混凝土为未掺膨胀剂的基准混凝土,S2 混凝土为掺加硫铝酸钙类膨胀剂,S3 混凝土为掺加氧化钙-硫铝酸钙复合型膨胀剂。试验结果表明,两种类型膨胀剂的膨胀效应均是在自密实混凝土终凝后才开始发挥作用,复合型膨胀剂的膨胀速率和膨胀量大大高于硫铝酸钙类膨胀剂,且持续膨胀时间更长。掺硫铝酸钙类膨胀剂的 S2 混凝土塑性收缩曲线在 18h 时达到收缩峰值,随后塑性收缩得到一定程度的补偿,但膨胀剂的收缩补偿作用在 48h 时也基本停止。

而掺复合膨胀剂的 S3 混凝土则在 13h 作用即达到塑性收缩峰值，且该峰值小于 S2 混凝土，随后膨胀剂的膨胀作用迅速起效，混凝土塑性收缩得以快速补偿，在 39h 时混凝土塑性变形由收缩状态转为膨胀，在 70h 测试周期内，其一直保持混凝土为膨胀状态。

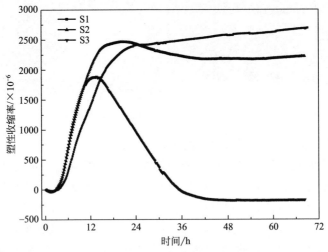

图 4.44　自密实混凝土的塑性收缩变形

膨胀剂的类型不同，其膨胀作用机理不同，膨胀效果也不同。对于硫铝酸钙类膨胀剂，其膨胀源是钙矾石，钙矾石的形成需要大量的水，若无法提供充足的水源，则其膨胀作用很难得到发挥。对于高速铁路无砟轨道自密实混凝土层结构而言，该层处于轨道板和底座板所构成的密闭模腔内，这一部分自密实混凝土在完成浇筑后是很难提供额外水进行养护的，若采用硫铝酸钙类膨胀剂，很难发挥其膨胀作用。而对于氧化钙-硫铝酸钙类复合型膨胀剂而言，其膨胀源不是单一的钙矾石，氧化钙反应是其另一种主要膨胀源，而该膨胀源对水的需求远远低于钙矾石，因而更有利于在无砟轨道自密实混凝土层这样的密闭结构中应用。

（2）胶凝材料

图 4.45 所示是不同胶凝材料用量对自密实混凝土塑性收缩变形的影响。试验结果表明，胶凝材料对自密实混凝土塑性收缩变形影响明显，随着胶凝材料用量的增加，一方面会加大自密实混凝土的塑性收缩变形峰值；另一方面也会增加自密实混凝土后期塑性收缩变形。图 4.45 中自密实混凝土 48h 塑性收缩值随着胶凝材料用量增加也成倍增大。因此，对于自密实混凝土而言，在满足其工作性的前提下，应尽可能地降低其胶凝材料用量。

（3）黏度改性材料

图 4.46 所示是在不掺膨胀剂时 TZ-Ⅰ型黏度改性材料对混凝土塑性收缩性能的影响。试验结果表明，TZ-Ⅰ型黏度改性材料的掺入可有效降低混凝土塑性收缩变形，掺 TZ-Ⅰ型黏度改性材料的混凝土 48h 塑性收缩变形值比对比样降低约 700×10^{-6}，降幅达到 50%。

TZ-Ⅰ型黏度改性材料具有较强的保水能力，掺入混凝土后，能够有效降低混凝土拌合物的泌水行为；同时，TZ-Ⅰ型黏度改性材料还具有一定的溶胀吸水能力，能够将新拌

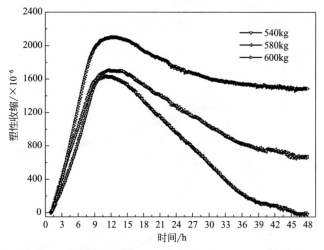

图 4.45　不同胶凝材料用量对自密实混凝土塑性收缩的影响

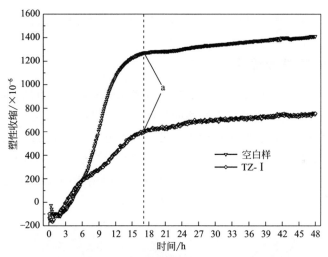

图 4.46　黏度改性材料对自密实混凝土塑性收缩的影响

混凝土中的自由水有效固定在其原有位置上，减少自由水向混凝土表面迁移的数量；另外，TZ-Ⅰ型黏度改性材料具有细化拌合物气泡的作用，大量微小气泡的形成，可阻断水分向外散失的毛细孔通道。通过这三方面作用，TZ-Ⅰ型黏度改性材料可有效抑制混凝土拌合物中毛细孔压力的产生和增大，从而降低新拌混凝土的塑性收缩变形。

图 4.47 所示是在掺膨胀剂情况下不同类型 TZ-Ⅰ型黏度改性材料对新拌自密实混凝土塑性收缩变形的影响。同样，TZ-Ⅰ型黏度改性材料的掺入可有效降低新拌混凝土的塑性收缩变形，且当混凝土达到塑性收缩变形峰值后，TZ-Ⅰ型黏度改性材料的掺入对膨胀剂膨胀作用的发挥具有促进作用，原因是因为 TZ-Ⅰ型黏度改性材料的保水作用减少了新拌混凝土早期自由水分的损失，为硬化阶段膨胀剂水化膨胀作用提供了更充足的水，从而更有利其膨胀作用的发挥。另外，试验结果也表明，所研制的三种 TZ-Ⅰ型黏度改性材

料，均会在一定程度上引起混凝土收缩加速阶段的提前，但除 $3^{\#}$ 外，掺 $1^{\#}$ 和 $2^{\#}$ 混凝土的最大塑性收缩值均小于空白样，且后期膨胀值也大大高于 $3^{\#}$。

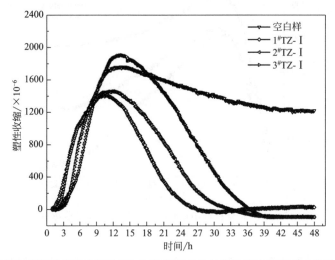

图 4.47 掺膨胀剂情况下不同类型 TZ-Ⅰ型黏度改性材料对自密实混凝土塑性收缩的影响

4.5.2 竖向塑性收缩率

板式无砟轨道充填层结构用自密实混凝土主要起到承载和传力的作用，其与上层结构轨道板黏结性能好坏决定着这种复合结构的使用寿命，界面黏结性能一方面由界面本身性能所决定，如界面粗糙程度、润湿程度等；另一方面也受自密实混凝土材料自身性能的影响，如混凝土材料的收缩沉降、泌水性能等。竖向变形试验就是测试新拌自密实混凝土早期竖向体积变形，以此来评价自密实混凝土材料与上层结构的黏结性能好坏。图 4.48 所示是自密实混凝土竖向变形试验测试装置及其示意图。

图 4.48 自密实混凝土竖向变形测试装置

图 4.49 所示是膨胀剂对自密实混凝土竖向变形的影响，图中负值表示收缩，正值表示膨胀。由图可知，未掺膨胀剂的空白样混凝土竖向变形表现为收缩；而掺膨胀剂混凝土

竖向变形在经历了早期（14h）的收缩后，逐渐开始膨胀，在 21h 后呈膨胀状态。空白样自密实混凝土竖向持续收缩意味着混凝土与上层轨道板结构间为分离趋势，图 4.49 中空白样 39h 塑性收缩值约为 1100×10^{-6}，若充填层厚度按 200mm 计算，混凝土竖向收缩变形为 0.22mm。当然，实际上混凝土受到上下层结构界面黏结强度的约束，该竖向收缩变形并不会完全发生。但是，收缩分离的趋势可能会在混凝土内部形成微裂纹等先天缺陷，在一定程度上影响其后期性能。膨胀剂借助其膨胀作用产生膨胀压力，特别是在板式无砟轨道自密实混凝土层这样的封闭空间，上下均有结构约束，膨胀剂膨胀时产生的膨胀压力可以有效得到储存，该压应力也能促使混凝土因早期竖向收缩而产生的微裂纹等缺陷得以修复。由图 4.49 结果可知，即便是在自密实混凝土中掺入膨胀剂可产生有效膨胀作用，但在混凝土终凝前其仍存在一个收缩期。如果能让混凝土从灌注完成后便产生膨胀并保持下去，这样对自密实混凝土性能而言将是最为有利的。

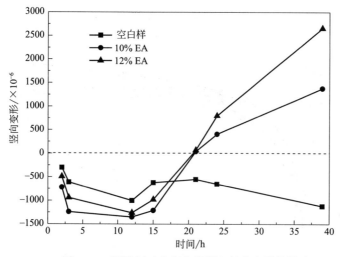

图 4.49　膨胀剂对自密实混凝土竖向变形的影响

4.5.3　硬化阶段收缩变形性能（干缩变形和自身收缩变形）

（1）膨胀剂

图 4.50 是 EA 型膨胀剂对自密实混凝土收缩变形的影响结果[59]。膨胀剂的掺入有利于降低自密实混凝土的收缩变形，且随着膨胀剂掺量的增加，对混凝土收缩变形的降低效果更加显著。由图 4.50（a）可知，膨胀剂对自密实混凝土早期干缩变形具有显著的降低作用，随着膨胀剂掺量从 8% 增加到 12%，自密实混凝土 1d 干缩变形分别降低了 55%、80% 和 87%。在 60d 龄期时，膨胀剂掺量为 8%、10% 和 12% 的自密实混凝土干缩变形仍小于未掺膨胀剂的自密实混凝土，分别降低 1%、3% 和 12%。由图 4.50（b）同样看到，膨胀剂对自密实混凝土早期自身收缩变形具有显著的降低作用，特别是掺量越高，其持续补偿收缩效果越明显。掺膨胀剂自密实混凝土 1d 自身收缩变形均为负值，即表现为膨胀状态，掺量为 8% 和 10% 的自密实混凝土在 3d 龄期时才表现出收缩变形，而掺量 12% 的自密实混凝土在 3d 时仍然呈膨胀状态，之后才逐渐转为收缩。

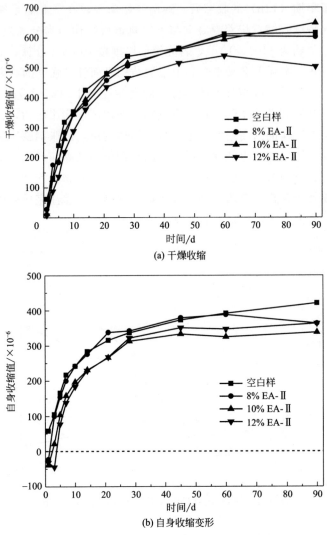

图 4.50　EA 型膨胀剂对混凝土收缩的影响

(2) 胶凝材料

对于板式无砟轨道自密实混凝土而言，其收缩变形不但包括两侧暴露部位自密实混凝土因水分散失而引起的干缩变形，还包括自密实混凝土层内部处于密闭隔绝状态自密实混凝土的自身收缩变形。胶凝材料用量是影响自密实混凝土收缩变形的重要因素，研究了胶凝材料用量在 460～560kg/m³ 之间自密实混凝土的干燥收缩变形规律和自身收缩变形规律，试验结果如图 4.51 所示。

胶凝材料用量对自密实混凝土收缩变形有明显影响，尤其是对自身收缩变形影响更为明显。胶凝材料用量每增加 20kg，自密实混凝土干缩变形值和自身收缩变形值以 10%～20% 幅度增加。影响混凝土收缩变形的重要因素之一是骨料的用量，混凝土的收缩与水泥净浆收缩之比（即收缩比）取决于骨料的含量，可用式(4-8)表示，骨料含量越高，混凝土收缩变形越小，反之亦然。当水胶比固定不变时，胶凝材料用量反映了水泥浆和骨料的

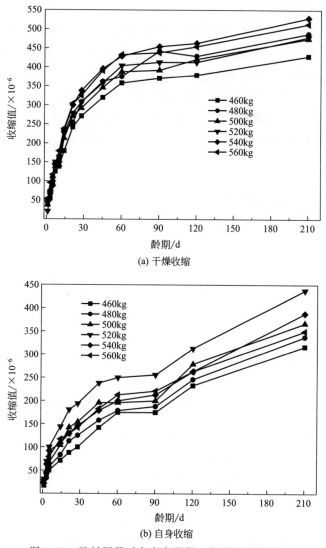

图 4.51 胶材用量对自密实混凝土收缩变形的影响

比例,即浆骨比,胶凝材料用量越高,浆骨比越大,混凝土收缩变形越大。90d 前自密实混凝土自身收缩变形占干缩变形的 50%,随着龄期延长,自身收缩变形占干缩变形的比例进一步增加,210d 自身收缩值占其干缩值比例上升为 74%。由此可见,对于自密实混凝土而言,应严格控制其干缩变形,尤其是对自身收缩变形的控制。增加胶凝材料用量对改善混凝土拌合物工作效果显著,但从自密实混凝土体积稳定性考虑,还是应限制胶凝材料的用量。

$$S_c = S_p (1-\alpha)^n \tag{4-8}$$

式中 S_c——混凝土收缩;

S_p——浆体收缩;

α——骨料体积分数;

n——经验系数。

(3) 粗骨料最大粒径

为保证自密实混凝土获得高的流动性和间隙通过性,配合比设计的选材中应控制粗骨料最大粒径;但从提高自密实混凝土材料的体积稳定性而言,增大粗骨料最大粒径,提高粗骨料体积含量,利用骨料相互间的刚性骨架作用,能降低自密实混凝土的收缩,有利于提高其体积稳定性。自密实混凝土层结构空间有限,且中间设置一层钢筋网片,为提高填充材料的流动能力和钢筋穿越能力,在配制自密实混凝土时应控制粗骨料最大粒径。研究了骨料最大粒径对自密实混凝土收缩变形的影响规律,试验结果如图 4.52 所示。

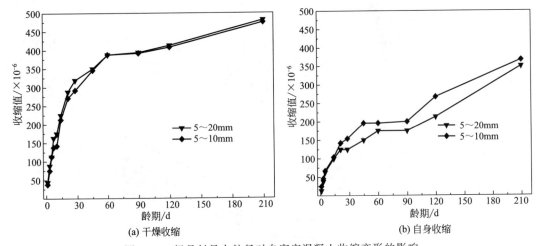

图 4.52 粗骨料最大粒径对自密实混凝土收缩变形的影响

粗骨料粒径对自密实混凝土干缩变形的影响很小,基本可以忽略;而对自身收缩变形则影响稍微明显,粗骨料最大粒径由 20mm 降低至 10mm,各龄期自身收缩变形增加 5%~25%。粗骨料粒径减小,相当于增加了体系的浆体含量,削弱了粗骨料对水泥浆体收缩的约束能力,加大了收缩变形。考虑到板式无砟轨道现场的施工工况,岔区自密实混凝土层结构厚度为 180mm 左右,CRTSⅢ型板式无砟轨道自密实混凝土层厚度 100mm,且有一层钢筋网片,因此,自密实混凝土用粗骨料粒径以不超过 16mm 为宜。

(4) 细骨料细度模数

图 4.53 是两种细度模数河砂的颗粒级配曲线。细骨料细度模数表征细骨料中粗细颗粒含量的多少,细度模数为 1.9 的河砂在 0.16~2.5mm 范围内颗粒含量远高于细度模数为 2.7 的河砂,特别是在 0.315mm 这一级,两种河砂的筛余量相差达 35%,这表明细度模数 1.9 的河砂中细颗粒含量高。

图 4.54 为细度模数对自密实混凝土收缩性能的影响。细骨料细度模数由 2.7 降低至 1.9,其干缩变形值增加量最大(150d),为 31×10^{-6},增幅约 6%,说明细度模数变化对自密实混凝土干缩变形影响较小。另外,结合表 4.11 拌合物性能测试结果可以看到,虽然细度模数对自密实混凝土干缩变形影响很小,但自密实混凝土的流动性和填充性却有明显影响,细度模数的降低可大大改善混凝土拌合物工作性能。在细骨料总用量不变的情况下,细度模数的降低意味着水泥砂浆浆体含量的增加,虽然这有利于改善自密实混凝土拌合物的流动性能,但随着浆体含量的增加,粗骨料间的间距可能增大。

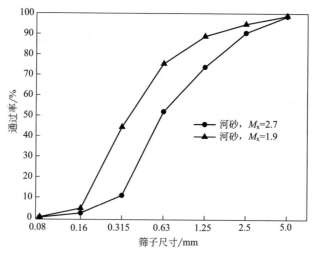

图 4.53 两种细骨料的颗粒级配曲线

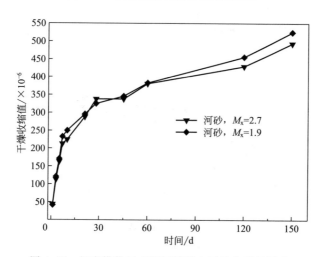

图 4.54 细度模数对充填层混凝土干缩变形的影响

表 4.11 自密实混凝土拌合物性能

序号	坍落度 /mm	坍落扩展度 /mm	含气量 /%	t_{500} /s	L 形 H_2/H_1
S1	265	670	2.6	5.0	0.90
S3	267	720	2.2	6.4	0.92

（5）功能型外加剂

图 4.55 所示是功能型外加剂对自密实混凝土硬化体收缩变形的影响。由图可知，功能型外加剂的掺入对自密实混凝土硬化体收缩变形未有明显影响，掺加功能型外加剂自密实混凝土各龄期干缩变形和自身收缩变形与基准混凝土基本相同。

（6）水胶比的影响

图 4.56 所示是水胶比不同时（单方用水量相同）自密实混凝土的干缩变形，图 4.57 所示是水胶比相同时（单方用水量不同）的自密实混凝土的干缩变形。

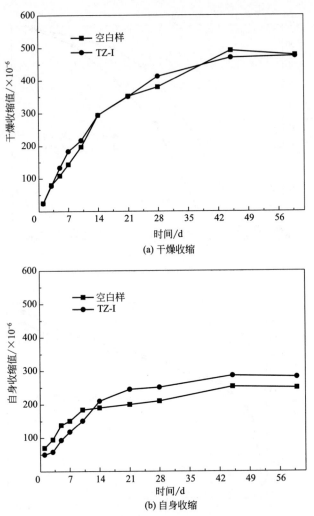

图 4.55 功能型外加剂对自密实混凝土收缩变形的影响

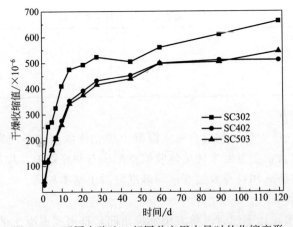

图 4.56 不同水胶比、相同单方用水量时的收缩变形

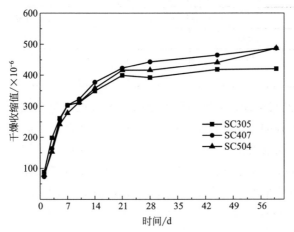

图 4.57　相同水胶比（$W/B=0.30$）、不同单方用水量时的收缩变形

对于三组不同胶凝材料用量的自密实混凝土，采用相同水胶比和不同水胶比（但单方用水量相同），各组自密实混凝土的干缩变形表现出明显的不同。如图 4.56 所示，三组混凝土均采用相同的单方用水量（180kg/m³），混凝土的干缩变形表现为胶凝材料用量越大，收缩变形越小；相反，胶凝材料用量越小，其收缩变形越大，图中 SC302 强度等级混凝土干缩变形大大高于 SC402 和 SC503 混凝土。在相同单方用水量的情况下，胶凝材料用量越大，其水胶比越低，水泥硬化体中毛细孔更小，内部水分向外散失更加困难；当水胶比很低时，未水化的水泥颗粒多，对于干燥收缩是有抑制作用的。由图 4.57 可知，当水胶比相同时，三组混凝土干缩变形表现为相近。

4.6　自密实混凝土的耐久性能

由于不同的配合比设计和缺少振捣，自密实混凝土的耐久性能可能与传统振捣混凝土不同。Bertil Persson 系统研究了石灰石粉对自密实混凝土氯离子扩散系数、抗冻性、盐冻剥落和抗硫酸盐侵蚀性能的影响。所用水泥和石灰石粉等量时，自密实混凝土与传统振捣混凝土氯离子扩散系数相当；降低自密实混凝土氯离子扩散系数的有效的技术途径是添加 5% 的硅灰，含气量相当的自密实混凝土与传统振捣混凝土抗盐冻性能相当，石灰石粉对自密实混凝土的 300 次抗冻性能与 450 天的硫酸盐侵蚀没有明显的影响[44]。RILEM 专门成立了自密实混凝土耐久性委员会（TC 205-DSC）总结分析自密实混凝土的耐久性，并于 2007 年形成了自密实混凝土耐久性的报告[60,61]。

4.6.1　抗氯离子渗透性能

自密实混凝土处于底座板和轨道板之间，其所处环境相对较好，一般不存在严重的腐蚀介质，但考虑其在结构中的重要性，其耐久性能仍然不容忽视。试验研究了自密实混凝土的抗氯离子渗透性能，以间接表征自密实混凝土的抗渗性，测试结果见表 4.12。

表 4.12　不同自密实混凝土抗氯离子渗透能力

编号	电通量/C		氯离子扩散系数/($\times 10^{-12}\mathrm{m}^2/\mathrm{s}$)	
	28d	56d	28d	56d
SC21	1469	388	10.9	9.7
SC22	1502	391	11.8	10.3

由表 4.12 试验结果可知，两组自密实混凝土 56d 电通量分别为 388C 和 391C，表明自密实混凝土具有很好的抗氯离子渗透能力。其原因是自密实混凝土中掺入了大量粉煤灰，其长期火山灰作用效果在测试结果中也体现得非常明显，两组自密实混凝土 56d 电通量仅为 28d 的 26% 左右，降低幅度达 74%。氯离子扩散系数也随着龄期的延长而降低，但降低的幅度没有电通量大。混凝土氯离子渗透性能试验结果表明：

① 评价传统振捣混凝土氯离子渗透性的电学测试方法（如电通量、氯离子扩散系数）适用于自密实混凝土氯离子渗透性的检测。

② 自密实混凝土的氯离子渗透性能受水泥种类以及矿物掺合料的影响很大，随着矿物掺合料的增加，自密实混凝土的氯离子扩散系数[如图 4.58(a) 所示]和电通量[如图 4.58(b) 所示]显著降低。由于矿渣对氯离子的固化作用，矿渣水泥制备的自密实混凝土的氯离子扩散系数最小。水胶比同为 0.38 的混凝土，掺加矿物掺合料可以显著降低自密实混凝土的电通量，三掺技术降低的幅度最大。

③ 当水胶比相同时，自密实混凝土的氯离子渗透性与传统振捣混凝土无明显的差别。但也有研究当水胶比为 0.5 时，自密实混凝土氯离子渗透性与传统振捣混凝土相当，但当水胶比为 0.4 时，自密实混凝土氯离子渗透性高于相应的振捣混凝土，后来发现其原因是在自密实混凝土中石灰石粉分布不均所致。

④ 由于电化学测试方法与混凝土中浆体体积、孔溶液离子组成、离子对氯离子的固化能力密切相关，解释自密实混凝土电化学测试结果时一定要注意。

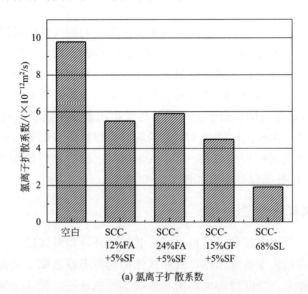

(a) 氯离子扩散系数

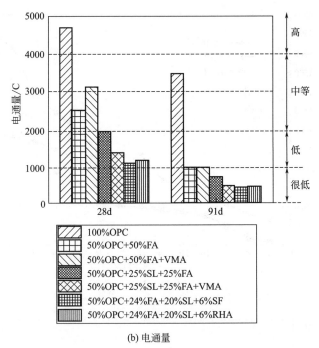

(b) 电通量

图 4.58 自密实混凝土氯离子渗透性

4.6.2 抗盐冻性能

自密实混凝土处于底座板和轨道板之间，仅纵向两个侧面暴露于大气环境中，在低温环境中可能会受到冰冻的侵蚀破坏。与其他受冻部位不同，自密实混凝土暴露于大气中的侧面一般不会浸泡于水中，可能的冻融破坏形式多为剥落型冻融破坏，该破坏形式采用盐冻测试方法表征更有效。因此，对比研究了自密实混凝土抗盐冻破坏和抗水冻融循环破坏性能试验。图 4.59 所示是不同配合比自密实混凝土 28d 抗盐冻试验结果。由结果可知，掺功能型黏度改性材料的自密实混凝土，其 28d 龄期抗盐冻能力要强于未掺的基准自密实混凝土。与《普通混凝土长期性能和耐久性能试验方法标准》（GB/T 50082—2009）对混凝土 28 次抗盐冻性能规定相比，掺黏度改性材料自密实混凝土 28 次盐冻单位面积剥落量不足 $1000g/m^2$，远小于国标 $1500g/m^2$ 的规定，而基准自充填混凝土 28 次盐冻剥落量则高于国标要求，接近 $2500g/m^2$。黏度改性材料的掺入改善了自密实混凝土内部孔结构分布，能在一定程度上提高自密实混凝土的密实性，从而提高其抗盐冻性能。

4.6.3 抗水冻性能

图 4.60 所示是不同自密实混凝土抗水冻融性能的影响结果，各组混凝土经受住了 350 次冻融循环的考验。结合拌合物性能可知，功能型黏度改性材料具有一定的引气作用，掺入后能够起到引气和细化气泡的作用，从而提高充填层混凝土的抗冻性能。

表 4.13 中所列是对三组自密实混凝土试件气泡间距系数的测试结果。由结果可知，掺黏度改性材料的自密实混凝土单位体积内气泡个数较未掺的显著增加，增幅最高的

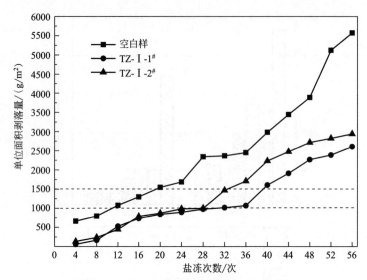

图 4.59　自密实混凝土抗盐冻性能（28d）

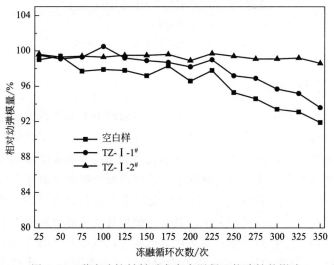

图 4.60　黏度改性材料对自密实混凝土抗冻性的影响

TZ-Ⅰ-1#较 TZ-Ⅰ-2#组增大 365%。同时，掺黏度改性材料混凝土的气泡间距系数也较未掺混凝土显著减小。

表 4.13　自密实混凝土气泡间距系数

编号	28d/μm				气泡个数 (1cm³)
	单个值			平均值	
空白样	436	473	470	460	758
TZ-Ⅰ-1#	270	298	277	282	2767
TZ-Ⅰ-2#	390	389	350	376	1416

从混凝土冰冻破坏机理可知，影响混凝土抗冻性的主要因素是内部气泡的数量、分布和气泡直径。均匀分布在混凝土内部的大量微小细气泡，可以容纳自由水的迁移，缓和静水压力，提高混凝土抗冻融能力。TZ-Ⅰ型黏度改性材料掺入自密实混凝土后，可细化气泡和使气泡更加稳定、均匀地分布于拌合物内。其提高自密实混凝土抗冻性的机理可用"滞点反馈"机理来解释：每个气泡所处的位置都像个"滞渗点"一样，孔隙内的非结晶水绕过微气泡向冰晶体聚积的同时，必遭到"滞渗点"的阻碍，冰晶体的生长也就受到了抑制。气泡在冰体成长产生膨胀压力的同时朝着与水分子流向相反的方向偏移、变形，其结果就会把毛细通道封堵得更为严密，更有效地起到抑制冰晶体生长的作用。其次，由于引气产生的大量微小气泡通常为准封闭气孔，即使在混凝土处于水饱和状态时也不会完全充水，使混凝土结构中存在许多均匀分布的微小空间。在冻融循环作用下，混凝土中的毛细孔水冻结膨胀，封闭气孔可以作为膨胀空间，起到"消能器"的作用，缓解了对水泥石的压力，同时还可以降低和延缓其他物理膨胀（如盐结晶时的结晶压）和化学反应膨胀引起的混凝土破坏。再次，混凝土孔隙内的水分，其相转变温度（冰点）与孔径大小有关，孔径越小，溶点越低。同时水在孔隙内冻结过程中的相转变温度远低于融化过程中的相转变温度，这是因为水在负温条件下结冰时只有晶核存在才能迅速形成冰晶，而纯水内部形成晶核的概率与其体积大小有关，体积越小，其内部形成晶核的概率越小。这样在混凝土细小孔隙中的水在低于冰点的温度下有可能形不成晶核而不结冰，成为不稳定的过冷水状态。引气剂的使用隔断了混凝土内部大量的连通孔隙，使得孔隙中的水分在冻结过程中产生过冷现象，使其冰点降低而减轻混凝土的受冻破坏。另外，混凝土中的气泡阻断了毛细孔的连通性，提高了混凝土的抗水渗透性。因此，当混凝土中引入适量的气泡时，混凝土的抗冻性能大大提高。

抗冻性能是衡量混凝土综合耐久性的一项重要指标，对于处于寒冷冰冻地区，且会频繁接触水的混凝土结构，抗冻问题是其所需重点解决的问题。京沪高速铁路从北京至上海，其北段的很大一部分线路在冬季均面临受冻问题，对于岔区充填层自密实混凝土而言，其外伸部分正好处于与水接触且容易积水的位置。因此，要求自密实混凝土必须具有很好的抗冻融破坏能力。另外，盘营客专铁路和沈丹客专铁路全线处于严寒地区，其充填层所使用的自密实混凝土，都应该将抗冻性作为一项关键指标来控制。为此，研究了自密实混凝土的极限抗冻性。

图 4.61 为自密实混凝土极限抗冻性结果。由图可知，自密实混凝土表现出良好的抗冻融破坏性能，经受了 1125 次冻融循环试验后才发生失效，其抗冻融循环能力大大高于《铁路混凝土结构耐久性设计规范》（TB 10005—2010）中所规定的处于严重冻融环境 D4 下，设计使用寿命 100 年的混凝土结构的抗冻指标要求（≥F450）。在冻融循环次数达到 925 次时，自密实混凝土试件相对动弹性模量仍保持在 90% 以上，质量损失率为 3.6%；经过 1100 次冻融循环后，其相对动弹性模量仍然有 71.5%，质量损失率为 4.46%；最终在经过 1125 次冻融循环试验后，自密实混凝土试件相对动弹性模量才降低到 60% 以下，为 55.3%，质量损失率为 4.57%。试验结果表明，经过合理制备的自密实混凝土具有优异的抗冻融循环破坏能力。

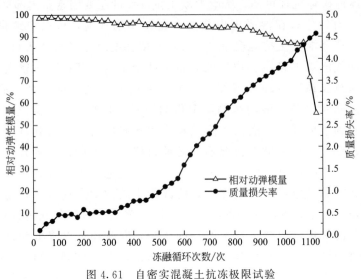

图 4.61 自密实混凝土抗冻极限试验

4.7 自密实混凝土配合比参数要求

4.7.1 自密实混凝土配合比组成耐久性要求

(1) 氯离子含量

混凝土中氯离子含量是指混凝土中各种原材料带进混凝土的氯离子总量。当氯离子含量在钢筋周围达到某一临界值时，钢筋的钝化膜开始破坏，丧失对钢筋的保护作用，钢筋开始锈蚀。在氯盐环境下，环境中的氯离子会不断地渗入到混凝土内部，聚集到钢筋表面，导致钢筋锈蚀，因此，这就要求混凝土原材料中的氯离子含量应尽可能小。对于预应力混凝土结构，由于预应力筋对氯盐腐蚀非常敏感，更容易发生腐蚀，应该更严格控制混凝土中氯离子含量。为保证混凝土的耐久性，规范中对钢筋混凝土和预应力混凝土的氯离子含量限值分别提出要求。关于引起钢筋锈蚀的氯离子临界值，目前尚未有明确的量值，较为统一的认识是占胶凝材料质量的 0.35%~1%。也有规范是用每方混凝土中氯离子含量来限制，如日本土木学会编写的《混凝土标准规范》规定，对于一般钢筋混凝土和后张预应力混凝土，混凝土中氯离子总量应小于 $0.6 kg/m^3$；对于耐久性要求特别高的钢筋混凝土和后张预应力混凝土，在可能发生盐害和电腐蚀的场合以及采用先张预应力混凝土的场合，混凝土中氯离子总量应小于 $0.3 kg/m^3$。日本《预拌混凝土》(JIS 5308)规定，在卸货地点，混凝土的氯离子含量必须小于 $0.3 kg/m^3$；但在得到购货者同意时，可在 $0.6 kg/m^3$ 以下。美国《固定式离岸混凝土结构设计与施工指南》(ACI 357)规定：混凝土拌合物中可溶性氯离子总含量不得超过胶凝材料质量的 0.1%（钢筋混凝土）和 0.06%（预应力混凝土）。

高速铁路无砟轨道结构用自密实混凝土为钢筋混凝土结构，其氯离子总含量应不大于胶凝材料总量的 0.10%。

(2) 碱含量

采用活性骨料进行混凝土生产时，必须采取技术措施降低碱-骨料发生反应的风险。措施之一是严格控制混凝土的总碱含量，措施之二是掺加矿物掺合料。对于活性较大（快速砂浆棒膨胀率在 0.10%～0.30%）的骨料，可通过控制混凝土的总碱含量和掺加矿物掺合料两种措施降低风险；不得使用活性很大（快速砂浆棒膨胀率在 0.30%以上）的骨料。自密实混凝土的碱含量应不大于 $3.0 kg/m^3$。

(3) 三氧化硫含量

当混凝土中存在过量硫酸根离子（SO_4^{2-}）时，硫酸根离子可与剩余的铝酸三钙（C_3A）和水发生反应，延迟生成体积膨胀的钙矾石，导致硬化混凝土开裂，这一反应也被称为内部硫酸盐腐蚀。防止钙矾石延迟生成的主要途径是降低养护温度，限制水泥中三氧化硫（SO_3）和 C_3A 含量，避免混凝土在使用阶段与水接触。为避免混凝土中内部硫酸盐腐蚀，自密实混凝土的三氧化硫含量不应超过胶凝材料总量的 4.0%。

4.7.2 自密实混凝土配合比参数要求

由于原材料品质的差异，自密实混凝土配合比参数可能相差较大。然而，对于大部分原材料而言，自密实混凝土配合比关键参数的限值如下：粗骨料体积为混凝土体积的 30%～40%，明显少于正常工作性能混凝土的骨料体积 40%～45%。水粉比（体积比）为 0.8～1.2，当使用黏度改性剂来提高混凝土的黏度时，水粉比的值接近该范围的上限。当没有使用黏度改性剂时，自密实混凝土的单方用水量为 155～175 kg/m^3，使用黏度改性剂时，单方用水量可以达 200 kg/m^3。自密实混凝土中浆体的量为 34%～40%，砂浆中细骨料的体积为 40%～50%。根据以上限值，自密实混凝土的单方用量范围为：粗骨料 750～920 kg/m^3、细骨料 710～900 kg/m^3、粉体 450～600 kg/m^3、水 150～200 kg/m^3[61]。Domone[30] 对 68 种自密实混凝土实例研究可知，自密实混凝土的配合比变化范围广泛，粗骨料体积占 28%～38%，浆体体积占 30%～42%，粉体的量为 445～605 kg/m^3，水粉比为 0.26～0.48，细骨料占砂浆体积的 38%～54%，骨料的最大粒径为 16～20mm。

不同国家的自密实混凝土规范大多给出了配合比设计参数范围。日本不同研究单位给出的自密实混凝土配合比参数建议值如表 4.14 所示，日本将自密实混凝土先分为粉体系、黏度系和复合系三类，然后再给出适用于三种 U 形箱使用的自密实混凝土配合比参数建议值[26,27]。《自密实混凝土规范与指南》（EFNARC 2002）规定自密实混凝土的配合比参数如表 4.15 所示[24]。2006 年颁布的《欧洲自密实混凝土指南》中给出了自密实混凝土配合比的典型范围，按体积比和质量比，如表 4.16 所示[21]。《水工自密实混凝土技术规程》（DL/T 5720—2015）根据骨料最大粒径不同分别给出配合比参数，当骨料最大粒径为 10mm 时，混凝土中粗骨料体积为 0.260～0.330m^3、用水量为 165～195 kg/m^3；当骨料最大粒径为 20mm 时，混凝土中粗骨料体积为 0.280～0.350m^3、用水量为 155～185 kg/m^3；当骨料最大粒径为 40mm 时，混凝土中粗骨料体积为 0.300～0.370m^3、用水量为 150～180 kg/m^3。另外，水粉比（体积比）宜取 0.80～1.15；单位体积粉体量宜为 0.13～0.23m^3；单体体积浆体量宜为 0.29～0.40m^3。《核电厂自密实应用技术规程》（NB/T 20339—2015）规定：水胶比宜小于 0.45，胶凝材料用量宜控制在 400～550 kg/m^3，单位体积混凝土中粗骨料体积根据不同性能指标Ⅰ级、Ⅱ级和Ⅲ级分别确定,分别为 $0.28\sim0.30m^3$、$0.30\sim0.33m^3$ 和 $0.32\sim0.35m^3$。

表 4.14 日本各研究单位对自密实混凝土配合比的建议参数

材料	条件	资料来源
粗骨料	松散体积:$0.5m^3$	冈村甫
	单位绝对体积(m^3/m^3):$D_{max}=20\sim25mm$ 粉体系:$0.28\sim0.30(R1)$、$0.30\sim0.33(R2)$、$0.32\sim0.35(R3)$ 并用系:$0.28\sim0.30(R1)$、$0.30\sim0.33(R2)$、$0.32\sim0.35(R3)$	日本土木工程学会
	单位粗骨料用量 $0.3\sim0.35m^3/m^3$	日本建筑学会
细骨料	砂浆中细骨料(大于75μm)所占体积$(S_c/M)=0.4$	冈村甫
	砂浆中细骨料(大于75μm)所占体积$(S_c/M)=0.4\sim0.47$	日本土木学会(粉体系)
	单位体积扣除粗骨料、含气量体积和必要的粉体体积剩余。颗粒过粗易导致浮浆、过细则流动性易受含水量变化影响。细度模数 FM=2.5~3.0	日本土木学会(其他)
	砂浆中细骨料(大于75μm)所占体积$(S_c/M)=0.48\sim0.52$	日本建筑学会
水胶比 W/B	0.85 约束水胶比(B_p)	冈村甫
	$0.85\sim1.15$(体积比)、$0.28\sim0.37$(质量比)	日本土木学会(粉体系)
	使用性(强度、耐久性)和工作性需求	日本土木学会(并用系)
水	由水粉体积比推算	冈村甫
	$155\sim175kg/m^3$ 由流动性和抗分离性所决定	日本土木学会 (粉体系和并用系)
	$160\sim185kg/m^3$	日本建筑学会
粉体	由水粉体积比推算	冈村甫
	$0.16\sim0.19m^3/m^3$ 矿物掺合料最大取代率:粉煤灰30%;矿渣粉70%;粉煤灰(FA)+矿渣粉(SG)=FA/30+SG/70<1;硅灰15%	日本土木学会(粉体系)
	由单位用水量和水胶比决定,但未达到良好的充填性时,单位粉体量要 $0.13m^3/m^3$ 以上	日本土木学会(并用系)
	矿物掺合料最大取代率:粉煤灰20%;矿渣粉60%;硅灰15%	日本建筑学会
含气量	依实际需求或耐久性条件而定,耐冻融需要 4.5%	日本土木学会
	4%~7%。普通场合:4.5%;严重冻融:5.5%	日本预拌混凝土工会

注:B_p 为约束水胶比,以水泥砂浆流动性试验决定。

表 4.15 《自密实混凝土规范与指南》(EFNARC 2002)规定配合比参数

项目	范围
粗骨料(体积分数)/%	28%~35%,<50
水粉比(体积比)	0.8~1.0
单位粉体用量/(kg/m³)	400~600
单位用水量/(kg/m³)	<200
砂浆中砂的比例(体积比)/%	>40

续表

项目	范围
浆体中砂的比例(体积比)/%	<50
砂率/%	>50
浆体所占比例/%	>40
砂的用量	平衡其他组分的量

表 4.16 《欧洲自密实混凝土指南》中规定配合比典型范围

组成	典型质量范围/(kg/m³)	典型体积范围/(L/m³)
粉体	380~600	
浆体		300~380
水	150~210	150~210
粗骨料	750~1000	270~360
细骨料(砂)	其掺量来平衡其他组成组分的体积,典型的砂率为48%~55%	
水粉比(体积)		0.85~1.10

美国 ACI 237R 总结了粉体用量范围以及自密实配合比试配参数,如表 4.17[56] 所示。

表 4.17 美国 ACI 237R 总结的粉体用量范围以及自密实配合比试配参数

项目	范围
单位粉体用量/(kg/m³)	335~385(扩展度<550mm);385~445(扩展度 550~600mm);458+(扩展度>650mm)
骨料绝对体积/%	28~32(骨料最大粒径大于 12mm);当骨料粒径为 10mm 时,可以达到 50
浆体比例(体积比)/%	34~40
砂浆比例(体积比)/%	68~72
典型水胶比	0.32~0.45
典型粉体的用量/(kg/m³)	386~475,粉体用量少时添加 VMA

《自密实混凝土应用技术规程》(CECS 203:2006)[22] 和《自密实混凝土设计与施工指南》(CCES 02—2004)[5] 规定的自密实混凝土配合比参数如表 4.18 所示。

表 4.18 自密实混凝土配合比典型范围

参数	《自密实混凝土应用技术规程》CECS	《自密实混凝土设计与施工指南》	《自密实混凝土应用技术规程》JGJ/T 283
粗骨料松散体积		0.5~0.6m³	
粗骨料绝对体积	一级:0.28~0.30m³; 二级:0.30~0.33m³; 三级:0.32~0.35m³		SF1 0.32~0.35m³; SF2 0.30~0.33m³; SF3 0.28~0.30m³
单位体积粉体的量	0.16~0.23m³		
单位体积浆体的量	0.32~0.40m³		

续表

参数	《自密实混凝土应用技术规程》CECS	《自密实混凝土设计与施工指南》	《自密实混凝土应用技术规程》JGJ/T 283
砂浆中砂体积		$0.42 \sim 0.44 m^3$	
胶凝材料用量		$450 \sim 550 kg/m^3$	$400 \sim 550 kg/m^3$
单方用水量	$155 \sim 180 kg$	<200kg,高耐久性宜小于175kg	
水粉比(体积)	$0.85 \sim 1.15$		
水胶比			宜小于0.45
含气量	$1.5\% \sim 4.0\%$		

注：本表中参数骨料的最大粒径不宜大于20mm。

根据我国铁路工程原材料状况以及实际施工情况，提出高速铁路 CRTSⅢ型板式无砟轨道自密实混凝土的配合比参数如下[57]。对于高速铁路其他结构部位使用的自密实混凝土的配合比参数可以根据性能要求、施工条件以及结构部位等适当调整。

① 胶凝材料用量宜小于$580kg/m^3$；

② 单方用水量不宜大于180kg；

③ 自密实混凝土单位体积浆体的量宜为$0.30 \sim 0.40 m^3$。

4.8 新型自密实混凝土材料

4.8.1 高强自密实混凝土

自密实混凝土制备技术途径为：技术路线一，采用P.Ⅱ52.5水泥，添加超细矿渣粉和粉煤灰；技术路线二，采用P.O42.5水泥，添加硅灰、玻璃微珠、粉煤灰，设计了不同配比的C60的自密实混凝土，具体配合比参数如表4.19所示。其中，通过调整减水剂和引气剂掺量，将混凝土的坍落扩展度控制在680mm±20mm，含气量控制在5%±1%。

表4.19 高强度自密实混凝土配合比 单位：kg/m³

配比编号	水泥	粉煤灰	矿渣粉	硅灰	微珠	超细矿粉	膨胀剂	砂	石	水	减水剂	引气剂	水胶比
1	291	132	80	26	—	—	—	795	837	148.4	3.51	0.10	0.28
2	291	106	80	26	—	—	26	795	837	148.4	6.01	0.098	0.28
3	291	106	80	—	26	—	26	795	837	148.4	4.84	0.07	0.28
4	291	80	80	—	53	—	26	795	837	148.4	5.41	0.063	0.28
5	291	106	80	—	26	26	—	795	837	148.4	5.59	0.075	0.28
6	291	80	80	—	—	53	26	795	837	148.4	5.28	0.055	0.28

自密实混凝土的工作性能与含气量如表4.20所示。在外加剂掺量调整的情况下，混凝土的工作状态良好，能达到自密实混凝土工作性能的相关要求。其中，1h扩展度普遍大于初始扩展度20~30mm，这与使用的减水剂中含有保坍成分有关。

表 4.20　自密实混凝土的工作性能与含气量

配比编号	初始扩展度/mm	1h经时扩展度/mm	t_{500}/s	含气量/%
1	680	695	5.00	4.5
2	665	680	5.90	5.3
3	685	700	4.34	5.0
4	660	685	4.65	5.4
5	685	710	5.00	4.3
6	675	690	4.94	4.5

自密实混凝土 1d、3d、7d、28d、56d 抗压强度和 1d、28d 抗折强度以及 28d 静力受压弹性模量值如表 4.21 所示。不同配合比自密实混凝土抗压强度随着龄期延长而持续增长；所有配合比中 56d 强度均大于 60MPa，但配比 2 和 3 在 28d 时的强度未达到 60MPa。掺加硅灰但不掺膨胀剂的配比 1 前期强度较大，反映了硅灰对早期强度有一定的帮助作用。但是掺硅灰又掺膨胀剂的配比 2 抗折抗压强度都较其他配比低。配比 3 和 4 的强度发展基本一致，表明微珠和粉煤灰对强度的贡献基本一致，但 1d 强度表明微珠掺量多 1d 强度小。配比 5 和 6 表明掺加超细矿粉能较大地增强自密实混凝土的强度，但存在最佳掺量。

表 4.21　不同配比自密实混凝土的力学性能　　　　单位：MPa

配比编号	抗压强度					抗折		弹性模量
	1d	3d	7d	28d	56d	1d	28d	28d
1	24.98	40.7	49.7	69.7	73.8	3.79	8.11	36600
2	20.9	31.9	40.0	47.4	60.2	2.51	7.50	33200
3	25.9	39.4	50.1	59.1	77.3	2.93	7.80	36600
4	18.2	39.0	51.7	61.8	77.5	2.74	10.56	38700
5	22.4	47.7	60.3	71.6	92.3	2.86	11.08	42500
6	21.3	49.5	55.3	66.4	76.3	3.54	10.39	45000

测定混凝土试件在大气环境中且与盐接触的条件下，经受 28 次冻融循环后，表面剥落量和超声波相对动弹性模量的值如表 4.22 所示。图 4.62 抗盐冻剥蚀性能最好的是配比 1 和配比 2，配比 4 的抗盐冻性能相对较差。但是各配比的自密实混凝土 28 次冻融循环剥落量远小于自密实混凝土暂行技术条件中 $1000g/m^2$ 的限定值，而且以相对动弹性模量为评价标准可以明显看出各个配比的抗盐冻性能较好。各组自密实混凝土均具有较高的抗盐冻性能的原因在于：①混凝土中有一定的含气量，能缓解混凝土孔隙水结冰造成的冻胀压力；②混凝土中掺加了较多的扩物掺合料，能够改善水泥浆体的孔隙结构，增加硬化体的密实度，提高混凝土抗冻性能。

表 4.22　自密实混凝土抗盐冻性能

配比编号	28次冻融循环剥落量/(g/m^2)	相对动弹性模量/%
1	25.0	98.5
2	60	98.8
3	76	98.1
4	620	98.7
5	149	99.0
6	172	98.7

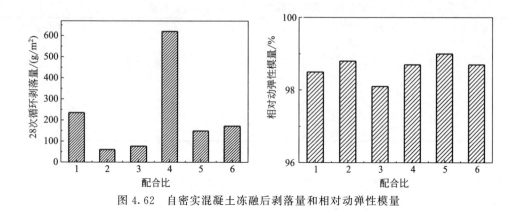

图 4.62 自密实混凝土冻融后剥落量和相对动弹性模量

4.8.2 高聚物自充填混凝土

高聚物自充填混凝土是采用干料和液料双组分。液料为高聚物乳液稀释水溶液,并包含高性能减水剂和消泡剂等多种组分,石子采用试验现场 5～10mm 连续级配碎石。通过调节液料用量控制拌合物流动性,通过调节消泡剂用量控制拌合物含气量,为同时保证自密实混凝土的流动性与稳定性,最终将拌合物坍落扩展度调节至 660mm,含气量调节至 5.6%。调整层材料配合比如表 4.23 所示。调整层材料出机坍落扩展度测试如图 4.63 所示[62,63]。

表 4.23 调整层材料配合比 单位:kg/m³

干料	液料	石子	消泡剂
1330	220	920	0.06

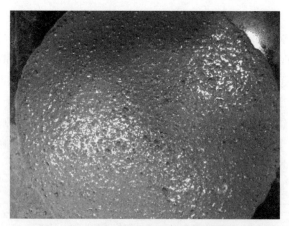

图 4.63 调整层材料出机坍落扩展度测试

成型高聚物自充填混凝土 3d、7d、28d、56d 抗压强度试件,并分别置于标准养护条件和灌板试验同条件下进行养护。两种养护条件下混凝土试件各龄期强度如图 4.64 所示。由图可知,两种养护条件下试件 7d 抗压强度均大于 20MPa,56d 抗压强度均大于 40MPa。

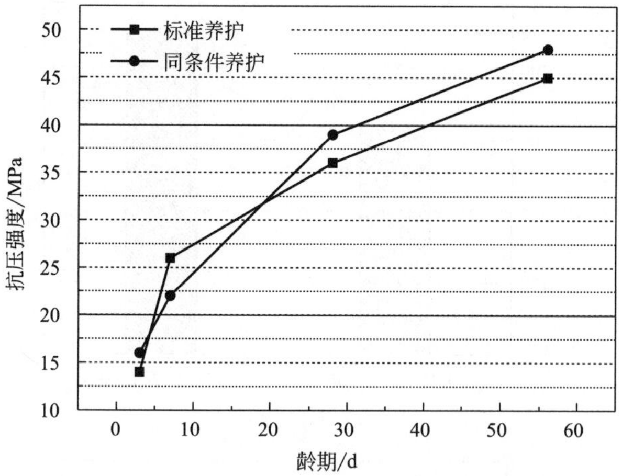

图 4.64 高聚物自充填混凝土抗压强度

此外，现场灌板试验过程中同时成型了 56d 弹性模量试件，并分别置于标准条件和灌板试验同条件下进行养护。两种养护条件下试件 56d 龄期弹性模量如图 4.65 所示。由图可见，标准养护条件下试件 56d 弹性模量高于同条件养护试件弹性模量，但均小于 36GPa。

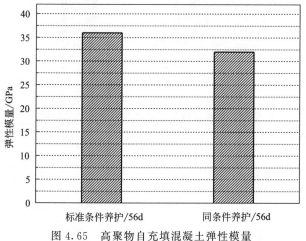

图 4.65 高聚物自充填混凝土弹性模量

现场灌板试验过程中同时成型了 56d 电通量和氯离子迁移系数试验试件，并分别置于标准条件和灌板试验同条件下进行养护。两种养护条件下试件 56d 龄期电通量和氯离子迁移系数如图 4.66 所示。标准条件下养护的试件 56d 电通量小于同条件下养护的试件，氯离子迁移系数则相反。高聚物自密实混凝土具有比常用自密实混凝土更好的抗氯离子渗透性。

高聚物自充填混凝土在中俄同江铁路特大桥钢桁梁无砟轨道得到应用。根据钢桁梁无砟轨道调整层结构特征、所处气候条件、可施工条件等，提出高聚物自充填混凝土建议指标，如表 4.24 所示。

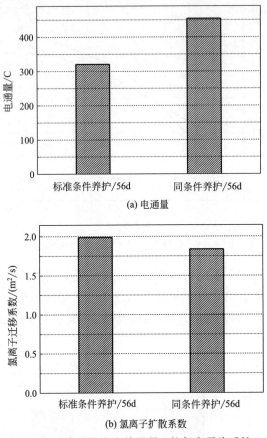

(a) 电通量

(b) 氯离子扩散系数

图 4.66 高聚物自充填混凝土抗氯离子渗透性

表 4.24 调整层用高聚物自充填混凝土性能指标

参数指标			技术要求
施工性能	出机扩展度		670~710mm
	30min 扩展度		≥630mm
	t_{500}		3~8s
	含气量		5.0%~8.0%
	泌水率		0%
力学性能	抗压强度	7d	≥20MPa
		56d	≥40MPa
	弹性模量(56d)		≤35GPa
黏结性能	黏结强度(28d)		≥2.0MPa
体积稳定	干燥收缩(56d)		≤400×10^{-6}
耐久性能	56d 电通量		≤800C
	56d 抗盐冻性(28 次)		剥落量≤500g/m², 相对动弹性模量损失≥80%

调整层高聚物自充填混凝土所需水泥、外加剂、碎石及拌合用水通过轨道平板车运到搅拌机旁，采用 1 台 0.5m³ 强制搅拌机拌制，为了避免污染轨道板，拌制时在板上铺一层土工布，一次灌注 10 块板。灌注完成后再精调下 10 块板后立模灌注混凝土。由 12 人组织一个混凝土灌注小组，P1960 轨道板有 6 个连接螺栓孔，用每侧中间的螺栓孔为灌浆孔，上边安放灌浆漏斗和套管，其余的 4 个螺栓孔用临时钢垫片（旁边开 ϕ20mm 的圆孔作为灌注时的通气孔和观察孔）通过螺栓封死。在混凝土溢出通气孔后立即用塞子把通气孔塞死，灌浆套管内的混凝土应高出轨道面 400mm 作为保压压力，在混凝土灌注完 2h 后取下套管，人工清理螺栓孔表面多余的混凝土与轨道板顶面相平。灌注过程如图 4.67 所示，灌注后效果如图 4.68 所示。工程实践表明，高聚物自充填混凝土适合于钢桁梁无砟轨道调整层，工程应用效果良好，实现了高聚物自充填混凝土在无砟轨道结构中的应用。

(a) 灌注料斗　　　　　　　　　　　　(b) 观察孔

图 4.67　高聚物自充填混凝土灌注过程状态

图 4.68　灌注后调整层外观

参 考 文 献

[1] Hajime O. Self-Compacting High-Performance Concrete [J]. Concrete International, 1997, 19 (7): 50-54.
[2] 吴中伟, 廉慧珍. 高性能混凝土 [M]. 北京: 中国铁道出版社, 1999.
[3] 陈建奎, 王栋民. 高性能混凝土 (HPC) 配合比设计新法——全计算法 [J]. 硅酸盐学报, 2000, 28 (2): 194-198.
[4] 姜德民, 高振林. 高性能自密实混凝土的配合比设计 [J]. 北方工业大学学报, 2001, 13 (3): 89-91.
[5] 余志武, 郑建岚, 谢友均, 等. CCES02 自密实混凝土设计与施工指南 [M]. 北京: 中国建筑工业出版社, 2004.
[6] 吴红娟. 自密实混凝土配合比设计方法研究 [D]. 天津: 天津大学, 2005.
[7] 傅沛兴, 贺奎. 自密实混凝土的配合比设计 [J]. 建筑技术, 2007, 38 (1): 49-52.
[8] 王海娜. 自密实混凝土的骨料比表面法配合比设计及其基本性能研究 [D]. 杭州: 浙江大学, 2007.
[9] Su N, Hsu K C, Chai H W. A simple mix design method for self-compacting concrete [J]. Cement & Concrete Research, 2001, 31 (12): 1799-1807.
[10] Saak A W, Jennings H M, Shah S P. New Methodology for Designing Self-Compacting Concrete [J]. ACI Materials Journal, 2001, 98 (6): 429-439.
[11] Domone P. Mortar tests for material selection and mix design of SCC [J]. Concrete International, 2006, 28 (4): 39-45.
[12] 赵国堂, 李化建. 高速铁路高性能混凝土应用管理技术 [M]. 北京: 中国铁道出版社, 2009.
[13] 余志武, 潘志宏, 谢友均, 等. 浅谈自密实高性能混凝土配合比的计算方法 [J]. 混凝土, 2004 (1): 54-57.
[14] 陈春珍, 张金喜, 陈炜林, 等. 自密实混凝土配合比设计方法适用性的研究 [J]. 混凝土, 2009 (12): 83-86.
[15] Bui V K. Application of minimum paste volume method in designing cost-effect self-consolidating concrete—an experience in New Zealand [C]. First North American Conference on the Design and Use of Self-Consolidating Concrete, Chicago, IL: ACBM, 2002: 127-132.
[16] F D L. Concrete mixture proportioning: a scientific approach [M]. CRC Press, 1999.
[17] Roshavelov T T. Concrete mixture proportioning with optimal dry packing [C]. Proceedings of the First International RILEM Symposium on Self-Compacting Concrete, Stockholm, Sweden, 1999: 385-396.
[18] Kennedy C T. The design of concrete mixes [J]. Journal of the American Concrete Institute, 1940, 36: 373-400.
[19] Gomes P C C, Gettu R, Agullo L, et, al. Experimental optimization of high-strength self-compacting concrete [C]. Proceedings of the Second International Symposium on Self-Compacting Concrete, 2001: 377-386.
[20] Mørtsell E M M, Smeplass S. A particle-matrix model for prediction of workability of concrete [C]. Rilem Proceedings, 1996: 429-438.
[21] BIBM, CEMBUREAU, ERMCO, EFCA, EFNARC. The European Guidelines for Self-Compacting Concrete [S]. 2005.
[22] 高延继, 安雪晖, 赵霄龙, 等. CECS 203 自密实混凝土应用技术规程 [S]. 2006.
[23] Koehler E P, Fowler D W. ICAR Mixture Proportioning Procedure for Self-Consolidating Concrete [J]. Self Compacting Concrete, 2007.
[24] EFNARC. Guidelines for viscosity modifying admixtures for concrete [S]. 2006.
[25] Hajime Okamura M O. Self-Compacting Concrete [J]. Journal of Advanced Concrete Technology, 2003, 1: 5-15.
[26] Japan Society of Civil Engineer (JSCE). Recommendation for Self-Compacting concrete [S]. 1999.
[27] 郑振定, 颜志钦. 自充填混凝土施工监造指引 [M]. 台北: 财团法人中兴工程顾问社, 2006.

[28] 谢永江，李化建，等. 铁路混凝土结构耐久性设计规范 [S]. 2011.

[29] 安雪晖，黄绵松，大内雅博等. 自密实混凝土技术手册 [M]. 北京：中国水利水电出版社，知识产权出版社，2008.

[30] Domone P L. Self-compacting concrete：An analysis of 11 years of case studies [J]. Cement & Concrete Composites，2006，28（2）：197-208.

[31] Li Huajian，Huang Fali，Xie Yongjiang，et al. Effect of water-powder retio on shear thickening response of SCC [J]. Construction and Building Materials，2017，13：585-591.

[32] 李化建，黄法礼，程冠之，等. 水粉比对自密实混凝土剪切变形行为的影响 [J]. 建筑材料学报，2017，20（1）：30-35.

[33] Wallevik J E. Relationship between the Bingham parameters and slump [J]. Cement and Concrete Research，2006，36（7）：1214-1221.

[34] Roussel N. Correlation between Yield Stress and Slump：Comparison between Numerical Simulations and Concrete Rheometers Results [J]. Materials & Structures，2006，39（4）：501-509.

[35] Khayat K H. Effects of antiwashout admixtures on fresh concrete properties [J]. ACI Materials Journal，2015，92（2）：164-171.

[36] Huang Fali，L Huajian i，Yi Zhonglai，et al. The rehological properties of self-compacting concrete contaning superplasticizer and air-entraining agent [J]. Construction and Building Materials，2018，166：833-838.

[37] Ferraris C F. Report on Measurements of Workability and Rheology of Fresh Concrete [R]. American Concrete Institute，2008.

[38] Seng C K. Workability and stability of lightweight aggregate concrete from rheology perspective [D]. Singapore：National University of Singapore，2006.

[39] 陈健中. 减水剂对新拌水泥砂浆和混凝土的流变性能的影响 [J]. 建筑材料学报，1989，（3）：93-99.

[40] Barnes H A. Shear-Thickening（"Dilatancy"）in Suspensions of Non-aggregating Solid Particles Dispersed in Newtonian Liquids [J]. Journal of Rheology，1989，33（2）：329-366.

[41] Rahman M A. Effect of Geometry, Gap, and Surface Friction of Test Accessory on Measured Rheological Properties of Cement Paste [J]. Aci Materials Journal，2003，100（4）：331-339.

[42] 211.1-91 A. Standard practice for selecting proportions for normal, heavyweight, and mass concrete [R]. 2009.

[43] Yammine J，Chaouche M，Guerinet M，et al. From ordinary rhelogy concrete to self compacting concrete：A transition between frictional and hydrodynamic interactions [J]. Cement & Concrete Research，2008，38（7）：890-896.

[44] Persson, Bertil. Assessment of the chloride migration coefficient, internal frost resistance, salt frost scaling and sulphate resistance of self-compacting concrete：with some interrelated properties [J]. New England Journal of Medicine，2001，537（2）：302-7.

[45] 李化建. 严寒地区大体积混凝土防治裂缝技术研究 [R]. 2012.

[46] 胡江，黄佳木，李化建，等. 掺合料混凝土抗冻性能及气泡特征参数的研究 [J]. 铁道建筑，2009（6）：124-127.

[47] Monteiro P J M，Mehta P K. Concrete：Microstructure, Properties and Materials [J]. McGraw-Hill Professional，2006，13（4）：499-499.

[48] 赵军，高丹盈. 高性能自密实混凝土的力学及变形性能试验研究 [J]. 中外公路，2006，26（2）：161-165.

[49] 李化建，黄法礼，谭盐宾，等. 自密实混凝土力学性能研究 [J]. 硅酸盐通报，2016，35（5）：1343-1348.

[50] 郭成举. 混凝土的物理和化学 [M]. 北京：中国铁道出版社，2004.

[51] Reinhardt H W，Stegmaier M. Influence of heat curing on the pore structure and compressive strength of self-compacting concrete（SCC）[J]. Cement & Concrete Research，2006，36（5）：879-885.

[52] Domone P L. A review of the hardened mechanical properties of self-compacting concrete [J]. Cement & Concrete Composites, 2007, 29 (1): 1-12.

[53] Felekoğlu B, Türkel S, Baradan B. Effect of water/cement ratio on the fresh and hardened properties of self-compacting concrete [J]. Building & Environment, 2007, 42 (4): 1795-1802.

[54] 谢友均, 周士琼, 尹健, 等. 免振高性能混凝土力学性能及耐久性研究 [J]. 建筑材料学报, 2000, 3 (2): 118-123.

[55] Skettrup E U L, Miehlbradt M, et al. CEB-FIP Model 1990: design code [S]. 1993.

[56] 中华人民共和国建设部. GB 50010—2002 混凝土结构设计规范 [S]. 北京: 中国建筑工业出版社, 2002.

[57] 胡琼, 颜伟华, 郑文忠. 自密实混凝土基本力学性能试验研究 [J]. 工业建筑, 2008, 38 (10): 90-93.

[58] Tan Yanbin, Xie Yongjiang, Li Huajian, et al. Research on properties of self-compacting concrete used in filling layer of high speed railway slab ballastless track [J]. Proceedings of the Fifth North American Conference on the Design and Use of Self-Consolidating Concrete, 2013.

[59] 谭盐宾, 赵健, 李化建, 等. 高速铁路板式无砟轨道充填层混凝土收缩变形特性研究 [J]. 混凝土, 2011, 3: 125-128.

[60] Committee R T. Final report of RILEM TC 205-DSC: durability of self-compacting concrete [J]. Materials & Structures, 2008, 41 (2): 225-233.

[61] Schutter G D. RILEM TC 205 Durability of Self-Compacting Concrete [R]. 2007.

[62] 李化建, 黄法礼, 易忠来, 等. 一种用于钢桁梁无砟轨道充填层的高聚物自充填混凝土 [P]. 201711192232.1, 2017.

[63] 郭郦. 钢桁梁套轨线路板式无砟轨道结构技术研究 [R]. 天津: 中国铁路设计集团有限公司, 2017.

5

高速铁路自密实混凝土生产质量控制技术

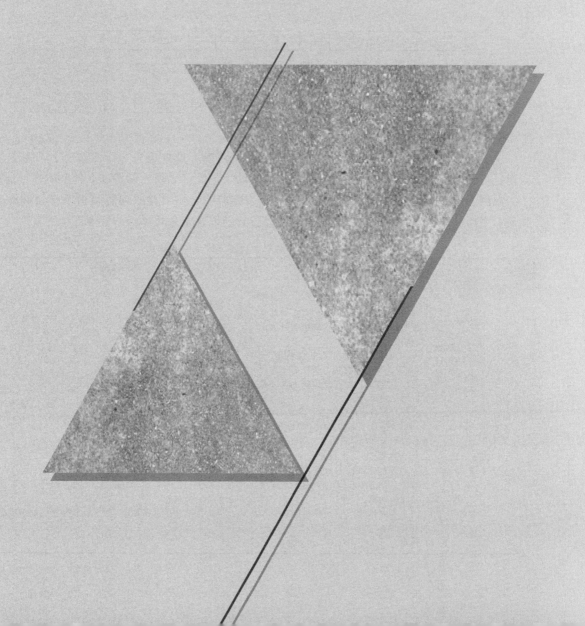

自密实混凝土免振捣施工提高了混凝土的施工速度、降低了混凝土施工噪声、改善了工人的施工环境，可以说是混凝土文明施工的一次革命。由于自密实混凝土对原材料和温度的高度敏感性，自密实混凝土在原材料管理和生产关键参数与传统振捣混凝土有所差异。自密实混凝土原材料管理涵盖原材料的均质性管理和储存管理；自密实混凝土生产关键参数包括加料顺序、搅拌时间、搅拌频率等。本章重点介绍自密实混凝土生产过程的控制要点，重点强调能够控制自密实混凝土性能敏感性的质量控制要点。

5.1 自密实混凝土的生产

自密实混凝土与高性能混凝土的生产过程基本相同，生产过程如图5.1所示[1]。

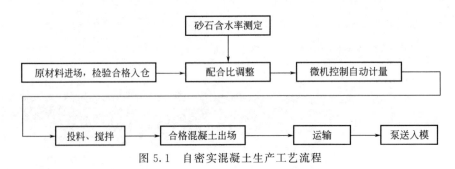

图 5.1 自密实混凝土生产工艺流程

自密实混凝土生产质量受原材料波动、计量精度、搅拌设备（设备类型、功率与转速）等方面的影响，要确保自密实混凝土质量的均匀性，必须控制好以上各个环节。自密实混凝土搅拌站验收时，可按表5.1进行检查和验收，主要验收内容包括原材料储存管理、生产设备管理、运输设备管理、试验设备管理以及信息化系统的管理等。

表 5.1 自密实混凝土搅拌站检查验收要点

项目		检验内容	注意事项
原材料储存设备	胶凝材料、惰性矿物掺合料	□胶凝材料或惰性矿物掺合料储存料仓必须明显标示其厂家类型及检验状态，并有适当管制措施以防止进料错误。 □不同类型的水泥、粉煤灰、矿渣粉、硅灰等胶凝材料与惰性矿物掺合料应分开储存，且整体设施上无可能混用之通道。 □仓储数量应满足生产要求的量。 □要综合考虑膨胀剂、黏度改性材料等粉体外加剂用仓	1. 进料口是否上锁？钥匙如何管理？ 2. 搅拌站使用的水泥、粉煤灰、矿渣粉、硅灰等胶凝材料与惰性矿物掺合料共有几种？胶凝材料与惰性矿物掺合料有几个储仓？是否足够使用？还要考虑膨胀剂、黏度改性材料等粉体外加剂用仓。 3. 按照胶凝材料及惰性矿物掺合料之进料、输送、储存至出料管道的次序，依次检查进料口、输送管、储存仓、提升机、螺旋输送机、计量仓等，观察其中是否有造成不同粉料相混的可能。 4. 在储仓扬尘点安装收尘器
	粗、细骨料	□骨料进料控制室最好设有监视器等监控设备，以利掌握骨料之存量及卸料状况。 □不同料源及不同粒级的骨料须分开堆放于干净、地面经硬化的储仓。	1. 骨料输送带是否加盖？输送带进库开口是否设雨棚以防雨水吹入料仓？ 2. 骨料隔仓顶的回转输送带的刮泥板是否能刮净湿砂以防污染其他料仓？

续表

项目		检验内容	注意事项
原材料储存设备	粗、细骨料	□备用骨料堆置区须设有防雨、防晒等设施,地面应为坚实且排水良好的混凝土面。 □骨料储存及运送设备需设置遮阳设施且能防止雨水侵入及粉尘污染	3.骨料储仓的隔板高度是否足够?以免造成混料。骨料堆置是否有分离现象? 4.查核时应至料仓顶部,观察是否有混料或污染情况? 5.场地是否硬化,排水是否畅通? 6.是否有骨料含泥清洗设备? 7.是否有筛分设备
	水	□水槽应有防污染、防晒遮盖,避免污染及水温过高。 □应有冰水设备或降温设施	1.冰水设备之能量是否足够使用? 2.冰水设备之水温显示器功能是否正常? 3.冰水输送管是否施以良好的保温覆盖? 4.液态氮冷却装置可相当于冰水降温设备。 5.厂内应有回收水沉淀池
	外加剂	□不同外加剂应分开储存、标示清楚且不得混用。 □储存装置应密闭并加设遮阳设备,以防雨水及杂物侵入而发生变质。 □液体外加剂储存桶应具有搅拌设备,以防沉淀	1.观察外加剂的进料、储存、运送及计量管道,是否有相混的可能? 2.搅拌设备的搅拌功率是否能够满足外加剂的均化要求? 3.搅拌设备的搅拌参数,如搅拌功率以及搅拌时间等
配料及计量设备		□水泥、矿物掺合料、惰性矿物掺合料以质量计量时,需备用专用称量槽,不可与其他材料混用,精度为±1%。 □膨胀剂、黏度改性材料等粉体外加剂的计量精度为±1%。 □外加剂以容积或重量计量,不同类型外加剂应分别置于不同量筒内计量,精度为±1%。 □计量器的构造需能卸料彻底且无附着物。 □计量设备的磅秤准确度应在各称量装置称量范围之±0.4%内,磅秤装置应能随时归零。 □磅秤灵敏度不低于标称容量之0.1%,且应定期检测磅秤对计量桶内残留值之灵敏度。 □拌合用水计量槽的水阀应能完全紧闭,且须检查通往拌合机的输水管路不应漏水。 □水的计量应可分段计量排放,控制其精度为±1%。 □砂、石(较小粒料)应有含水率波动补正的自动调整功能。 □宜设有砂、石含水率(表面水)测定器	1.粉煤灰、矿渣粉等应设置独立的储存、输送及计量设备,不得与水泥共用。 2.记录搅拌站现有胶凝材料及惰性矿物掺合料共有几种?如何分配及调整粉体料仓的使用? 3.检查骨料、胶凝材料及惰性矿物掺合料之计量桶是否有残留物?是否定期加以清理?以免影响计量准确性及产生附着物瞬间掉落而影响配比准确性之情形发生。 4.细骨料、胶凝材料及惰性矿物掺合料计量桶上应设置振动器,以免计量时有材料黏附于斜壁及角落上。 5.计量器的净载重于每1/4容量范围内各测试一次,其准确度应为其最大容量之±0.4%。 6.检查骨料表面含水率波动补正功能是否正确? 7.检查砂含水量测定器是否正确(可实际取样对比)

续表

项目	检验内容	注意事项
搅拌设备	□搅拌机应使用符合国家标准规定《建筑施工机械与设备 混凝土搅拌站（楼）》GB 10171—2016 的搅拌机。 □应装有计时装置，未达指定拌合时间，无法进行卸料。 □应装有摄像装备，能够清洗看到自密实混凝土的状态。 □搅拌设备应是全自动控制操作，并能与计量拌合时间同步显示及打印下述资料： 1. 拌合混凝土的配比代号。 2. 拌合混凝土的日期及时间。 3. 该盘混凝土各种材料的设定用量及实际计量值。 4. 显示各种原材料之使用种类和实际用量。 5. 各种材料计量之误差值。	1. 计量搅拌设备生产记录的电脑报表需为同步打印。 2. 混凝土生产前，观察操作台面板上之液晶读数、电脑荧幕、电脑报表及混凝土送货单，对比四者之各项材料重量等数据是否相符
运输设备	□应具有经过校验之地磅。 □雨天时，预拌车进料口应有防止雨水渗入之装置	1. 预拌车外观应整洁。 2. 应用冬天防冻设备和夏天防晒设备
试验设备	□搅拌站实验室应至少具备下列仪器： 坍落度仪、带有圆环标记的底板、L形仪、J环、筛分析仪、温度计等自密实混凝土工作性能测试专用设备。其他设备与混凝土要求相同	1. 各项仪器之性能、精度与数量是否符合要求？ 2. 是否设置仪器柜存放精密仪器？ 3. 试件养护水是否有二对角点的温度记录
信息化系统	□搅拌站应采用计算机系统控制，实现配料、称量生产工艺自动化。 □搅拌站所有数据应能随机打印或储存在计算机内，以备统计分析、查阅或拷贝。 □搅拌站计算机软件应设置管理权限，不得随意更改，确保数据的准确性。 □搅拌站计算机在条件允许时，可与拌合站试验信息系统实现联网、监控和信息共享	1. 搅拌站数据是否能上传、打印和储存？ 2. 搅拌站计算机软件是否有管理权限设置 3. 搅拌站信息能上传至铁路工程信息化管理平台

5.1.1 自密实混凝土性能要求与控制

（1）自密实混凝土性能要求

自密实混凝土性能要求由结构形式、配筋情况、施工工艺等所决定，不同等级要求的自密实混凝土适用于不同的结构或施工情况。表 5.2 所示是《欧洲自密实混凝土指南》规定的不同坍落扩展度等级自密实混凝土的适用范围，将自密实混凝土分为四个等级，大于 850mm 等级很少应用，因此表中没有列出。SF3 比 SF2 在垂直构件应用上有较好的表面效果，但抗离析性能较难控制[2]。Daczko 等提出了适用于不同配筋率、结构复杂程度、构件深度或长度、墙的厚度、表面装饰效果重要性、粗骨料体积、浇筑能量的自密实混凝土性能要求,该要求也是按照自密实混凝土的扩展度进行分类,将自密实混凝土分为三个等级,如表5.3所示。应尽量避免在表中灰色区域选择混凝土扩展度,该分类被美国混凝土协会引用[3]。美国对自密实混凝土扩展度要求较低,事实上当扩展度小于550mm时,自密实混凝土需要稍微振捣才能达到自密实[4]。

表 5.2 不同坍落扩展度等级混凝土的适用范围

坍落扩展度等级	SF1(550~650mm)	SF2(660~750mm)	SF3(760~850mm)
适用范围	不配筋或少量配筋的混凝土结构,从上部浇筑且可以自由移动浇筑点(房屋板)、采用喷射的隧道衬砌,能够防止长距离水平流动的小构件(柱、深基础)	许多一般性构件(墙、柱)	密配筋的垂直构件、复杂形状的结构或充填封闭式模板空间中

注:SF3等级自密实混凝土必须采用最大粒径小于16mm的骨料,当自密实混凝土扩展度目标值超过850mm时,最大骨料粒径应小于12mm。

表 5.3 不同结构特征对自密实混凝土坍落扩展度目标值的需求

项目		坍落扩展度		
		<550mm	550~650mm	>650mm
构件特征	配筋率 低	□	□	■
	配筋率 中	■	□	□
	配筋率 高	■	■	□
	构件形状复杂程度 低	□	□	■
	构件形状复杂程度 中	■	□	□
	构件形状复杂程度 高	■	■	□
	构件深度 低	□	□	■
	构件深度 中	□	□	□
	构件深度 高	■	□	□
	构件长度 低	□	□	■
	构件长度 中	■	□	□
	构件长度 高	■	□	□
	表面装饰要求 低	□	□	■
	表面装饰要求 中	■	□	□
	表面装饰要求 高	■	□	□
	墙的厚度 低	□	□	■
	墙的厚度 中	□	□	□
	墙的厚度 高	■	□	□
	粗骨料含量 低	□	□	■
	粗骨料含量 中	□	□	□
	粗骨料含量 高	■	□	□
	浇筑能量 低	■	□	□
	浇筑能量 中	■	□	□
	浇筑能量 高	□	□	■

注:当混凝土扩展度小于550mm时需要轻微振捣。

《自密实混凝土设计与施工指南》[5] 按照扩展度（SF）、L形仪通过率和U形仪填充高差将自密实混凝土分为Ⅰ级和Ⅱ级两个等级，并指出了不同等级自密实混凝土的适用范围。对于密集配筋构件或厚度小于100mm的混凝土加固工程，应采用拌合物工作性能满足Ⅰ级指标要求的自密实混凝土，即：650mm≤扩展度≤750mm；对于钢筋最小净距超过粗骨料最大粒径5倍的混凝土构件或钢管混凝土构件，应采用拌合物工作性能满足Ⅱ级指标要求的自密实混凝土，即：550mm≤扩展度≤650mm。《自密实混凝土应用技术规程》[6] 按照扩展度、U形仪的钢筋间距（格栅型障碍Ⅰ型、Ⅱ型、无障碍）、t_{500}和V形漏斗流出时间将自密实混凝土分为一级、二级和三级三个等级。一级适用于钢筋的最小净间距为35~60mm、结构形状复杂、构件断面尺寸小的钢筋混凝土结构物及构件的浇筑；二级适用于钢筋的最小净间距为60~200mm的钢筋混凝土结构物及构件的浇筑；三级适用于钢筋的最小净间距200mm以上、断面尺寸大、配筋量少的钢筋混凝土结构物及构件的浇筑，以及无筋结构物的浇筑。

有学者从流动度、黏度和抗离析性能等方面，给出了不同等级自密实混凝土的应用范围，如表5.4所示，但该表没有考虑配筋情况、几何尺寸、施工方法以及所用原材料的特征[2]。Constaintiner和Daczko等提出了不同性能等级自密实混凝土适用的范围，如表5.5所示[7]。

表5.4 不同等级自密实混凝土应用范围

黏度	项目			抗离析/通过能力
VS2 VF2	斜坡			规定通过能力为SF1和SF2
VS1或者VS2 VF1或者VF2 或目标值	墙和柱		高的和细长的结构	SF3等级且规定抗离析能力SR
VS1 VF1		地面和板		SF2和SF3等级且规定抗离析能力
	SF1	SF2	SF3	
	坍落流动度			

表5.5 不同构件特征适用的自密实混凝土拌合物性能限值

项目		坍落扩展度			t_{500}			L形仪(H_2/H_1)			V形漏斗		
		<560mm	560~660mm	>660mm	<3s	3~5s	>5s	<75%	75%~90%	>90%	<6s	6~10s	>10s
配筋率	低						■						■
	中		■			■			■			■	
	高			■	■					■	■		
形状复杂程度	低	■					■	■					■
	中		■			■			■			■	
	高			■	■					■	■		

续表

项目		坍落扩展度			t_{500}			L形仪(H_2/H_1)			V形漏斗		
		<560 mm	560~660mm	>660 mm	<3s	3~5s	>5s	<75%	75%~90%	>90%	<6s	6~10s	>10s
单元深度	低												
	中												
	高					■					■		
表面装饰重要性	低												
	中		■									■	
	高	■											
单元长度	低												
	中		■						■			■	
	高	■											
墙的厚度	低	■											■
	中												
	高												
粗骨料含量	低												
	中												
	高												
浇筑能量	低	■							■				■
	中												
	高					■					■		

自密实混凝土的适用范围受很多因素影响,当设计使用自密实混凝土时,应根据工程结构具体情况、工况条件、施工方式等具体确定。高速铁路工程使用最为广泛的是 CRTS Ⅱ 型板式无砟轨道岔区充填层以及 CRTS Ⅲ 型板式无砟轨道自密实混凝土层。两者工况条件、施工方法基本一致,但两者最大的差别如表 5.6 所示。目前铁路行业仅编制针对板式无砟轨道的《高速铁路 CRTS Ⅲ 型板式无砟轨道自密实混凝土》标准规范,其他结构用自密实混凝土尚缺少相关规定。

表 5.6　CRTS Ⅱ 型板式无砟轨道岔区与 CRTS Ⅲ 型板式无砟轨道充填层异同

项目	CRTS Ⅱ 型板式无砟轨道岔区	CRTS Ⅲ 型板式无砟轨道
流动基础	支承层(C15 干硬性混凝土)	设有土工布隔离层的底座(土工布)
结构尺寸	道岔板尺寸各异	轨道板尺寸一致
阻碍方式	钢筋网片、绝缘卡子、垫块、防裂钢筋网(露出道岔板的部分)	门型钢筋、钢筋网片、垫块、绝缘卡子、底座凹槽等
材料供应	车站区、可集中供应	分散分布
流动基础平整度	平整	有直线段和曲线段,曲线段最大超高达 175mm

（2）控制要求

自密实混凝土工作性能受取样、检测装备以及操作水平等因素的影响，工作性能检测值波动较大。为控制自密实混凝土性能质量的稳定性，提出不同工作性能的控制指标如表 5.7 所示。

表 5.7 自密实混凝土工作性能目标值的容忍值

性能指标	单个测试结果的容忍值
坍落扩展度	±30mm
t_{500}	±1s
V 形漏斗流出时间	±3s（目标值小于 9s）
J 环高度	±2mm
L 形仪	±0.1
含气量	±1.0%

5.1.2 自密实混凝土原材料管理

自密实混凝土对原材料波动具有敏感性，应加强对自密实混凝土用原材料的管理。自密实混凝土可能比传统振捣混凝土使用更多的粉体材料，除了使用水泥、粉煤灰、矿渣粉外，还可能添加膨胀剂、石灰石粉等粉体材料，应确保搅拌站有足够的筒仓储存粉体材料。图 5.2 为自密实混凝土拌合站，通常应有五个以上盛放粉体的筒仓。自密实混凝土原材料进厂（场）后，应对原材料的品种、规格、数量以及质量证明书等进行验收核查，并按有关标准的规定取样和复验。经检验合格的原材料方可使用。对于检验不合格的原材料，应按有关规定清除出厂（场）。自密实混凝土用原材料的料源应固定，不同批次原材料的品质应基本一致。施工过程中应加强原材料的均质性控制。自密实混凝土原材料应实

图 5.2 符合自密实混凝土标准化管理要求的拌合站

行专仓专储，储料仓应具备防雨、防水、防晒以及防污染的功能。雨天进场的砂、石，应堆放 2d 后方可使用。

(1) 材料波动

原材料波动对自密实混凝土性能的影响主要体现在工作性能上。原材料波动多为两个方面，一方面是原材料的均质性，如不同批次粉煤灰、矿渣粉等矿物掺合料的烧失量或细度的变化，不同批次减水剂中固含量或减水率的变化；另一方面是原材料含水率的波动，如砂、石等骨料的含水率。不同批次矿物掺合料的细度或烧失量不同，可能导致矿物掺合料需水量不同，在相同用水量的情况下，赋予自密实混凝土工作性能的自由水发生变化，自密实混凝土的工作性能也就不同。砂石骨料的含水率受天气变化、料堆部位等方面的影响，当砂的含水率波动 1% 时，自密实混凝土的单方用水量可能变化 7~9kg，当含水率增加 1% 时，自密实混凝土可能会产生离析泌水，当含水率降低 1% 时，自密实混凝土的坍落扩展度可能满足不了要求。因此，混凝土原材料的波动主要会造成用于自密实混凝土流动性作用水量产生波动，所有影响赋予自密实混凝土流动性自由水的因素都应该严格控制。为了防止原材料均质性的波动对自密实混凝土工作性能产生影响，《欧洲自密实混凝土使用指南》提出了新拌自密实混凝土稳健性（robustness）试验，即在设计好的自密实混凝土配合比中添加或减少 5~10kg/m³ 水，检测自密实混凝土的工作性能是否落到自密实混凝土的目标等级[2]。EFNARC 等编制的《混凝土用黏度改性剂指南》中规定，自密实混凝土拌合物可容忍骨料含水率波动为 1.5%，即多余水量为 10~15kg/m³[8]。为制备出稳健性自密实混凝土，我国《高速铁路 CRTSⅢ型板式无砟轨道自密实混凝土》中规定，黏度改性材料用水量敏感度要≥12kg 水。

① 水泥。水泥性能的波动主要体现在两个方面，其一是不同批次水泥实际强度值的变化，其二是采用普通硅酸盐水泥混合材数量、质量及种类的变化。现在大型水泥厂生产水泥的强度远远超过国家标准的要求，但不同批次水泥实际强度值波动较大。以 P•O42.5 普通硅酸盐水泥为例，两批次水泥都能满足国标规定的强度要求，但可相差 10MPa 以上，如果试配时所用水泥强度较高，所配制混凝土能够满足设计要求，实际施工所用水泥生产混凝土的强度就不一定能保证可以满足设计要求。另外，水泥的温度对自密实混凝土工作性能影响较大，为降低水泥温度对自密实混凝土工作性能的影响，水泥入机温度不宜大于 55℃。水泥入机温度的控制目前还没有得到足够的重视，水泥入机温度过高，自密实混凝土工作性能损失较严重，因此对于以工作性能著称的自密实混凝土而言，水泥入机温度控制显得尤为重要。

② 骨料。骨料性能的波动主要是含水量与含泥量的波动。自密实混凝土从理论配合比到施工配合比，其实就是根据骨料中含水率的波动来调整骨料用量和用水量的过程。骨料含水量不同，需要对用水量进行调整。特别是夏季施工阶段，一天当中骨料含水率就会有很大的波动，对混凝土生产质量控制带来很大难度。骨料的含泥量对外加剂掺量影响较大，外加剂掺量不足将影响自密实混凝土的工作性能。另外，粗骨料堆场不同部位石粉含量的差别也应严格控制。通常而言，粗骨料的含水率宜小于 0.5%，细骨料的含水率宜小于 4%，同一堆中细骨料含水率波动宜控制在±1.5%以内，不同批次细骨料细度模数差异应控制在±0.2。当采用机制砂时，不同批次机制砂石粉含量差异应控制在±2%。

③ 减水剂。高速铁路高性能混凝土主要采用聚羧酸减水剂。聚羧酸减水剂不足之处表现为：与水泥相容性差，同一厂家、同品种不同批次的水泥，其减水率就可能有很大的波动；对砂石料敏感性强，骨料的含泥量以及石粉含量对聚羧酸用量及其拌合物性能影响很大；尽管其引气量很容易满足《铁路混凝土》(非抗冻大于3%，抗冻大于4.5%)的要求，但有些减水剂自身所带气泡的质量不稳定、气泡直径过大。自密实混凝土应用减水剂一定要控制减水剂减水率的一致性以及引气质量。另外，一定要验证减水剂是否会使自密实混凝土后期工作性能产生"返大现象"。

搅拌混凝土前，应严格测定粗细骨料的含水率，准确测定因天气变化而引起的粗细骨料含水率变化，以便及时调整施工配合比。一般情况下，每班抽测2次骨料的含水率，雨天应随时抽测，每4h至少抽测一次，并按测定结果及时调整混凝土施工配合比。也可以采用湿度传感器来检测细骨料的含水率，湿度传感器如图5.3所示[9]。湿度传感器的优点可以连续测量骨料的含水率，可以实现动态在线监测，但是该方法受到传感器安装位置、与传感器接触细骨料的影响，其代表性与人工检测相差较大，因此，应采用两者相结合的方式。

图5.3 细骨料湿度测试传感器

(2) 材料计量

计量准确是确保自密实混凝土生产质量与降低工程成本的核心工作内容，它控制着混凝土拌合物配合比的精度。虽然自密实混凝土的配合比参数多采用体积比，但其生产过程与传统振捣混凝土一样，搅拌站采用重量法来配料，各料仓材料的重量均采用电子秤计量系统分别计量，液体外加剂和拌合用水也可采用流量计计量。赵庆新等在系统研究砂率、粉煤灰掺量、胶集比、单方用水量及外加剂用量波动对自密实混凝土工作性和强度影响的基础上，确定了其投料精度控制范围，得出自密实混凝土对骨料的控制精度要求较高的结论，骨料的控制精度应控制在±0.9%[10]。这说明了砂石骨料在自密实混凝土中的重要性，实际上现在混凝土配合比骨料计量精度很难达到这个要求。

搅拌站的电子秤计量系统，应在使用前由法定计量检定部门进行检定，并签发计量检定合格证明。对于搅拌机的称量系统应定期进行校准，每月不少于1次。称量系统首次使用、停用超过1个月以上、出现异常情况、维修后再次使用前应进行校准。自密实混凝土原材料计量的最大允许偏差应符合下列规定（按重量计）：胶凝材料（水泥、矿物掺合料等）±1％；外加剂±1％；粗、细骨料±2％；拌合用水±1％。自密实混凝土计量允许偏差要求要高于普通混凝土，普通混凝土每盘计量允许偏差和累计计量允许偏差应符合表5.8的规定。

表5.8 混凝土原材料计量允许偏差

序号	原材料品种	水泥	骨料	水	外加剂	掺合料
1	每盘计量允许偏差/％	±2	±3	±2	±2	±2
2	累计计量允许偏差/％	±1	±2	±1	±1	±1

注：累计计量允许偏差是指每一运输车中各盘混凝土的每种材料计量和的偏差。

5.1.3 自密实混凝土搅拌

混凝土混合料的质量决定于原材料品质、配合比精度、搅拌设备的搅拌功率等。当原材料及配合比不变时，搅拌机类型及转速、搅拌时间、投料顺序对混凝土拌合物的质量就有很大影响。搅拌是自密实混凝土制备的关键，其目标是让工程化搅拌机搅拌出的混凝土与实验室的性能相当。基于自密实混凝土高粉体用量、高砂率、低水粉比的特点，为获得目标工作性能，与传统振捣混凝土相比，自密实混凝土对搅拌的要求更高。搅拌的目的之一是使全部骨料颗粒的表面都被水泥浆体包裹，使混凝土中各种组分混合成一种均匀的物质，除了混合之外，搅拌还对混凝土有塑化、强化的作用。混凝土搅拌质量可以用混凝土的匀质性来检验。混凝土匀质性是指混凝土拌合物拌合均匀，颜色一致，没有离析和泌水；混凝土中砂浆密度的相对误差不大于0.8％；单位体积混凝土中粗骨料质量的相对误差不大于5％。自密实混凝土的匀质性可借鉴《混凝土搅拌机》GB/T 9142的试验方法进行试验。

自密实混凝土生产过程中搅拌荷载和搅拌顺序非常重要。自密实混凝土中粉体含量较多，需要合适的方法将自密实混凝土拌合物搅拌均匀。自密实混凝土需要更高的搅拌效率、更长的搅拌时间，将各种原材料充分搅拌。缩短搅拌时间是可行的，但要通过提高搅拌速度来保证搅拌质量。超塑化剂加入混凝土前必须进行稀释，这样可以确保外加剂在混凝土中均匀分散。

（1）搅拌设备

搅拌机是混凝土搅拌的主要设备，也是自密实混凝土获得工作性能的关键，分为自落式和强制式两大类。自落式搅拌机主要利用重力，而强制式搅拌机主要利用叶片施加的机械力。重力的大小和方向都是不能改变的，机械力的大小、方向和作用方式都可根据设计而改变。强制式搅拌机的工作原理是利用叶片回转，迫使物料按预定轨迹运动，从而达到对混凝土搅拌的目的。强制式搅拌机在搅拌过程中克服了物料惯性、摩擦力、黏滞力，强制其产生环向、径向、竖向运动，可在短时间内完成搅拌工作。常用强制式搅拌机分为涡浆式（JW）、行星式（JN）、单卧轴（JD）和双卧轴（JS）四大类。强制式搅拌机比重力式搅拌机更适用于搅拌自密实混凝土。因此，自密实混凝土应采用卧轴式、行星式或逆流式强制搅拌机搅拌。搅拌容量不宜过大或过小，一般以搅拌机容量的70%~80%为宜。

搅拌机应该干净，但不能干燥。搅拌自密实混凝土之前，搅拌传统振捣混凝土，可能造成自密实混凝土性能的不一致，尤其是在两种混凝土所用外加剂不相容的情况下。当自密实混凝土与传统振捣混凝土交替搅拌时，搅拌自密实混凝土加料前应确保搅拌机干净。

当自密实混凝土原材料为预拌干混料或预处理骨料时，可采用专门的移动式搅拌车进行搅拌。移动式搅拌车是以体积作为计量依据的混凝土拌合站，其原理是根据$1m^3$混凝土中各物料所占体积来确定各物料的用量，用细骨料来补充其他材料混合后的体积。根据物料的体积、重量和密度之间的关系制定，即根据不同物料的密度，确定其单位重量相应的体积，最终由不同体积的物料组成相应配合比的混凝土。移动式搅拌车利用该原理，对单位时间（及频率）内的物料（按体积）均匀输送，来作为计量依据。主要物料如粉料、粗骨料、细骨料在同一驱动装置下完成，以此来保证各物料在单位时间内的均匀性和精确性。其中粉料在单位时间（及频率）内是恒定不变的定值，粗骨料及细骨料则根据不同的级配，用以调整其单位体积量来完成。移动搅拌车具有连续计量、连续供料、连续搅拌、连续出料等功效，日本、澳大利亚、德国、美国已大量应用产量$200~500m^3/h$的连续搅拌站，主要应用领域为公路、水工、预制构件、快速抢修、偏远山区、炎热环境等。我国在水工领域、机场跑道等也有应用案例。美国已经颁布混凝土移动式搅拌车的标准《Standard specification for concrete made by volumetric batching and continuous mixing》(ASTM 685/685M—2010)[11]，规范了移动式搅拌车的使用。

(2) 加料顺序与搅拌时间[1]

投料顺序应从提高混凝土拌合物质量及混凝土强度，减少骨料对叶片和衬板的磨损及混凝土混合料与搅拌筒的黏结，减少扬尘改善工作环境，降低电耗及提高生产率等因素综合考虑决定。投料顺序包括一次投料法和二次投料法。一次投料法是指将水泥、砂石、水、外加剂经计量后一次投入搅拌机进行搅拌，搅拌一定时间后出料，形成新拌混凝土，其优点是搅拌程序简单。对于立轴强制式搅拌机，由于出料口在下部，不能先加水，应先投入原料干混一段时间，再加入拌合水搅拌至均匀为止。二次投料是指在能够保证混凝土组分中各物料均匀混合的前提下，利用物料投料量、搅拌顺序对混凝土内部结构形成的影响，综合提高混凝土性能的工艺方法。二次投料法基本流程见图5.4，可归纳为先拌水泥砂浆法、先拌水泥净浆法、水泥裹砂法、净浆裹石法和粗细骨料造壳法5种。按搅拌步骤可分为两步搅拌和三步搅拌。二次投料法的认识是从水泥裹砂法工艺开始的，它通过两阶段加水来制备混凝土，即将砂、石以及部分水搅拌时间t_1后，加水泥搅拌时间t_2，再加剩余水搅拌时间t_3后出料；美国采用高能搅拌法，即先用高速搅拌制备水泥与水的搅拌物，然后加骨料搅拌成混凝土；德国、英国相类似，采用两步投料法，用两台搅拌机或一台搅拌机操作，将水泥、水和砂置于快速搅拌机中高速搅拌，在预拌时间完成后，速度降到正常范围，再将稀浆与粗骨料搅拌。

自密实混凝土搅拌时，宜采用二次搅拌法，即先向搅拌机投入细骨料、粗骨料、水泥、矿物掺合料等，搅拌均匀后，再加入拌合水和外加剂，并继续搅拌至均匀为止。搅拌时间为从原材料全部投入搅拌机搅拌时起，到混凝土混合料开始卸料时为止所经历的时间。最优搅拌时间与搅拌机类型、搅拌机状态、搅拌速度、计量装置、原材料性质以及混

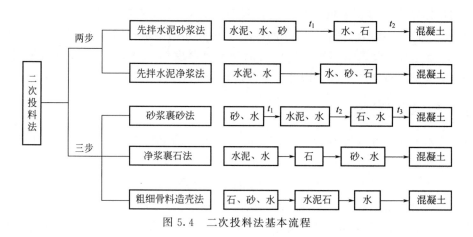

图 5.4 二次投料法基本流程

凝土材料性能要求密切相关。充分搅拌的目的是使混凝土形成均质的混合物，不充分的搅拌不但影响硬化混凝土的强度，还可能在不同批混凝土之间造成较大的质量波动。在特定的工作条件下，混凝土拌合物均质性与搅拌时间有很大关系，搅拌时间太短，混凝土拌合物不均匀；搅拌时间过长，不但不能提高混凝土质量，还可能引起混凝土的离析。自密实混凝土搅拌时间应比传统振捣混凝土长30～90s，上述每一阶段的搅拌时间不宜少于30s，搅拌时间不得少于3min。

（3）特殊气候环境制备自密实混凝土

高温施工时，应控制自密实混凝土入模温度不得高于30℃。生产自密实混凝土原材料最高入机温度应符合表5.9的要求。

表 5.9 原材料最高入机温度

原材料	最高入机温度/℃
水泥、矿物掺合料	50
骨料	30
水	25

冬期施工时，应先经过热工计算，并经试拌确定水和骨料需要预热的最高温度，以保证混凝土的入模温度。应优先采用加热拌合水的预热方法调整拌合物温度，但水的加热温度不宜高于80℃。当加热水还不能满足要求，或骨料中含有冰、雪等杂物时，也可先将骨料进行加热，其加热温度不应高于60℃。水泥、外加剂及矿物掺合料可在使用前运入暖棚进行自然预热，但不得直接加热。冬期施工，自密实混凝土生产时的加料顺序应为，先投入骨料和全部用水量后搅拌30s以上，然后再投入胶凝材料搅拌30s以上，最后加外加剂搅拌45s以上。

5.1.4 工艺性试验

在自密实混凝土上道正式施工之前，应采用实验室提供的配合比、规模生产用原材料以及搅拌站，对自密实混凝土进行工艺性试验，验证自密实混凝土的工作性能是否满足目标施工要求，并留取试样，验证自密实混凝土的硬化体性能是否满足设计要求。工艺试验验证的目标是确定自密实混凝土生产的搅拌参数，固化自密实混凝土生产工艺流程。《欧洲自密实混凝土指南》规定，对于间距小于 60mm 的复杂构件，必须进行实物大模型试验[12]。高速铁路板式无砟轨道自密实混凝土层厚度约 10cm，中间设置有钢筋网片，上下分割的空间厚度小于 5cm，因此，必须进行线下工艺性试验。

5.1.5 现场验收

自密实混凝土的半成品特性，决定了买方和供方确定自密实混凝土交割时间的重要性。自密实混凝土性能尤其是工作性能随时间呈现非线性的演变规律，使自密实混凝土的交割地点不是在搅拌站，而是在施工现场。对于具有高工作性能的自密实混凝土而言，确保其现场的性能满足目标要求尤其关键，这就要求供需双方制定自密实混凝土现场验收方案，方案中应包括每批混凝土目测指标、规定的方法以及承诺的参数等。自密实混凝土工作性能以入模性能验收。

英国混凝土标准（BS EN 206）提出了自密实混凝土工作性能的容许误差。坍落扩展度单个测试的误差为±50mm；t_{500} 单个测试的误差为±1s；V 形漏斗流出时间单个测试的误差为±3s（目标值小于 9s）和±5s（目标值大于等于 9s）[13]。美国标准《自密实混凝土》（ACI 237R—07）规定，每一批自密实混凝土之间的坍落扩展度的差值应小于 50mm[3]。

5.2 搅拌方式对自密实混凝土流变性能的影响

搅拌方式不仅影响生产效率，同样也会影响混凝土生产质量。对于高性能混凝土，因对其拌合物性能要求不高，人们通常忽略搅拌方式对新拌混凝土性能的影响。而自密实混凝土大流动性性能要求和"自密实"的施工特点使得人们更为关注搅拌方式对新拌自密实混凝土性能的影响。本节研究了投料顺序、搅拌时间、搅拌速率等对自密实混凝土剪切作用下流变行为的影响，以期为自密实混凝土的生产过程提供依据[14]。

5.2.1 投料顺序

采用 5 种不同投料顺序制备自密实混凝土，研究投料顺序对自密实混凝土剪切作用下流变行为的影响。自密实混凝土配合比如表 5.10 所示，具体投料顺序如表 5.11 所示。

表 5.10 自密实混凝土配合比　　　　　　　　　　　　　　单位：kg/m³

水泥	粉煤灰	矿渣粉	膨胀剂	VMA	碎石	砂	水胶比	减水剂	引气剂
250	63	159	47	0.78	747	913	0.35	4.75	0.075

表 5.11 自密实混凝土的投料顺序

序号	步骤 01	步骤 02	步骤 03
1	砂,石,粉体[30s]	水,SP[180s]	—
2	砂,石,粉体[30s]	3/4 水[30s]	1/4 水,SP[150s]
3	砂,3/4 水[30s]	粉体[30s]	1/4 水,SP,石[150s]

续表

序号	步骤01	步骤02	步骤03
4	砂,石,3/4水[30s]	粉体[30s]	1/4水,SP[150s]
5	粉体,3/4水[30s]	砂,石[30s]	1/4水,SP[120s]

(1) 投料顺序对自密实混凝土流变性能的影响

采用不同投料顺序获得的自密实混凝土坍落扩展度如图5.5所示。有研究表明，延缓加入减水剂可以改善水泥净浆的流动性，其原因是早期加入减水剂容易导致部分减水剂被水泥早期水化产物包裹，降低了有效减水剂含量，而延缓加入减水剂则可以有效避免这种现象。采用投料顺序2获得的自密实混凝土坍落扩展度较投料顺序1小的原因可能是减水剂加入拌合物后搅拌时间较短，减水剂分散不均匀所致。采用先将砂子与拌合水混合，再加入其他原材料的投料顺序（投料顺序3）会促进砂子吸附大量自由水，导致拌合物坍落扩展度降低。先将砂子、石子与拌合水混合，再投入其他原材料的投料顺序（投料顺序4）会导致骨料吸水量进一步增大，促使拌合物坍落扩展度进一步降低。先将粉体与拌合水混合，再与其他原材料混合（投料顺序5），这样尽管避免了骨料与拌合水的直接接触，能有效防止自由水向骨料界面的富集，有利于提高拌合物的流动性能，但是由于掺入减水剂后搅拌时间过短，导致拌合物坍落扩展度略有降低。投料顺序对自密实混凝土屈服应力的影响如图5.6所示。由图5.6可见，自密实混凝土坍落扩展度越大，相应的屈服应力越小，二者有很好的线性相关关系，如图5.7所示。

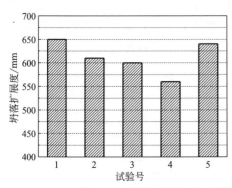

图5.5 投料顺序对自密实混凝土坍落扩展度的影响

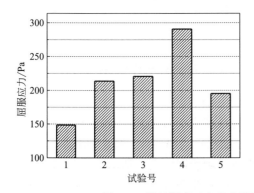

图5.6 投料顺序对自密实混凝土屈服应力的影响

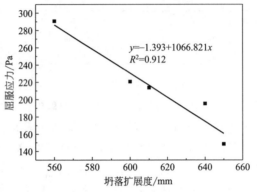

图 5.7　自密实混凝土坍落扩展度与屈服应力的相关性

投料顺序对自密实混凝土塑性黏度的影响如图 5.8 所示。对比采用投料顺序 1 和投料顺序 2 获得的两组自密实混凝土塑性黏度可以发现，采用减水剂后掺法（投料顺序 2）获得的自密实混凝土塑性黏度相对较大，这可能是由于减水剂搅拌时间偏短削弱了减水剂分散效果，导致自由水量减少造成的。采用第三种搅拌方式获得的自密实混凝土塑性黏度进一步增大，这是由于该搅拌方式不仅采用了减水剂后掺法，并且将砂子与拌合水直接接触，因骨料吸水导致自由水含量进一步降低引起的。第四种搅拌方式获得的自密实混凝土塑性黏度明显低于基准值，这是可能是由于在骨料与拌合水共同搅拌的过程中，骨料颗粒之间的相互摩擦、碰撞促使骨料颗粒粒形得以优化，宏观表现为拌合物流动过程中流动阻力减小，拌合物塑性黏度降低。采用第五种搅拌方式获得的自密实混凝土塑性黏度最小，这是先将部分水与粉体材料混合得到低水胶比的浆体材料可以大幅度减小骨料对拌合水的吸附，相应增加了自由水含量。

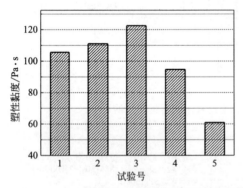

图 5.8　投料顺序对自密实混凝土塑性黏度的影响

（2）投料顺序对自密实混凝土剪切变形行为的影响

图 5.9(a) 是采用 H-B 模型拟合得到的自密实混凝土流变曲线，由图 5.9(a) 可见，采用不同投料方式获得的自密实混凝土流变曲线均为凹曲线，即表现出剪切变稠行为。采用改进 Bingham 模型对测试数据进行拟合可得到相同结论，如图 5.9(b) 所示。投料顺序对流变指数 n 和 c/μ 值的影响分别如图 5.9(c) 和图 5.9(d) 所示。由上述两幅图可见，

采用1、2、5三种搅拌方式获得的自密实混凝土剪切变稠现象相对较为突出，采用3、4两种搅拌方式获得的自密实混凝土剪切变稠现象相对较弱。

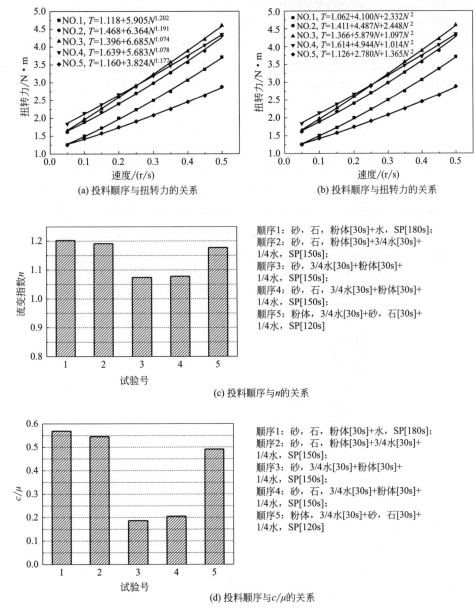

图 5.9 投料顺序对自密实混凝土剪切变稠行为的影响

5.2.2 搅拌时间

搅拌时间是指从原材料全部投入搅拌机搅拌时起，到混凝土拌合物开始卸料为止所经历的时间，新拌及硬化混凝土的性能均受搅拌时间的影响。为简化试验流程、减小试验误差，本节搅拌时间从拌合水与粉体开始接触算起，采用强制式搅拌机以50Hz的搅拌速率分别搅拌 2min、3min、4min、5min，研究了搅拌时长对自密实混凝土剪切作用下流变行为的影响。为避免测定时间对测试结果的影响，新拌拌合物性能均在加水搅拌后的第 6min 开始测试，并在出锅测试前强制搅拌 10s。

(1) 搅拌时间对自密实混凝土流变性能的影响

图 5.10 是搅拌时间对自密实混凝土坍落扩展度的影响。由图 5.10 可知，随着搅拌时间的延长，自密实混凝土坍落扩展度逐渐增大，当搅拌时间大于 4min 后，自密实混凝土坍落扩展度趋于平稳。搅拌时间对自密实混凝土流变参数的影响如图 5.11 所示。由图 5.11 可知，随着搅拌时间延长，拌合物屈服应力和塑性黏度均逐渐减小。这是由于自密实混凝土高性能减水剂掺量高且水胶比低，搅拌时间过短不利于拌合物各组分尤其是高性能减水剂的分散，导致拌合物坍落扩展度较小。随着搅拌时间的延长，拌合物中各组分充分混合，高性能减水剂分散均匀达到最佳减水效果，拌合物坍落扩展度达到最大值。此时，进一步延长搅拌时间，则进入"过搅拌"状态，即随着搅拌时间的延长，拌合物坍落扩展度呈现逐渐减小的趋势。这是由于在粗骨料的摩擦、挤压等作用下，拌合物中的部分细小颗粒粒度减小、表面粗糙度增加，对减水剂和拌合水的需求量增加所致[14,15]。

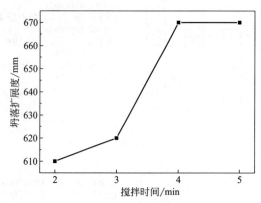

图 5.10　搅拌时间对坍落扩展度的影响

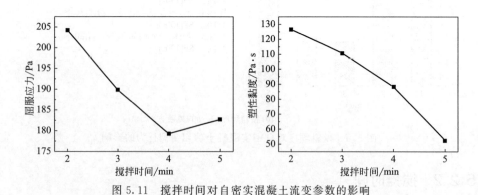

图 5.11　搅拌时间对自密实混凝土流变参数的影响

(2) 搅拌时间对自密实混凝土剪切变稠行为的影响

图 5.12(a) 是采用 H-B 模型拟合得到的不同搅拌时间下自密实混凝土流变曲线。由图 5.12(a) 可见，试验测试范围内，自密实混凝土流变曲线均为凹曲线，即呈现剪切变

稠现象，采用改进 Bingham 模型对测试点进行拟合可得到相同结论，如图 5.12(c) 所示。图 5.12(b) 和图 5.12(d) 是搅拌时间对流变指数 n 和 c/μ 值的影响，由上述两图可以看出，流变指数 n 和 c/μ 值均随搅拌时间的延长而减小，即自密实混凝土剪切变稠程度降低。

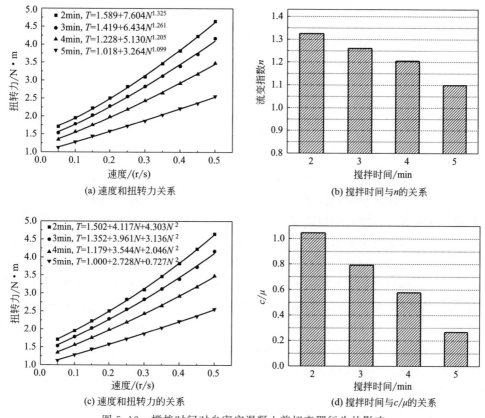

图 5.12　搅拌时间对自密实混凝土剪切变稠行为的影响

出现这种现象的原因是当搅拌时间过短时，拌合物内部颗粒分散不均匀，处于"无序分布"状态，剪应力作用下，颗粒体系逐渐向有序分布状态转变，颗粒之间的相互干扰作用减小，流动时需要消耗的能量更少，因而黏度降低。另外，搅拌时间过短会导致高性能减水剂分子分散不均匀，在剪应力作用下更容易发生相互缠绕现象，无序化程度进一步增大，导致拌合物剪切变稠程度加剧。

5.2.3　搅拌速率

本节采用强制式搅拌机分别以 15r/min、30r/min、45r/min、60r/min 的搅拌速率搅拌 3min，研究搅拌速率对自密实混凝土剪切作用下流变行为的影响。自密实混凝土配合比如表 5.10 所示。

(1) 搅拌速率对自密实混凝土流动性能的影响

图 5.13 是搅拌速率对自密实混凝土坍落扩展度的影响。由图 5.13 可知，随着搅拌速

率增大，自密实混凝土坍落扩展度显著降低。

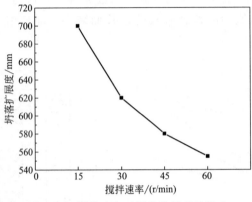

图 5.13　搅拌速率对坍落扩展度的影响

文献［16～18］研究了低水平搅拌速率对水泥净浆流变性能的影响，结果表明，随着搅拌速率增大，浆体流动性能提高。文献［19］研究了高水平搅拌速率对水泥净浆流变性能的影响，结果表明，随着搅拌速率增大，浆体流动性能减弱。本次试验结论（低水平搅拌速率下，自密实混凝土流动性能随搅拌速率的增大而增大）似乎与上述研究结论均不相符，出现这种现象的原因是：①由于搅拌过程中粗细骨料对胶凝材料及高性能减水剂分子的扰动、剪切，导致自密实混凝土的实际搅拌速率约为等效净浆搅拌速率的 2.5 倍，因此采用低水平搅拌速率搅拌自密实混凝土时，搅拌速率对其流动性能的影响更趋向于高水平搅拌速率下搅拌速率对水泥净浆流动性能的影响，即文献［19］的结论；②随着搅拌速率的增加，拌合物逐渐向凝聚态转变，导致拌合物流动性能降低；③高速搅拌促使高性能减水剂分子相互缠绕，影响其减水效果，导致拌合物流动性能减弱；④研究表明聚羧酸系高性能减水剂的吸附力较弱[20,21]，因此我们推测随着搅拌速率的增大，高性能减水剂分子会逐渐出现脱附现象，处于脱附状态的减水剂分子减水能力大幅度减弱甚至丧失，导致拌合物流动性能减弱。同时，脱附状态下的水泥颗粒更容易形成絮凝结构，导致拌合物流动性能进一步减弱。

搅拌速率对自密实混凝土屈服应力和塑性黏度的影响如图 5.14 所示。由图 5.14 可知，随着搅拌速率的增大，拌合物屈服应力和塑性黏度均降低。

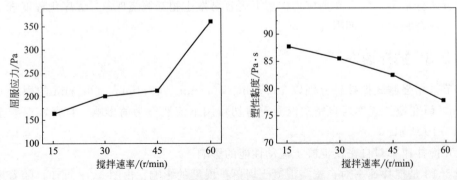

图 5.14　搅拌速率对流变参数的影响

（2）搅拌速率对自密实混凝土剪切变稠行为的影响

图 5.15 是采用 H-B 模型拟合得到的自密实混凝土流变曲线，由图 5.15（a）可见，以 15r/min、30r/min、45r/min 搅拌速率获得的自密实混凝土流变曲线为凹曲线，即呈现剪切变稠现象；采用 60r/min 搅拌速率获得的自密实混凝土流变曲线为凸曲线，呈现剪切变稀现象。采用改进 Bingham 模型对测试点进行拟合可得到相同结论，如图 5.15（c）所示。流变指数 n 和 c/μ 值随搅拌速率的变化趋势分别如图 5.15（b）和图 5.15（d）所示，由上述两图可以看出，流变指数 n 和 c/μ 值均随着搅拌速率的增大而减小，这说明增大搅拌速率会削弱自密实混凝土剪切变稠行为。

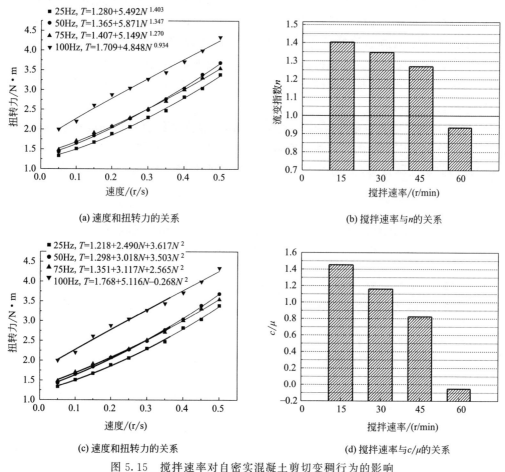

(a) 速度和扭转力的关系　　(b) 搅拌速率与 n 的关系

(c) 速度和扭转力的关系　　(d) 搅拌速率与 c/μ 的关系

图 5.15　搅拌速率对自密实混凝土剪切变稠行为的影响

拌合物搅拌过程中采用的搅拌速率越小，其减水剂吸附越稳定，相同剪切应力作用下，减水剂分子的脱附现象越显著，因而随着搅拌速率的增加，拌合物剪切变稠程度降低。当拌合物搅拌速率过大时（60r/min），在搅拌过程中减水剂就会出现明显的脱附现象，当进行流变性能测试时，在剪切应力的扰动下，拌合物中的减水剂分子会出现"再吸附"现象，导致拌合物出现剪切变稀现象。

5.3 小结

① 计量校准：由于自密实混凝土工作性能对原材料具有敏感性，尤其是对用水量的敏感性，自密实混凝土规模生产前，必须对搅拌机计量装置进行校准，尤其是要对水、外加剂等材料计量装置进行校准。

② 加料顺序：搅拌自密实混凝土时，宜先向搅拌机中投入粗骨料、细骨料、水泥、矿物掺合料等，搅拌均匀后，再加入拌合用水和外加剂，并继续搅拌至均匀为止。自密实混凝土生产搅拌过程中，先将骨料与水拌合后再加入其他原材料会降低拌合物剪切变稠程度，但是骨料与水直接接触会导致骨料体系吸附大量自由水，促使拌合物屈服应力增大。

③ 搅拌时间：搅拌时间过短会导致自密实混凝土搅拌不均匀，促使拌合物表现出较高的屈服应力和塑性黏度；延长搅拌时间会削弱自密实混凝土剪切变稠程度，但是当搅拌时间过长时，拌合物会出现"过搅拌"状态，导致流动性能变差。自密实混凝土生产搅拌时间宜控制在 4~5min。

④ 搅拌频率：增大自密实混凝土生产搅拌速率会削弱拌合物剪切变稠程度，同时也会导致拌合物屈服应力增大、塑性黏度减小。为保证新拌自密实混凝土具备足够的流动性能和较低的剪切变稠行为，自密实混凝土生产搅拌速率控制在 30~45r/min 范围内。

参 考 文 献

[1] 赵国堂，李化建. 高速铁路高性能混凝土应用管理技术 [M]. 北京：中国铁道出版社，2009.

[2] BIBM, CEMBUREAU, ERMCO, EFCA and EFNARC. The European Guidelines for Self-Compacting Concrete [S]. 2005.

[3] American Concrete Institute. Self-Consolidating Concrete (ACI 237 R—07) [R]. 2007.

[4] Geert De Schutter, Peter Bartos J M, Peter Domone etc. Self-Compacting Concrete [M]. Whittles Publishing CRC Press，2008.

[5] 余志武，郑建岚，谢友均，等. 自密实混凝土设计与施工指南 [S]. 北京：中国建筑工业出版社，2004.

[6] 高延继，安雪晖，赵霄龙，等. 自密实混凝土应用技术规程 [S]. 北京：中国计划出版社，2006.

[7] Constantiner D, Daczko J. Not all applications are created equal：Selecting the Appropriates SCC Performance Targets [C]. Proceedings 1st North American Conference on the Design and Use of Self-Consolidating Concrete, Chicago，2002：179-184.

[8] EFNARC. Guidelines for viscosity modifying admixtures for concrete [R]. 2006.

[9] Sharendahl, Peter Billberg. RILEM TC 188 CSC-Casting of Self-Compacting Concrete [R]. RILEM Publications SARL，2006.

[10] 赵庆新，孙伟，杨正辉，等. 自密实混凝土生产投料控制精度研究 [J]. 建筑技术，2006，37 (1)：52-54.

[11] Standard specification for concrete made by volumetric batching and continuous mixing (ASTM 685/685M—2010) [R]. 2010.

[12] The European Guidelines for Self-Compacting Concrete [R]. 2005.

[13] BSI. BS EN 206-9 Additional rules for self-compacting concrete [S]. UK：BSI Group，2010.

[14] Dils J, Schutter G De, Boel V. Influence of mixing procedure and mixer type on fresh and hardened properties of concrete：a review [J]. Materials and Structures，2012，10：61-72.

[15] Dimitri Feys, Azadeh Asghari, Ehsan Ghafari, et al. Influence of mixing procedure on robustness of self-consol-

idating concrete [R]. Center for Transportation Infrastructure and Safety, 2014.

[16] Yang M, Jennings H M. Influences of mixing methods on the microstructure and rheological behavior of cement paste [J]. Advanced cement based materials, 1995, 2 (2): 70-78.

[17] David A Williams, Aaron W Saak, Hamlin M Jennings. The influence of mixing on the rheology of fresh cement paste [J]. Cement and Concrete Research, 1999, 29: 1491-1496.

[18] Roy D M, Asaga K. Rheological properties of cement mixes: Ⅲ. The effects of mixing properties on viscometric properties of mixs containing superplasticizers [J]. Cement and Concrete Research, 1979, 9: 731-739.

[19] Dongyeop Han, Raissa Douglas Ferron. Effect of mixing method on microstructure and rheology of cement paste [J]. Construction and Building Materials, 2015, 93: 278-288.

[20] Raissa Douglas Ferron, Surendra Shah, Elena Fuente, et al. Aggregate and breakage kinetics of fresh cement paste [J]. Cement and Concrete Research, 2013, 50: 1-10.

[21] Elvar Jon. Rheology of Particle Suspensions: Fresh Concrete, Mortar and Cement Paste with Various Types of Lignosulfonates [D]. Trondheim, Norway: Norwegian University of Science and Technology, 2003.

6 高速铁路自密实混凝土施工质量控制技术

以混凝土材料自身智能动力实现结构的自充填和自密实功能,这是利用材料性能来解决由施工因素而引起结构耐久性问题的重大技术革命,但自密实混凝土施工过程依然包括除振捣之外的所有环节。自密实混凝土在预制构件中得到规模应用,在现浇结构混凝土中应用比例有限的原因,就是自密实混凝土现场质量控制难度大。针对高速铁路服役环境特点、自密实混凝土层结构隐秘性特征、自密实混凝土高度敏感性以及大规模施工的不可控性,立足于高速铁路工程实际,选择无砟轨道自密实混凝土层这一特殊结构,以自密实混凝土全过程控制为目标,本章分施工前、施工过程以及施工后三个阶段,介绍自密实混凝土施工流程、施工装备以及施工要点,并提出自密实混凝土施工全过程的动态质量控制要点,重点强调容易造成自密实混凝土性能敏感性因素的质量控制要点。

6.1 自密实混凝土的施工工艺

6.1.1 自密实混凝土的施工工序

(1) 自密实混凝土入模指标的确定

为确保自密实混凝土充填到模板的每一个角落,自密实混凝土的入模流动性必须控制在一个合理范围内。试验通过调整减水剂用量,制备出五种不同扩展度的自密实混凝土,自密实混凝土拌合物性能。如表6.1所示。自密实混凝土拌合物状态如图6.1所示。

表6.1 自密实混凝土拌合物性能

编号	扩展度/mm	含气量/%	备注
1	760	3.7	流动性大,扩展度试验自流平,表面浮浆
2	700	3.3	流动性大,扩展度试验自流平,表面浮浆
3	655	4.2	流动性好,扩展度试验自流平,无浮浆
4	610	4.1	流动性好,扩展度试验自流平,无浮浆
5	500	3.8	扩展度试验中心处略有起堆,流动性小

对于CRTSⅢ型板式无砟轨道自密实混凝土层,通过实尺寸灌注试验可知,扩展度在610~760mm的自密实混凝土均能很好地充满整个封闭模腔。但随着自密实混凝土扩展度的增大,混凝土拌合物出现浮浆和浆骨分离的概率随着增加。为了确保自密实混凝土层的工程质量,结合扩展度测量的误差,CRTSⅢ型板式无砟轨道用自密实混凝土扩展度宜控制在650~700mm,这样既能确保自密实混凝土的灌注施工要求,又能较好地控制自密实混凝土拌合物状态。

(2) 自密实混凝土施工工序

合理的自密实混凝土灌注工序能够大大缩短施工工期、减轻施工劳动强度,更好确保自密实混凝土实体质量,结合现场实际施工条件(路况、运距等),提出CRTSⅢ型板式

图 6.1　不同扩展度自密实混凝土拌合物

无砟轨道自密实混凝土施工工序，如图 6.2 所示。

CRTSⅢ型无砟轨道自密实混凝土关键施工工序控制要点如下所述。

板底和模腔清理：轨道板在安装前用高压水枪清洗板底，使其充分润湿。在安装模板前用带雾化喷嘴的高压水枪将轨道板底面雾化润湿。润湿必须充分，但润湿后的板底，不能挂有水珠。必须注意，润湿时不能把水带入到底座凹槽中形成积水，润湿 4h 以内宜进行自密实混凝土灌注。

模板安装：采用钢模板进行封边，模板宽度为 120mm，厚度 3～4mm，材质为Q235。模板与混凝土接触面粘贴专用透水模板布，模板布重复使用次数不宜超过 3 次。钢模安装完后，利用压紧装置上的螺栓将模板压紧在轨道板的侧壁，不能用力过大。

压紧装置安装：压紧装置的主要作用是防止灌注混凝土时轨道板上浮。每块轨道板设置压紧装置 8 个，均布在轨道板两侧。安装压紧装置时，应避开精调千斤顶 20cm，锚杆

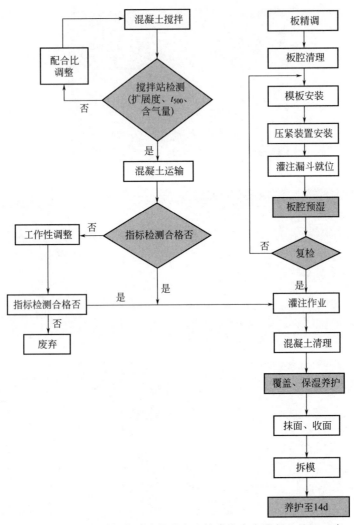

图 6.2 CRTSⅢ型板式无砟轨道高速铁路自密实混凝土施工工序

位置距板边 4~5cm。用电动冲击钻打孔,深度为 10~15cm,先用锚固胶填满钻孔,马上将锚杆旋入孔中,锚杆必须垂直于底座板;侧面压紧装置和轨道板的搭接长度应在 3cm 左右。安装压紧装置时,螺母不能用力过大,大约为 50N/m,不得引起轨道板的变形。可以在压紧时,在附近安装百分表进行观察。一般情况下,自密实混凝土灌注结束 12h 后(或强度大于 5MPa),可以拆除压紧装置。拆除压紧装置时,用扳手夹住螺纹钢上部缺口反拧即可退出,锚固杆可重复利用。

灌注施工:自密实混凝土灌注通常是从轨道板中间的灌注口进行灌注,也可从轨道板的侧面进行灌注,但推荐从轨道板中间的灌注口灌注。灌注时在中间灌注口安装一个高约 60cm 的锥形灌注斗,上部直径约 250mm,下部口径约 100mm,插入深度约 100mm。两边各安装一个防溢管,直径 120mm,总高 300mm,高出轨道板板面 200mm,材质可以选择 PVC。

自密实混凝土灌注时，宜匀速灌注。开始可将下料阀全开，但应控制好不能将混凝土超出灌注料斗。当四角排气孔中见混凝土时，匀速减速慢灌，使灌注斗中的混凝土面维持在超出板面40cm左右，直至所有排气口排出与自密实混凝土本体相同的混凝土时，停止自密实混凝土灌注，对所有排气口进行封堵。

6.1.2 自密实混凝土的灌注工艺

（1）灌注方式

自密实混凝土的灌注方式按照设置灌注点的多少，可以分为单点灌注、两点灌注或多点灌注（三点及以上），如图6.3所示。灌注点的设置，与所需要灌注的轨道板或道岔板的长度有关，轨道板的尺寸是一致的，但同一道岔区内每块岔板的尺寸各不相同，对应充填层所需自密实混凝土量也不相同。为确保混凝土灌注的均匀性和施工的便捷性，采用正确的灌注方式对于控制施工节奏是非常重要的。对于岔区板式无砟轨道充填层自密实混凝土的灌注多采用侧面灌注。除了早期成灌铁路自密实混凝土层有外露之外，其他CRTSⅢ型板式无砟轨道的自密实混凝土层与轨道板的宽度一致，没有设计外露的部分，自密实混凝土灌注多是选择从轨道板中间灌注孔进行灌注，如图6.4所示。

(a) 单点灌注

(b) 两点灌注

(c) 三点灌注

图6.3 侧向灌注方式

图 6.4　中间孔灌注方式

对于侧面灌注工艺，以最终填充效果进行比较，三种灌注方式没有太大差别，只是灌注速度上有较明显区别。灌注速度以三点灌注速度最快，两点灌注居中，单点灌注最慢。考虑到道岔板的支承特点和施工效率，对于宽度短的道岔板，即单侧只有两个支承精调爪垫块的情况，采用一个单点灌注的方式即可满足要求。而对于宽度长的道岔板，即单侧有三个支承精调爪垫块的情况，则宜采用两点灌注方式，灌注点分布于中间垫块的左右两侧，同时进行自密实混凝土灌注，这样不但能加快灌注速度，也能避免移动溜槽而影响自密实混凝土灌注的连续性。对于CRTSⅢ型板式无砟轨道中间孔灌注工艺，该种灌注方式由于灌注管直接插入轨道板预留孔中，自密实混凝土灌注高度大约有1m，而侧向灌注是开放空间，因此，中间孔灌注方式具有比侧向方式更大的灌注压力。灌注压力大一方面有利于提高混凝土的水平流动距离，但另一方面对道岔板和轨道板的扰动也会增大，可能会影响道岔板和轨道板的精调状态。

（2）灌注速度

在影响自密实混凝土灌注填充效果的因素中，除自密实混凝土自身性能外，另一重要影响因素就是自密实混凝土的灌注速度。灌注速度过快和过慢都会对自密实混凝土灌注效果产生不利影响。灌注速度过慢，如试验中最长灌注时间达到15min，尤其对灌注宽度在4.5m以上的道岔板，后续进行板底空间的自密实混凝土推动模腔内已有自密实混凝土持续向前流动所需克服的阻力是非常大的，且灌注阻力随着灌注速度的降低、灌注时间延长而持续增大，最终可能导致自密实混凝土尚未灌注满道岔板底空间即无法流动。相反，灌注速度如果太快，虽然能迅速填充满整个道岔板底部空间，但由于灌注速度过快，板腔内空气来不及排除，就被自密实混凝土拌合物包裹住，在自密实混凝土与道岔板的界面区形成工艺性大气泡，如图6.5所示，影响轨道板和自密实混凝土层界面的黏结力。通过多次灌注试验表明，对于单块道岔板的灌注时间控制在4~6min是一个比较合理的范围，CRTSⅢ型板式无砟轨道的灌注时间宜为5~10min。

（3）自密实混凝土下料高度和流动距离

为防止自密实混凝土在垂直浇筑中因高度过大产生离析现象，或钢筋将混凝土打散致使混凝土流间断，应对自密实混凝土的自由下落高度进行规定。在非密集配筋的情况下，自密实混凝土浇筑点间的水平距离不宜大于10m，垂直自由下落距离不宜大于5m，当大于5m时宜采用导管法浇筑。对配筋密集的混凝土构件，自密实混凝土浇筑点间的水平距离不宜大于5m，垂直自由下落距离不宜大于2.5m。浇筑时的最大自由落下高度宜在5m以下，最大水平距离应根据施工部位对混凝土性能要求而定，最大不宜超过7m。

图6.5　自密实混凝土表面的大气泡

6.2　模板技术

6.2.1　模板要求

自密实混凝土的施工可以使用钢模板、木模板等，所用材质与传统振捣混凝土相同，但由于自密实混凝土高流动性，其对模板的侧向压力比传统振捣混凝土大，设计时应特别注意模板的刚度和密闭性，尤其对于较高的竖向构件。关于自密实混凝土对模板的侧压力研究结果并不一致，有的研究认为自密实混凝土的黏度大，对模板的侧压力并不比传统振捣混凝土大；也有学者认为自密实混凝土的模板侧压力分布符合流体静力学原理。自密实混凝土的模板侧向压力不仅与拌合物的屈服值有关，还受浇筑速度的影响。当自密实混凝土坍落扩展度较大时，或者浇筑速度过大时，模板压力可以达到按照流体静力学计算的值，而一般情况下比按照流体静力学计算的值小20%~50%。工程中应用的自密实混凝土多是坍落扩展度大、不很黏稠的自密实混凝土，其模板应根据混凝土相对密度，按照流体力学的方法进行计算，并依照此结果计算模板的承载力。当模板的侧压力大，施工时往往由于自密实混凝土对模板的压力设计不足，致使自密实混凝土出现跑模、漏浆等情况。因此，自密实混凝土施工时，所用模板与其支护应具有足够的刚度和稳定性，能可靠地承受自密实混凝土的侧压力以及施工过程中产生的荷载。对于重要工程，尤其是可能由自密实混凝土造成侧压力过大的构件，模板承受压力应经过严格计算，并应采用压力传感器来动态监测模板所产生的压力，以免出现跑模、漏浆等问题[1,2]，图 6.6 为模板压力监测传感器。

图 6.6　模板压力监测传感器

6.2.2　模板创新技术

混凝土结构的表面质量受模板因素影响很大，合理的模板技术不但能提高混凝土表面光洁度，也能提高混凝土表面密实度，不但有利于混凝土外观质量，也有利于混凝土结构耐久性的提高。不合理的模板技术则会造成混凝土接触面黏或蜂窝麻面，如图 6.7 所示。另外，模板间的接缝也会造成跑浆、漏浆的发生，影响施工效果，通常模板缝隙应小于 1.5mm。

图 6.7　采用模板质量差的混凝土外观质量

通过对施工现场模板情况的调研可知，用于无砟轨道自密实混凝土施工的侧模板一般为钢模板，在应用过程中钢模板反映出的最大问题就是由于生锈、模板油涂刷不均匀等污染混凝土表面，如图 6.8 所示。针对这种情况，应将钢模板内侧用脱模剂进行均匀涂刷，且不可采用废弃机油代替，脱模剂应无毒、无刺激性气味，且不应对混凝土表面及混凝土性能产生有害影响，其施工性能指标应满足表 6.2 的要求。

图 6.8 钢模板油污、锈迹对混凝土表面的污染

表 6.2 脱模剂施工性能指标

检验项目		指标
施工性能	干燥成膜时间	10～15min
	脱模性能	能顺利脱模,保持棱角完整无损,表面光滑,混凝土表面黏附量不大于 $5g/m^2$
	耐水性能	浸泡后不出现溶解和粘手现象
	对钢模具的锈蚀作用	对钢模具无锈蚀危害
	极限使用温度	能顺利脱模,保持棱角完整无损,表面光滑,混凝土表面黏附量不大于 $5g/m^2$

针对高速铁路自密实混凝土模板使用过程中所存在的问题——混凝土表面气孔和混凝土表面污染,研究提出了"复合型透气模板"技术。该技术是在钢模板内侧粘贴透气模板布替代现有在模板上涂刷脱模油的工艺[3]。透气模板布具有透气、排水的功能,能有效消除混凝土表面的气泡问题,还能提高混凝土表面强度和致密度,大大提高表面混凝土的耐久性,既可起到模板作用,又可对混凝土结构表面强度起到强化作用。有研究者提出采用透水模板布和自密实混凝土复合的创新技术,与普通振捣混凝土相比,自密实混凝土材料成本高18%,由于不需要振捣施工人员,施工工作量和施工耗能会降低,再加上耐久性提升,自密实混凝土综合成本可能会降低。透水模板布的成本可以由脱模剂和表面修补成本来弥补,由于透水模板布的再利用和耐久性达到提升,其综合成本可能会降低。透气模板布施工过程如图 6.9 所示,即将透水模板布粘贴在模板上,黏结过程注意透水模板布的光面过滤层(如图 6.10 所示)与混凝土接触,且要保持透水模板布平整,不得有褶皱。透水模板布应满足《混凝土工程用透水模板布》(JT/T 736—2015)的要求[4],不得采用土工布来替代透水模板布。采用复合型透气模板的混凝土外观如图 6.11 所示,其表面光滑致密,无气泡。也有研究者推荐保温模板一体化技术(insulated concrete forms)[5],该技术是用塑料保温板既当做保温板又当做模板,在混凝土浇筑完成后不需要拆除模板。

图 6.9　复合型透气模板

图 6.10　透水模板布结构示意
1—过滤层（接触混凝土侧）；2—透水层（敷贴模板侧）

图 6.11　采用复合型透气模板的混凝土外观

6.3 自密实混凝土的输送技术

自密实混凝土的输送包括外部输送和内部输送，外部输送是指从混凝土拌合站到施工现场的输送，内部输送是指在施工现场从混凝土运输车到混凝土工作面的输送。自密实混凝土的输送方式、设备和输送能力，应与混凝土的生产及浇筑计划、浇筑能力、工程类型和大小、工地的地貌等相适应，以保证混凝土运输的质量，充分发挥设备效率。

6.3.1 外部输送技术

应选用能确保灌注工作连续进行、运输能力与混凝土搅拌机的搅拌能力相匹配的混凝土专用运输设备运输自密实混凝土。自密实混凝土的高工作性能潜在的风险就是容易产生离析和泌水现象。高工作性能在运输过程中一定要注意装车容量，以确保混凝土运输车在上坡时，自密实混凝土不得溢出为原则。自密实混凝土装载体积取决于道路情况，最好不要超过总容量的80%，转速为2~6r/min。

自密实混凝土运输车必须满足的要求：运输车必须能运输其搅动容量的预拌混凝土，并能在坡度为14%的路面上行驶，出料口面对下坡方向时，在搅动工况下不产生外溢；进料斗上口距地面高度不应大于1.8m（空车时测量）；测试混凝土的平均坍落度规定为60mm±10mm，出料速度不应小于$0.65m^3$/min，出料残余率因坍落度不同而不同，自密实混凝土出料残余率不小于3%；运输车在满载状态下，能够以平均40km/h的速度行驶，能在不大于5km/h的速度下稳定行驶，在不平整的、未铺面的、有少量坑洼或岩石的路面上行驶。

自密实混混凝土生产出来以后一般应在2h以内使用到工作面上，在此期间搅拌车的搅拌不能停止，一个工作面完工前预拌混凝土的供应不能中断。由于自密实混凝土拌合物性能是随时间变化而发生突变的，一般合理的运距在20km以内，这主要因交通状况而异。

自密实混凝土的运输速率应保证施工的连续性，当罐车到达浇筑现场时，应使罐车高速旋转60s方可卸料。运输自密实混凝土过程中，应对运输设备采取保温隔热措施，防止局部混凝土温度升高（夏季）或受冻（冬季）。应采取适当措施防止水分进入运输容器或蒸发，严禁在运输过程中向混凝土内加水。应尽量减少自密实混凝土的转载次数和运输时间。自密实混凝土运输时间有严格的规定，其原则为从搅拌机卸出混凝土到混凝土浇筑完毕的延续时间以不影响混凝土的各项性能为限。表6.3列举了不同标准规范对自密实混凝土运输时间的规定，高速铁路CRTSⅢ型板式无砟轨道自密实混凝土运输时间以不超过2h为宜。

表6.3 自密实混凝土运输时间的规定

序号	运输时间	其他	引用规范
1	宜在90min内卸完料	当最高温度低于25℃，运输时间可延长30min	自密实混凝土应用技术规程（CECS 203）

续表

序号	运输时间	其他	引用规范
2	从搅拌到浇筑结束的时间限值原则上为 120min		自密实混凝土设计与施工指南（CECS 02）
3	从搅拌到卸料结束的时间应在 90min 以内		Self-Consolidating Concrete（ACI 237R）

6.3.2 内部输送技术

自密实混凝土内部输送的方法有两种，一种是采用泵送技术，另一种是斗送技术或自卸技术。泵送技术适合于大规模且浇筑地点较为集中的自密实混凝土施工，斗送技术适合于小规模施工，或者浇筑地点比较分散的自密实混凝土施工。由于高速铁路充填层每块轨道板和道岔板使用自密实混凝土为 $2\sim3m^3$，多采用斗送法，但对于 CRTS Ⅲ 型板式无砟轨道大规模施工，可根据现场工况，采用泵送技术和斗送技术相结合的方式。

（1）泵送技术

自密实混凝土泵送应该通过实现模拟试验，验证泵送对自密实混凝土流动性和含气量的影响。自密实混凝土黏度比传统振捣混凝土大，泵送压力加大也不容易引起自密实混凝土离析，导致堵管现象。由于自密实混凝土黏稠性大，产生摩擦力较大，因此应使用输送管径较大且管壁较厚的泵管，输送管内径至少为骨料最大粒径的 5 倍。有研究认为泵送会降低混凝土的流动性，通常降低 $50\sim100mm$，关于对含气量的影响还没有得到统一的结论，有的认为可以提高自密实混凝土的含气量，也有人认为会降低自密实混凝土的含气量。因此，当选择采用泵送混凝土时，应考虑泵送压力对自密实混凝土性能的影响。泵送自密实混凝土时，应尽量减少泵管的长度、泵管的弯头数量以及软管的用量，且泵管的接头处应严密，不得出现漏浆现象。高速铁路无砟轨道自密实混凝土每块轨道板所需混凝土方量 $2.5m^3$ 左右，为了方便移动，多采用混凝土车泵进行泵送，如图 6.12 所示。自密实混凝土泵送适用的范围有：①高桥墩无砟轨道，吊车吊装自密实混凝土上桥有困难；②隧道内，运输车无法直接运送到现场；③处于大面积水域的高速铁路无砟轨道工程。

图 6.12 自密实混凝土泵送施工

混凝土泵送前应根据现场条件，做好施工前的准备。为尽量缩短新拌混凝土在内部运输过程中的时间，应减少运转次数；统筹安排混凝土外部运输和内部运输，注意两者的衔接，保证混凝土到达施工现场后能及时卸料，一方面要保证混凝土泵能连续工作，尤其是浇筑大体积混凝土时，更要确保浇筑工作的连续性，不能间断；另一方面又要避免压车，混凝土达到工地迟迟无法进行泵送和灌注，导致自密实混凝土性能变化。

（2）斗送技术

斗送技术采用吊车和料斗或料槽相结合的方式，即将自密实混凝土先放在料斗中，由吊车吊到灌注位置，自密实混凝土从料斗下到溜槽或下料斗中，如图 6.13 所示，自密实混凝土经溜槽或下料斗灌注到模腔中。施工过程中一定要注意不同工序之间的衔接，不能让溜槽中自密实混凝土流中断，这样会影响自密实混凝土的灌注效果。溜槽应该具有一定的长度，自密实混凝土在溜槽中流动时，多余的气泡可以排出。溜槽宽度宜大于 40cm，溜槽长度宜大于 1.5m。自密实混凝土垂直下落高度不宜大于 2m。为确保自密实混凝土能够充填到整个模腔，应根据高速铁路无砟轨道直线段和曲线段分别设计下料管高度，直线段不宜小于 70cm，曲线段不宜小于 100cm。

(a) 吊车+溜槽

(b) 吊车+料斗

图 6.13 自密实混凝土斗送施工

6.4 施工质量控制关键技术

6.4.1 施工前质量控制

为确保自密实混凝土的施工质量,针对高速铁路无砟轨道自密实混凝土各施工工序特点,在进行自密实混凝土施工前,有必要对以下几个关键环节进行重点控制。

(1) 模板稳定性检查

自密实混凝土层侧向模板安装、支撑牢固检查是自密实混凝土施工前质量控制的首要环节,如图 6.14 所示。对于侧向模板的检查,一方面要确定其支撑是否牢固,确保不因自密实混凝土灌注压力过大而造成模板拼接处胀裂而漏浆;另一方面要对模板拼接缝进行封堵,以保证在自密实混凝土灌注过程中不出现因漏浆而导致灌注不密实的问题。

图 6.14 侧向模板支撑牢固

(2) 扣压装置的检查

扣压装置是确保轨道板或道岔板在自密实混凝土灌注过程中不发生上浮、偏移的关键控制措施,一旦扣压装置失效,势必造成道岔板和轨道板的精调失效。CRTSⅢ板式无砟轨道自密实混凝土灌注时会出现轨道板上浮和侧移,轨道板上浮在直线段和曲线段都会存在,而轨道板侧移时常发生在无砟轨道曲线段。轨道板上浮控制是 CRTSⅢ 板式无砟轨道自密实混凝土施工的一项关键措施,如果轨道板上浮或下沉量过大,会影响线路的平顺性,增加后期铺轨精调的工作量。自密实混凝土灌注前应采用压紧装置固定轨道板,曲线超高段宜设置防侧移固定装置,以确保轨道板上浮或偏移满足设计要求。轨道板的上浮按不超过 2mm 来控制,轨道板的上浮主要与扣压装置扣压力有关,轨道板扣压装置如图 6.15 所示。另外,轨道板上浮与自密实混凝土灌注速度也有关系,灌注速度越快,轨道板上浮越大。根据直线段和曲线段，轨道板上横向压杠设置成 5～7 组，曲线段无砟轨道板可以设置更多的横向压杆；当横向压杠为 5 组时轨道板上浮量比较小，一般在 0.5～1.5mm，偶尔有超过 2mm。另外，横向压杆压紧装置的扣压力可以量化，当采用扭力扳手来锁紧时，扭力值以控制在 60～80N·m 为宜。

图 6.15　轨道板扣压装置

轨道板防侧移装置主要用于曲线超高段，防止自密实混凝土灌注过程中轨道板向低侧滑移，如图 6.16 所示。曲线段轨道板灌注时由于超高的设置而存在自然高差［如图 6.16(a)］，灌注施工时受混凝土流动的影响，轨道板易发生顺超高内侧方向的侧向移动，需在内侧安装防止侧滑的装置，每块板设置 2 道。

(a) 曲线段底座超高　　　　　　　　　　(b) 防侧移装置

图 6.16　轨道板防侧移装置

（3）灌注口的设置

合理灌注口数量的设置可有效缩短自密实混凝土灌注时间，提高自密实混凝土施工效率。因此，在自密实混凝土灌注前，需根据每块轨道板长度确定其灌注口数量，其确定原则为：当道岔板为短板时（只有 2 个精调垫块），可设置一个灌注口，采用单点灌注方式，如图 6.17(a) 所示；当道岔板为长板时［有 3 个精调垫块时，可设置两个灌注口，采用倒 Y 形下料溜槽进行灌注，如图 6.17(b) 所示］。对于 CRTSⅢ型轨道板而言，虽然从理论上可以从侧面灌注,但大多数是从轨道板上方灌注,只能设置一个灌注口,即轨道板中心的灌注孔,如图6.18所示。

(a) 单点灌注　　　　　　　　　　　　　(b) 两点灌注

图 6.17　道岔板侧面灌注

图 6.18　CRTSⅢ型板式无砟轨道灌注

(4) 板腔的预湿

对自密实混凝土层板腔进行预湿是确保自密实混凝土灌注质量的关键。由于轨道板或道岔板底面和底座板顶面均为粗糙多孔的混凝土面,若不对道岔板充填层进行预湿,当自密实混凝土与其接触时,干燥混凝土表面会从自密实混凝土中吸收水分,显著增加自密实混凝土的流动阻力,降低自密实混凝土的流动性,增加了粗骨料堆积的概率,容易在自密实混凝土层中形成上下连通的贯穿孔,如图6.19(a)所示;另外,当自密实混凝土拌合物与干燥混凝土面接触时,还会发生水汽交换现象,即自密实混凝土拌合物中的水分进入到道岔板或底座板混凝土孔隙中,置换出其中的空气,这些空气泡在自密实混凝土表面的聚集容易形成泡沫层,影响自密实混凝土与轨道板的黏结性能。但是若过度润湿,则易造成自密实混凝土表面泌水,如图6.19(b)所示。

(a) 预湿不足　　　　　　　　　　　　(b) 过度预湿

图 6.19　不合理预湿带来的问题

对于 CRTSⅢ型板式无砟轨道自密实混凝土层而言，底座上采用土工布作为隔离层，如图 6.20 所示，虽然不会像道岔板那样造成贯穿孔，但也应对模腔进行适当润湿，这样可以消除轨道板下表面凸凹不平对自密实混凝土层上表面质量的影响。

图 6.20　铺设土工布隔离层的底座

鉴于预湿的重要性，在自密实混凝土灌注前，需要特别注意自密实混凝土层模腔内的预湿效果，宜采用手持式高压喷雾枪进行预湿，预湿时间宜在自密实混凝土灌注前 1~2h 进行，预湿程度以控制道岔板底面和底座板顶面充分湿润，同时板腔内无明水淤积为准。若是在夏季施工，由于气温高，水分蒸发快，应在自密实混凝土灌注前进行二次预湿。若是预湿过度，模腔内有明显积水，则可采用手持高压吹风机将板腔内多余积水吹干。

6.4.2　施工中质量控制

（1）自密实混凝土入模状态的控制

灌注前需要严格检测自密实混凝土的工作性指标，确定自密实混凝土拌合物性能指标在目标控制范围内，才能进行灌注施工。应检测自密实混凝土拌合物的温度、坍落扩展度、扩展时间 t_{500} 和含气量等指标。只有当自密实混凝土的拌合物性能满足要求时方可灌注。虽然标准中规定自密实混凝土的入模温度宜为 5~30℃，但由于自密实混凝土工作性能对温度的敏感性，自密实混凝土的入模温度最好控制在 10~25℃。高速铁路无砟轨道自密实混凝土生产都是利用线下工程的混凝土搅拌站，自密实混凝土运距一般在 1~2h。自密实混凝土拌合物对外界因素（包括气温、搅拌速度等）的影响较为敏感，经过长时间和长距离的运输，其工作性能容易发生大幅度变化，坍落扩展度可能返大也可能损失。若自密实混凝土流动性过大，灌入模腔中易造成混凝土离析和浮浆的质量问题；若自密实混凝土流动性过小，又容易出现灌注堵塞问题，一旦出现这种情况，则意味着需要将轨道板模腔重新清理、重新精调。因此，在自密实混凝土施工时，需要在现场对每车自密实混凝土进行入模前的工作性能测试，只有当自密实混凝土拌合物扩展度测试值在 650~700mm 且不发生离析泌水现象，才能进行灌注。对于出现离析泌水的自密实混凝土不能在现场等待一段时间后进行灌注，离析泌水混凝土依靠混凝土搅拌车低速搅拌是无法搅拌均匀的，应该废弃处理。

(2) 灌注速度的控制

自密实混凝土在进入自密实混凝土层板腔后，其流动不但会受到上下层结构混凝土粗糙表面的约束，还会受到内置钢筋网片、限位凹槽等因素的阻碍，自密实混凝土进入板腔的体量越多，其所承受的阻力也就越大。自密实混凝土在板腔内向前流动是依靠后续不断补充进入的自密实混凝土克服前端混凝土阻力作用所完成的，该阻力随着流动速度的降低呈非线性的增大，即在后续自密实混凝土要推动前端具有一定流速混凝土而向前继续流动，所需克服的阻力相对较小；而要完全推动前端静止混凝土所需克服的阻力就大大增加。因此，在自密实混凝土灌注施工时保证自密实混凝土灌注的连续性和匀速灌注是确保灌注顺利完成的一个关键。

6.4.3 施工后质量控制

(1) 设计标高的控制

自密实混凝土灌注是在轨道板或道岔板精调之后，灌注后要确保轨道板和道岔板上浮高度。为了减少自密实混凝土层四角的离缝，通常在灌注孔和观察孔内留存一定自密实混凝土进行保压，保压之后需要人工清除灌注孔和观察孔中多余的自密实混凝土。在这一环节中需要控制的是清除多余自密实混凝土的时间，清除工作宜在自密实混凝土灌注完毕静置 30min 且混凝土失去流动性以后进行，这样可以避免由于混凝土回流造成自密实混凝土层与轨道板或道岔板间离缝的产生。

(2) 养护控制

自密实混凝土灌注完成后，应采取土工布包裹、养护膜覆盖或喷养护剂等及时养护，养护时间不得少于 14d。在冬季和夏季拆模后，若天气产生骤然变化时，应采取适当的保温（冬季）隔热（夏季）措施。养护用水与自密实混凝土层表面温度之差不得大于 15℃。

在道岔区充填层结构设计上，充填层结构在横向方向上要延伸出道岔板 200mm，然后沿道岔板与充填层自密实混凝土相接处往外做排水坡，以保证在下雨时雨水不会淤积在道岔板与充填层的连接处。但工程实践表明，道岔板与自密实混凝土接缝处往往是两种结构的最薄弱环节，由于是新老混凝土交接面，常常在此处产生离缝，雨水由此不断渗入道岔板和自密实混凝土层之间，在列车周期性动荷载作用下，加剧了离缝的扩展，最终导致道岔板与自密实混凝土层脱离，影响结构整体的安全性。已有研究结果表明，混凝土的开裂主要发生在混凝土浇筑后的早期阶段，特别是在塑性阶段，即在混凝土自身强度尚低，不足以抵抗由于混凝土自身收缩和由于水分蒸发带来的塑性收缩而产生的拉应力，从而导致裂缝的形成。已有工程实践也验证了这点，自密实混凝土材料裂缝一般在混凝土浇筑的前 3d 就已产生，而在其后产生裂缝的情况相对很少，裂缝产生最早的有在混凝土浇筑完毕十几个小时就已出现。

图 6.21 所示是不同养护方式对混凝土塑性收缩变形的影响，在无任何养护措施下，混凝土早期塑性收缩变形最大；采用不同的养护剂 A 型和 B 型，可使混凝土早期塑性收缩分别降低 30% 和 45%；采用完全密封养护则能使混凝土早期塑性收缩降低达 95%，这充分说明了早期养护的重要性。

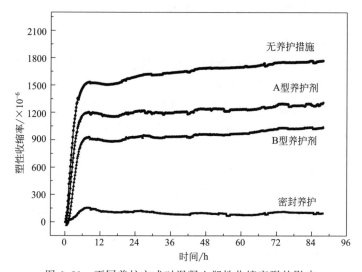

图 6.21 不同养护方式对混凝土塑性收缩变形的影响

结合现有养护技术措施，提出了无砟轨道自密实混凝土养护控制技术措施。

① 自密实混凝土灌注后应带模养护 3d 以上。

② 自密实混凝土拆模后，应立即采用塑料薄膜进行防风覆盖，当混凝土表面无明水时即可喷涂养护剂进行养护。该方法是最省时、省力的养护方式，可实现一次喷涂养护剂后，无需人员后期补充养护。可按表 6.4 要求进行养护剂的选择。

表 6.4 养护剂的性能要求

序号	项目	性能要求
1	有效饱水率/%	≥90

续表

序号	项目		性能要求
2	抗压强度比/%	3d	≥95
		28d	≥95
3	密封性		连续成膜、无透孔
4	干燥时间/h		≤4
5	成膜耐热性		合格

③ 若是不具备采用养护剂的条件，在自密实混凝土灌注完毕后同样应立即覆盖塑料薄膜进行防风，当混凝土终凝后采取带模覆盖（麻布、土工布等）、喷淋浇水、养护膜等措施进行保湿养护。

6.5 CRTSⅢ型无砟轨道自密实混凝土特殊季节施工控制

6.5.1 自密实混凝土冬季施工管理

(1) 冬期施工的判定

冬期施工是按照施工时的环境温度以及浇筑混凝土结构早期受冻可能性来判定，当符合以下任何一个条件时，即可认为冬期施工：

① 当环境昼夜平均气温（最高和最低气温的平均值或当地时间6时、14时及21时室外气温的平均值）连续3d低于5℃或最低气温低于−3℃时，混凝土工程应按冬期施工规定进行施工。

② 当未进入冬期施工期前，突遇寒流侵袭气温骤降至0℃以下时，为防止负温产生受冻，宜应按冬期施工的要求对工程采取应急防护措施。

③ 当混凝土未达到受冻临界强度而气温骤降至0℃以下时，应按冬期施工的要求采取应急防护措施。

(2) 冬期施工可能出现的问题

① 工作性能：自密实混凝土工作性能返大。

冬期配制自密实混凝土时，减水剂的减水效果受气温影响而发挥缓慢。为获得自密实混凝土初始工作性能，可能会提高减水剂的掺量或用水量。当自密实混凝土运至现场，或者浇筑到结构体中，减水剂的减水作用逐渐发挥，这样致使自密实混凝土工作性能返大，甚至造成自密实混凝土出现严重离析泌水现象。

② 力学性能：自密实混凝土强度发展较慢。

当温度降至0℃时，尽管由于混凝土中的水不是纯水而是含有电解质的水溶液（冰点在0℃以下），水泥的水化反应仍能进行，但反应速度却大大降低，混凝土硬化速度及强度增长也将随之减慢。自密实混凝土强度发展较慢，会严重影响混凝土拆模时间以及进行下一工序的时间。

③ 耐久性能：自密实混凝土会产生冻胀破坏。

在大气环境下，气温达到0℃以下时，水将结冰，而水的结冰过程将伴随着体积膨胀。当混凝土温度降低时，其内部水结冰所产生的体积膨胀，将导致自密实混凝土结构体破坏，混凝土的强度发生损失，而且冻结温度越低，强度损失越大。

（3）冬期施工自密实混凝土控制目标

冬期施工自密实混凝土控制的目标是满足其施工性能的前提下，混凝土硬化过程能够进行，在达到临界冻融温度前不得早期受冻。

① 温度目标：自密实混凝土出机温度大于15℃，入模温度大于10℃。

② 工作性能目标：自密实混凝土入模坍落扩展度不大于680mm，且不出现离析泌水现象。自密实混凝土扩展度2h的经时返大不得大于50mm，且不得出现离析泌水现象。

③ 受冻临界强度：灌注完成的自密实混凝土在14d内不得受冻，或自密实混凝土受冻临界强度不得小于28MPa。

（4）冬期施工自密实混凝土原材料控制[6,7]

冬期自密实混凝土施工应经过试拌，按工程用原材料与配合比，以满足自密实混凝土施工性能为前提，来确定自密实混凝土用水和骨料预热的最高温度。

① 原材料品质要求。自密实混凝土原材料的选取应注意以下问题：

减水剂：应与工程用胶凝材料具有很好的适应性，严防由于过度缓凝引起自密实混凝土扩展度返大的问题。

粉煤灰：严格控制烧失量小于5.0%。

骨料：应选择低吸水率砂、石骨料，且砂、石骨料中不得有冰雪、冻块以及被冻裂的矿物质等杂物。

② 原材料加热要求。

外加剂：外加剂和黏度改性材料应放入暖棚中存放。

骨料：砂、石骨料加热最高温度不得超过40℃。

水：水加热最高温度不得超过40℃。

钢筋加工：钢筋网片绑扎应保证钢筋焊接等关键工艺过程中不发生低温破坏。

（5）冬期自密实混凝土配合比调整

冬期自密实混凝土施工应专门进行配合比选定试验，并应经过热工计算，以确保自密实混凝土出机温度不得低于15℃。

① 胶凝材料用量的调整。自密实混凝土胶凝材料用量不大于580kg/m³限值的前提下，可适当提高现有自密实混凝土配合比的胶凝材料总用量。

② 矿物掺合料掺量的调整。在现有自密实混凝土配合比基础上适当调整粉煤灰掺量，粉煤灰减少量原则上可由水泥替代。调整量应通过与户外低温环境相近的室内试拌试验确定，调整控制指标为确保自密实混凝土拌合物工作性能和硬化体影响。

③ 最高单方用水量的控制。最高单方用水量不宜超过180kg。

④ 含气量的控制。含气量宜控制在3%~5%。

(6) 冬期自密实混凝土搅拌

冬期自密实混凝土施工时,应确保自密实混凝土拌合物均匀,并避免自密实混凝土用水泥和加热水直接接触。

① 搅拌机。搅拌混凝土前应用热水冲洗搅拌机鼓筒。

② 搅拌时间。搅拌时间应较常温搅拌时间延长1.5倍。

③ 加料顺序。搅拌时,应先投入骨料和已加热的水先行搅拌,搅拌均匀后,再加入其他原材料,直至搅拌均匀。

④ 检测要求。定期检测水、外加剂和骨料加入搅拌机时的温度以及混凝土拌合时的环境温度,每一工班至少检查4次。生产期间,派专职人员负责骨料仓的下料,以免骨料中混有冰雪、冻块以及被冻裂的矿物质等杂物。

(7) 冬期自密实混凝土施工

冬期自密实混凝土施工时,在满足自密实混凝土可施工性的前提下,应避免在自密实混凝土达到临界强度前受冻。

① 模板。自密实混凝土浇筑前,应清除模板及钢筋上的冰雪和污垢;可采用保温模板,即在模板外侧粘贴保温泡沫板。

② 运输。自密实混凝土运输车罐体应有保温措施,应缩短运输时间和中间周转环节,以保证在运输中自密实混凝土不出现表层冻结、离析等现象。运输中自密实混凝土降温度速度不得超过5℃/h,以保证自密实混凝土的入模温度不得低于10℃。

③ 灌注。当外界温度为负温时,应保证自密实混凝土入模温度不得小于10℃。自密实混凝土灌注料斗必须加装防风装置,一旦自密实混凝土进入灌注料斗应立即进行表面遮盖,防止由于大风和水分蒸发造成的自密实混凝土表面结皮。若出现表面结皮现象,则需人工清除表面结皮,不得将其灌入板腔内。当进入冬期施工时,自密实混凝土灌注应采用保温暖棚封闭式灌注。

④ 养护。自密实混凝土养护宜采用暖棚蓄热法。根据预埋测温探头(测温探头可设置在轨道板观察孔内),监测板腔内自密实混凝土温度情况,据此来调整养护温度。养护期间,棚内底部温度不得低于10℃。自密实混凝土拆模后应立即在表面涂刷养护剂并覆盖表面进行保温保湿养护。

⑤ 拆模。冬期自密实混凝土施工时,带模养护时间不少于3d,当自密实混凝土强度达到15MPa且混凝土与环境温差不大于15℃时,方可进行拆模。

⑥ 检测要求。养护期间,至少每6h检测一次暖棚内养护温度。测温孔应设置于易散热的部位。冬期自密实混凝土施工时,应根据养护、拆模和承受荷载的需要,增加与构件同条件养护的施工试件(不少于2组)。

6.5.2 自密实混凝土夏季施工管理

6.5.2.1 自密实混凝土夏期施工判定

根据《铁路混凝土工程施工技术指南》规定,当昼夜平均气温高于30℃时,混凝土施工即应按夏期施工进行。

6.5.2.2 夏期施工自密实混凝土可能出现的问题

(1) 流动性损失问题

环境温度高是影响自密实混凝土流动性损失的重要因素，随着夏季环境温度升高，自密实混凝土中水泥水化速度加快，流动性损失会显著增大，可导致自密实混凝土可施工时间大幅缩短，严重影响自密实混凝土灌注施工。

(2) 板底积水和泡沫层问题

夏季多雨，特别是短时阵雨较多。对于现场已完成轨道板铺设但尚未进行自密实混凝土灌注的施工区段，若不采取有效防雨覆盖措施，雨水极易进入板底导致底座凹槽积水和土工布吸水。自密实混凝土灌注施工时，板底多余积水会引起自密实混凝土配合比大幅变化，产生离析泌浆，导致自密实混凝土层表面产生泡沫层。

(3) 养护问题

高温环境下，自密实混凝土凝结速度加快，保湿养护不及时或不到位容易产生开裂。同时，由于自密实混凝土中含有高效膨胀剂，其膨胀力发展随混凝土强度形成的加快而加快，对早期补充养护水的需求量也会显著增加，保湿养护不及时会影响自密实混凝土膨胀力发展，不利于收缩控制。

6.5.2.3 夏期自密实混凝土工作性能控制目标

① 温度目标：出机温度、入模温度不大于30℃。

② 工作性能目标：入模坍落扩展度不大于700mm，2h坍落扩展度损失不大于50mm。

6.5.2.4 夏期自密实混凝土原材料控制[6,7]

夏期施工中自密实混凝土原材料质量控制需重点关注水泥入仓温度、水泥比表面积、减水剂保坍指标等。

(1) 指标要求

自密实混凝土用各种原材料应满足如下规定。

① 水泥：宜选用混合材为粉煤灰或矿渣的水化热低的普通硅酸盐水泥，混合材含量宜取标准规定上限值，水泥比表面积则宜取标准规定下限值，不得采用早强型普通硅酸盐水泥。

② 减水剂：应采用含保坍剂组分的减水剂，其保坍能力应满足以下要求：采用自密实混凝土施工配合比，调整自密实混凝土出机坍落扩展度在680~700mm，减水剂保坍能力应满足2h自密实混凝土坍落扩展度损失不大于30mm。

(2) 存放要求

① 水泥：入仓温度不宜高于50℃。

② 粉体：粉体料仓（水泥、矿物掺合料、粉体类黏度改性材料等）应采取包覆隔热材料的遮阳防晒措施。

③ 砂、石：料仓应设置遮棚，防止阳光直射砂、石。在气温过高的时间，也可对砂、石料进行喷水降温。

④ 减水剂：应设置遮阳棚，避免阳光直射。

⑤ 黏度改性材料：液体黏度改性材料应设置遮阳棚，避免阳光直射。

6.5.2.5 配合比与工作性能调整原则

(1) 胶凝材料用量的调整

夏期施工用自密实混凝土配合比可比现有自密实混凝土配合比适当降低胶凝材料总用量，调整量以自密实混凝土拌合物性能和力学性能满足标准为准，通过实验室试验确定。

(2) 矿物掺合料掺量的调整

夏期施工用自密实混凝土矿物掺合料掺量宜较现有自密实混凝土配合比有所提高，提高的矿物掺合料量等量取代水泥用量，且宜优先考虑提高粉煤灰掺量。调整量以自密实混凝土拌合物性能和力学性能满足标准为准，通过实验室试验确定。

(3) 最高单方用水量的控制

夏期施工自密实混凝土最高单方用水量不宜超过180kg。

(4) 工作性能的调整

实验室自密实混凝土工作性能控制指标：出机坍落扩展度680～700mm，2h坍落扩展度损失不大于30mm。

6.5.2.6 搅拌生产

夏期自密实混凝土搅拌生产，应重点控制原材料的防晒和降温措施，自密实混凝土搅拌生产宜选择在夜间或温度降低时段进行。

(1) 拌合用水

可采用冷却装置冷却拌合水，并对水管及水箱加遮阳和隔热设施，也可在拌合水中加碎冰冷却，碎冰应作为拌合水进行质量控制和计量。

(2) 水泥温度

水泥进入搅拌机温度不宜高于40℃。

(3) 砂、石降温

可在自密实混凝土生产前提前对砂、石进行喷淋冷水或冰水进行降温处理，同时应加强自密实混凝土生产时和生产过程中砂、石含水率的测定，及时调整施工配合比用水量。

(4) 搅拌时间

夏季自密实混凝土搅拌时间不宜过长，加水后搅拌时间不宜超过3min。

(5) 运输罐车

自密实混凝土运输罐车应采取隔热包裹措施，同时，还需在运输罐进料斗加装防蒸发和防雨装置。夏期施工中自密实混凝土运输量应较正常情况减少，建议每罐车运输量以不超过3块轨道板用自密实混凝土土方量为宜。

6.5.2.7 灌注施工

自密实混凝土夏期施工时，应安排专人负责跟踪天气变化情况，根据气温情况和下雨情况确定施工组织安排和检查落实防雨措施。

自密实混凝土夏期施工宜选择在夜间进行，尽量避开日间高温时段。若自密实混凝土施工过程中出现降雨，应立即停止自密实混凝土灌注施工，并对已灌注完毕和未灌注轨道板进行防雨覆盖。雨后进行自密实混凝土灌注施工，必须对板腔积水进行检查，确保积水排干后方可进行自密实混凝土灌注施工。

(1) 自密实混凝土层防雨

在完成轨道板铺设后,即应采用不透水材料,如塑料薄膜对轨道板和底座板进行封闭覆盖,直至自密实混凝土灌注,以防止雨水进入自密实混凝土层封闭模腔。

(2) 混凝土运输

每罐车自密实混凝土从加水搅拌开始至浇筑完毕应控制在 2h 以内,应尽量缩短运输时间,运输过程中必须进行低速搅拌。

(3) 自密实混凝土层板腔降温

自密实混凝土灌注前,应对板腔进行预湿,或采用手持式鼓风机从轨道板灌注孔吹入冷风,降低自密实混凝土层板腔内温度,保证模板和模腔温度不超过 40℃。

(4) 板底润湿

自密实混凝土灌注前,应对轨道板底进行喷淋预湿处理,以降低轨道板吸水性,提高自密实混凝土的可灌性。

(5) 灌注施工

自密实混凝土夏期施工时,现场宜设置遮阳棚,灌注料斗须加装遮阳防晒装置。在向灌注料斗中装入自密实混凝土前,须对料斗内壁进行喷淋润湿处理。每料斗自密实混凝土灌注完毕,需及时清除料斗内壁上残余的混凝土。若采用泵送施工,应对泵管进行遮盖、涂刷隔热材料或包裹处理。

(6) 工作性能检测

自密实混凝土夏期施工时,必须每块板检查自密实混凝土拌合物坍落扩展度、扩展时间 t_{500} 和温度。

(7) 养护

在自密实混凝土终凝后,即可向侧模板与轨道板缝隙进行洒水以保湿;拆模后应立即进行保湿养护处理,优先采用养护剂进行处理,养护剂喷涂完毕后采用塑料薄膜进行覆盖。应设置专人进行养护剂喷涂,养护剂喷涂工作应与拆模同步进行,尽量缩短自密实混凝土干燥暴露时间。

6.6 CRTSⅢ型无砟轨道自密实混凝土智能化灌注设备研究

针对CRTSⅢ型板式无砟轨道结构特点和自密实混凝土实际施工要求,以最大限度简化施工操作步骤、实现自密实混凝土施工的标准化和机械化作业为目标,并解决自密实混凝土长距离泵送施工问题,开展了CRTSⅢ型无砟轨道自密实混凝土智能化灌注车研究。

6.6.1 自密实混凝土智能化灌注车功能的确定

根据CRTSⅢ型无砟轨道结构特点,综合考虑线路特点(包括直线段和曲线超高段)、自密实混凝土快速施工功能、罐车施工和大跨度桥梁泵送施工要求以及与其他施工工艺,如精调施工相协调配套等问题,提出自密实混凝土智能化灌注车的功能,设计了两种不同施工行走方式,如图 6.22 所示。

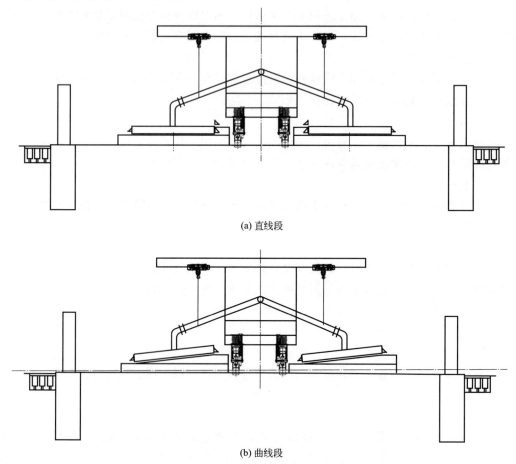

(a) 直线段

(b) 曲线段

图 6.22 灌注车线间行走灌注

6.6.2 自密实混凝土智能化灌注车的研制

针对自密实混凝土性能特点和功能性要求,确定了灌注车的工艺图,如图 6.23 所示,并研制开发了满足设计功能要求的自密实混凝土智能化灌注车,实车如图 6.24 所示。

CRTSⅢ型无砟轨道自密实混凝土智能灌注车可以实现以下功能。

(1) 自动走行

CRTSⅢ型无砟轨道自密实混凝土智能灌注车采用轮胎式跨线自行,前后轮可转向,可自动巡航,无线遥控,可以满足现场长距离施工要求。

(2) 自动润湿

CRTSⅢ型无砟轨道自密实混凝土智能灌注车设置有自动喷淋润湿系统,可自动对轨道板底实现定量、定时喷淋润湿,解决现场人工无法润湿轨道板或造成轨道板底过度积水等问题。

6 高速铁路自密实混凝土施工质量控制技术

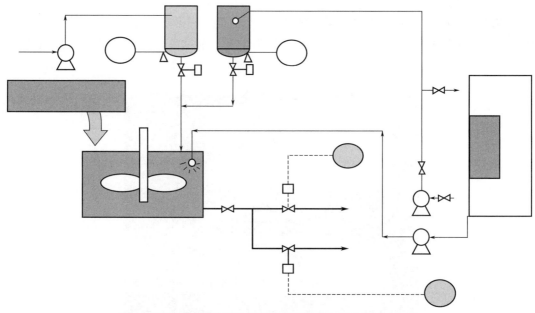

图 6.23 CRTSⅢ型无砟轨道自密实混凝土灌注集成车示意

图 6.24 自密实混凝土智能化灌注车

(3) 自动排气

影响自密实混凝土与轨道板整体结构质量的最大问题就是结合面的气泡、浮浆层问题。所研发的智能灌注车具有大容量变频调速搅拌机,转速 0~50r/min 可调,最大容积 3.0m^3,批次最大搅拌量为 2.5m^3,具有混凝土工作性能调节和辅助排气功能,可有效调整入模前自密实混凝土性能,排出其内部有害气泡,改善增强自密实混凝土和轨道板结合界面性能。智能灌注车设计了自动搅拌和排气系统。同时,该系统还具有双系统接料方式,可同时满足混凝土灌注送料和泵送送料的施工方式。

(4) 可视化

CRTSⅢ型无砟轨道自密实混凝土智能灌注车还设置有多功能控制室，控制室设有操控平台和监视装置，可实现对自密实混凝土灌注施工全过程的操控和监控，如图 6.25 所示。

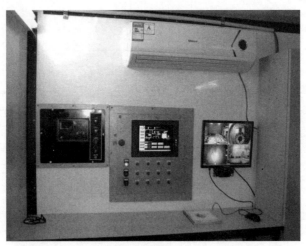

图 6.25 操控和监控平台

(5) 自动清洗

CRTSⅢ型无砟轨道自密实混凝土智能灌注车内部设置有高压喷头，可实现施工后对搅拌装置的自动清洗，做到了自密实混凝土的文明施工。

参 考 文 献

[1] 安雪晖，黄绵松，大内雅博等. 自密实混凝土技术手册 [M]. 北京：中国水利水电出版社，知识产权出版社，2008.

[2] 郑振定，颜志钦. 自充填混凝土施工监造指引 [M]. 台湾：财团法人中兴工程顾问社，2006.

[3] 谭盐宾，李化建，谢永江，等. 一种板式无砟轨道自密实混凝土用透气模板 [P]，ZL 201420486091. X，中国.

[4] Helena Figueiras, Sandra Nunes, Joana Sousa Coutinho, et al. Combined effect of two sustainable technologies: Self-compacting concrete (SCC) and controlled permeability formwork (CPF) [J]. Construction and Building Materials, 2009, 23: 2518-2526.

[5] 中华人民共和国交通运输部. JT/T 736—2015, 混凝土工程用透水模板布 [S]. 北京：人民交通出版社，2015.

[6] 李化建. 岔区板式无砟轨道自密实混凝土材料试验研究 [R]. 北京：中国铁道科学研究院，2011.

[7] 李化建，谭盐宾. 高速铁路 CRTSⅢ型板式无砟轨道自密实混凝土材料试验研究 [R]. 北京：中国铁道科学研究院，2012.

7 高速铁路自密实混凝土应用管理技术

针对自密实混凝土原材料敏感性、温度敏感性、施工敏感性以及时间敏感性特征，结合高速铁路条状结构分布、自密实混凝土层结构隐蔽性特征、自密实混凝土需求分散等现实问题，以高速铁路 CRTSⅢ型板式无砟轨道自密实混凝土现场施工实际状况，提出了高速铁路自密实混凝土"四固二强"的管理理念，即固定原材料、固定配合比、固化施工工艺、固定施工人员，强化工艺性试验和强化过程管理的高速铁路自密实混凝土应用管理技术。

7.1 自密实混凝土施工质量控制要点

自密实混凝土的质量控制流程如下：原材料检查、混凝土试拌、搅拌站验收、拌合站生产、工艺性试验、施工现场验证、缺损处理以及质量评估等八个环节，每个环节质量控制的内容及主要控制要点如表 7.1 所示。本表的目的是为技术人员提供快速检测自密实混凝土全过程质量控制要点的基本框架，但不同工程有其特殊性，技术人员应根据具体工程以及设计要求来制定有针对性的检测项目、内容、规范值以及参考依据等。

自密实混凝土搅拌站的验收可以参照京沪高速铁路混凝土搅拌站的验收，验收的程序为监理初验、建设单位审验。各施工单位搅拌站建成后，应由其项目部组织局级审查。局级审查通过后向监理单位提出初验申请。由监理单位初验合格后，向建设单位组织最后验收。验收提交的材料包括搅拌人员从业资格证书、设备检定证书、混凝土匀质性试验报告以及执行的标准、规范、规程及管理文件清单。验收的项目如表 7.2 所示，其中主控项目每一项指标和要求应全部符合规定，一般项目中应至少有 80% 及以上验收项目合格，且不合格项目中不得出现 5 分以下项目（每个项目满分 10 分）。对验收不合格的拌合站给予 10d 整改时间，并按程序申请复审。

表 7.1 自密实混凝土质量全过程控制要点

项目		控制内容	主要控制要点
1 组成材料：原材料品质与标准要求符合性、质量稳定性以及料源供货能力的检查			
1.1	胶凝材料	水泥规格、厂家、类型、品质	C_3A 含量、比表面积、碱含量、氯离子
		粉煤灰种类、厂家、品质	烧失量、细度、需水量比
		矿渣粉级别、厂家、品质	比表面积、烧失量、流动度比
		硅灰厂家、品质	比表面积、烧失量、氯离子
1.2	惰性矿物掺合料	掺合料来源、品质、稳定性	比表面积、有效组分、有害离子、流动度比
1.3	粗骨料	粗骨料品质、稳定性	最大骨料粒径、级配、针片状含量
1.4	细骨料	细骨料品质、稳定性	细度模数、有害物质、颗粒改配、含泥量或石粉含量
1.5	外加剂	外加剂种类、品质匀质性	减水率、引气质量、保坍性能
1.6	水	水的来源、品质	有害离子、水温
2 混凝土试拌：实验室确认自密实混凝土基准配合比			
2.1	配合比审查	配合比参数审核	粗骨料用量、浆体用量、浆体组成、水粉（胶）比、用水量、胶凝材料用量、粉体用量、外加剂用量
		有害离子核定	氯离子含量、碱含量、SO_3 含量

续表

项目	控制内容	主要控制要点
2.2 拌合物性能检验	自充填性能检验	流动性(扩展度、J 环扩展度)、黏聚性(t_{500}、V 形漏斗流出时间)、间隙通过性(L 形仪高差、J 环高差)以及离析性(筛分稳定性)
	工作性能经时变化检验	120min 工作性能损失或返大
	塑性阶段变形性	塑性膨胀率
	气泡质量	含气量、含气量径时变化量气泡参数
2.3 硬化体性能验证	力学性能验证	抗压强度、抗折强度、弹性模量
	体积稳定性验证	干燥收缩、自收缩、徐变(预应力结构)
	耐久性能验证	抗氯离子渗透性、抗冻性
3 搅拌站验收:检验搅拌站能够满足自密实混凝土生产要求,可参考表 7.2 进行搅拌站验收		
4 自密实混凝土生产:验证搅拌站能够提供合格的自密实混凝土		
4.1 搅拌站试拌	按混凝土试拌结果核查混凝土配合比	
	根据骨料含水率调整配合比	砂、石含水率,液体外加剂固含量
	根据试搅拌结果确定配合比	确定配合比各参数应以满足自密实混凝土设计要求为前提
	根据试拌结果确定搅拌参数,固化加料顺序	加料顺序、搅拌时间、搅拌机电流与功率等
4.2 搅拌站生产	搅拌设备检验	搅拌机效能、混凝土拌合物可视化
	骨料含水率测定	砂、石含水率
	原材料存量的检查	
	原材料预处理	砂石骨料均化、外加剂搅拌至均匀
	计量精度检验	计量设备的检验与校正
	自充填性能检验	按设计要求检验
	拌合物性能检验	出机温度、含气量、单位体积质量
	强度、耐久性试件留置	取样均匀性、制样数量
5 实体模拟试验:验证自密实混凝土施工工艺与施工装备,并检验实体结构性能		
5.1 实体结构设计	实体尺寸与配筋	模拟尺寸为实体结构最大尺寸、配筋率和配筋与实体结构一致,能够模拟混凝土真实流动状态,应分别模拟无砟轨道的直线段和曲线段
5.2 施工工艺验证	生产、运输、灌注之间的配合	自密实混凝土性能保持能力
5.3 施工装备检验	模板与施工装备(泵车、料斗、溜槽等验证)	模板的刚度、漏浆、泵送压力、泵送能力
5.4 实体结构性能测试	温度监测	芯部最高温升、内外温差
	表面质量	光洁度、气孔、裂缝、水纹、浮浆层
	力学性能	回弹强度、钻芯强度
	耐久性能	气泡参数、钻芯样吸水率、实体结构氯离子扩散系数等

续表

项目	控制内容	主要控制要点
6 现场施工：确保自密实混凝土施工顺畅		
6.1 模板	模板支撑能力与处理	模板侧向压力是否以完全的静水压力来计算，以此来确定模板刚度，模板的支撑是否坚固，模板的密接性，保护层垫块的尺寸是否能够保证保护层厚度，脱模剂的种类，脱模剂涂抹的均匀性，是否按要求粘贴透水模板布等
6.2 浇筑	浇筑工艺与浇筑装备	浇筑计划，浇筑方式，浇筑程序和速度，浇筑控制（避免离析、冷缝或浮浆现象），浇筑工程突发问题处理方案（暴雨、大风、堵管、爆管等），自充填性能检核，温度测量，浇筑过程中模板是否有变形或漏浆现象，轨道板是否上浮、侧移，试件制作
6.3 养护	养护方式与养护时间	养护方法是否适当（炎热天气、寒冷天气、大风天气），养护是否持续，养护期是否及时，寒冷天气的保护措施，拆模时间或者带模养护时间
6.4 拆模	拆模时间与拆模要求	拆模强度、拆模内外温差、拆模顺序
7 缺损处理：对不影响实体结构使用功能及其安全性的缺损进行处理，以满足耐久性要求		
缺损处理	缺损部位和缺损规格	原因分析，修补计划，修补实施效果
8 质量评估：满足设计要求		
8.1 外观质量	表面质量	色差、水纹、蜂窝、麻面、露石等
	裂缝	裂缝宽度、深度，对结构使用性能及其耐久性影响，处理方案
8.2 力学性能	抗压强度、抗折强度、弹性模量	表面回弹强度和弹性模量，取芯的强度
8.3 耐久性能	保护层质量	表面吸水率、表面氯离子渗透性，取芯的气泡参数，表面电阻率等

表 7.2 京沪高速铁路高性能混凝土拌合站验收项目

序号	评价项目及标准
主控项目	
1	验收申请单位和盖章是否正确
2	搅拌设备要求
2.1	是否有产品证明或出场质量证明
2.2	设备检定是否完成、检定机构是否合法有效、检定标签或证书是否齐全和在有效期内
2.3	规格型号和机械性能是否满足质量控制要求
2.4	计量系统经局级或监理实际标定精度情况
2.5	搅拌控制系统经实际搅拌工艺试验标定情况
3	粉料仓容量是否满足生产能力的需要
4	砂石料清洗设备能力是否满足全面清洗需要
5	操作人员数量、资质、上岗证是否符合要求或工作需要
6	是否配置检测试验并满足检测试验需要
7	是否进行了混凝土匀质性试验和搅拌工艺试拌并经监理工程师确认

续表

序号	评价项目及标准
	一般项目
1	场内道路是否硬化并满足重载车辆通行,场地排水是否通畅
2	砂石料存放要求
2.1	料场场地是否硬化,排水是否畅通
2.2	是否分区存放和隔离,标识是否醒目、内容齐全并与实际相符
2.3	合格区是否有可靠的棚架、是否有保温或降温措施
2.4	待检区是否有含泥量、粉尘量等超标后的纠正处理措施
3	本拌合站职责是否详细、明确和规范
4	拌合站人员分工及其岗位职责是否详细、明确和规范
5	拌合站各项管理制度是否详细、明确和规范,是否具有操作性
6	质量保证体系是否健全、符合实际和具有操作性
7	安全、卫生、环保、消防措施是否符合要求
8	办公设备是否满足需要,是否具备信息化管理条件
9	各种记录用表是否准备齐全和符合要求
10	各种岗位人员是否通过建设单位培训并掌握基本知识
11	有关安全、消防、环保、质量等标识是否规范、齐全和醒目

7.2 固定自密实混凝土材料

7.2.1 固定自密实混凝土原材料

高速铁路呈条带状分布,具有跨度大、施工战线长等特点,自密实混凝土的大宗性特征和技术经济性要求,客观上要求所用原材料必须就地取材。自密实混凝土原材料敏感性要求其原材料必须具有高度均质性。工程经验表明:作为地方材料的砂、石骨料以及粉煤灰等材料的均质性非常难以控制,不同批次波动较大,尤其以砂、石骨料含水率和含泥量尤为突出。自密实混凝土用原材料获取难和均质性控制难,也导致了自密实混凝土稳定生产供应难。

固定自密实混凝土用原材料的料源,强化不同批次原材料的均质性控制,对原材料实行专仓专用,并做好防水、防晒以及防污染的措施。固化原材料的关键在控制不同批次原材料符合性和均质性,符合性即指自密实混凝土用原材料必须满足《高速铁路 CRTSⅢ型板式无砟轨道自密实混凝土》标准,均质性是控制不同批次原材料之间的稳定性,只有原材料固定,才能使自密实混凝土理论配合比与施工配合比逐渐趋近。

① 吻合性控制:生产自密实混凝土的原材料品质应与相关标准规定相吻合。

② 均质性总体要求：应保证不同批次原材料性能指标不发生过大幅度变动，其波动宜控制在10%以内。

③ 砂、石骨料：砂、石原材应做到材料专用、存放专仓，严禁与其他部位用材料混存。河砂含水率宜小于4%，河砂含水率的变化宜控制在1.5%以内。不同批次河砂细度模数的波动宜小于0.2。不同批次粗骨料针片状含量不宜超过2%。

④ 储存管理控制：专仓专用，防水防污染。

⑤ 粉煤灰：粉煤灰的烧失量小于5%，需水量比小于100%。不同批次粉煤灰需水量比之差宜小于3%。

⑥ 减水剂：减水剂应采用"先消后引"工艺，同时还应根据施工环境温度情况及时调整其缓凝性能。使用现场原材料与配合比，在大搅拌机上验证自密实混凝土工作性能3h变化情况，以固定减水剂组分。不同批次减水剂减水率之差宜小于3%。

7.2.2 固定自密实混凝土配合比

原材料确定后，根据实验室试验和工艺性揭板试验结果，固定自密实混凝土的配合比，根据具体情况确定自密实混凝土施工配合比，规范自密实混凝土配合比审批程序。固定自密实混凝土配合比其本质是根据原材料情况动态调整自密实混凝土施工配合比，是混凝土施工过程动态管理的重要环节。

(1) 自密实混凝土配合比确定程序

当自密实混凝土原材料料源确定以后，实验室试拌验证自密实混凝土各项性能，当自密实混凝土各项性能满足标准要求时，确定自密实混凝土理论配合比。根据骨料含水率并经过搅拌机搅拌确定后，确定自密实混凝土的施工配合比。自密实混凝土减水剂掺量、砂率可根据现场原材料波动进行适当调整。

(2) 自密实混凝土配合比审批程序

自密实混凝土配合比审批程序为：中心实验室提出配合比审批申请，技术咨询对配合比进行确认，监理对配合比进行审批。

(3) 自密实混凝土配合比变更程序

当遇到自密实混凝土原材料发生变化或其他特殊情况，需要对自密实混凝土配合比进行变更时，需要满足以下要求：自密实混凝土性能与揭板工艺性试验应满足《高速铁路CRTSⅢ板式无砟轨道自密实混凝土》规定；自密实混凝土试验和揭板应经过监理和咨询见证确认。

自密实混凝土施工配合比应根据原材料的波动进行适当调整，这是自密实混凝土应用管理的重要环节。配合比的调整要有一定的程序并在一定范围内进行，自密实混凝土配合比调整要遵循以下原则：

① 水胶比可减少或增加0.01；

② 砂率可调整3%；

③ 减水剂用量可调整0.2%。

自密实混凝土配合比调整后应验证其工作性能，当工作性能满足要求后，成型力学性能和耐久性能，7d力学性能满足要求后方可使用调整后的自密实混凝土配合比。

7.3 固化自密实混凝土施工

7.3.1 固化自密实混凝土生产

CRTSⅢ型板式无砟轨道自密实混凝土规模化生产时与线下工程共用搅拌站。现有搅拌站计量精度能够满足传统振捣混凝土,对于自密实混凝土的适用性有待验证。现有搅拌站多是已经生产其他结构部位混凝土一段时间,搅拌叶片的磨损,可能降低对混凝土的搅拌效率,对于胶凝材料较多的自密实混凝土而言,可能影响更大。再者是原材料的波动,尤其是标准规范中没有规定的砂、石骨料的含水率而言,含水率的波动较显著影响自密实混凝土的工作性能。

与其他结构用普通混凝土相比,自密实混凝土具有胶凝材料用量大、砂率大、粗骨料用量少且粒径小等特点,在采用工地搅拌站规模化生产时若采用与普通混凝土相同的搅拌工艺可能无法实现自密实混凝土的充分搅拌,搅拌出的混凝土中容易出现胶凝材料结团现象,造成自密实混凝土均匀性严重变差,局部会出现离析泌水现象,严重影响自密实混凝土工作性能获得,如图7.1所示。

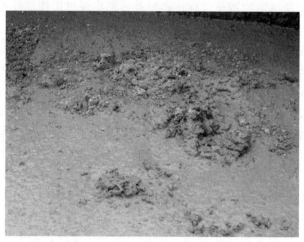

图7.1 搅拌制度不合理导致自密实混凝土搅拌不均匀

混凝土拌合站生产设备管理的目标是在精度满足要求的情况下,搅拌站设备可以持续工作。生产设备是混凝土生产的工具,没有高效的设备就不可能有高的生产力;没有精度满足要求的设备,就无法保证混凝土生产配合比与理论配合比趋于一致,自密实混凝土的质量也无法得到保障。混凝土集中拌合站的产生是以先进搅拌设备、精确的计量装置以及配套的辅助设备为前提的,因此,混凝土拌合站必须加强生产设备的管理,生产设备的管理包括规范操作、及时保养和定期校准等。

① 规范操作。按使用规范对设备进行操作,确保设备能够高效、安全地持续运转。混凝土搅拌是专业性较强的工种,它不仅要求操作工人具有很强的责任心,同时要求操作工具有一定的专业知识,因此,应对混凝土搅拌站操作手进行专业培训,取得职业操作证

方可上机操作。混凝土生产设备大多是金属制品，混凝土与金属有很好的黏结力，当使用完毕，或由于故障使混凝土生产过程中断时间较长，务必及时清理搅拌机、搅拌车或混凝土泵中的混凝土，防止残留的混凝土在设备上固结，影响以后的使用。

② 及时保养。混凝土生产环境较为恶劣，粉尘、磨损、振动等是对混凝土生产设备影响最为严重的，与其他生产设备相比，设备更容易出现一些不正常的现象。另外，混凝土生产非周期性和即时性的特点，造成搅拌设备频繁启动、停止，这样设备更容易破坏。为确保需要时能够持续生产混凝土，对混凝土主要设备应进行及时保养和维修。预拌混凝土管理规程的设备管理中明确规定要定期检查搅拌机的叶片和衬板，并保持搅拌机内外清洁和润滑。

③ 定期校准。搅拌站每月应进行自校准，保存校准记录。电子秤自校准方法是法定计量部门每年检定时，记录每个电子秤在各检测点显示值对应的输入电压值，自校准时用一台精密数字电压源，输出相应电压值来检定电子秤仪表，可免除搬运几百千克，甚至几吨重的砝码。为了加强核查，搅拌站每周也可用地中衡检查运输车中的混凝土表观密度，如表观密度与设计密度超过±2%，应检查原因，及时纠正。

自密实混凝土生产控制管理重点如下所述。

(1) 自密实混凝土搅拌设备检测

搅拌机叶片与筒壁间隙的调整：在许多搅拌站都出现过搅拌机叶片不满足自密实混凝土生产要求，搅拌叶片与筒壁间隙过大的问题，有的甚至大于 40mm。考虑到自密实混凝土所用粗骨料最大粒径为 16mm，因而将搅拌机搅拌叶片与筒壁间距调整为 10mm。

(2) 自密实混凝土计量设备校准

自密实混凝土施工配合比能否与理论配合比趋于一致，主要取决于混凝土计量装置，计量失控、电子秤受潮等都会造成计量超差，酿成质量事故。为确保计量精度，混凝土搅拌站应定期对搅拌站的称量系统进行校准，每个月不少于 1 次。称量系统首次使用、停用超过 1 个月以上、出现异常情况、维修后再次使用前应进行校准。用于校准称量系统的砝码，初次使用前应进行检定。

(3) 自密实混凝土用原材料的均化

天气突然变冷或低温季节自密实混凝土施工时，需关注减水剂中是否有沉淀或不溶物析出，并关注自密实混凝土坍落扩展度经时损失的变化情况，避免出现扩展度返大的现象。夏季施工时，洪水季节打捞的河砂，其含水率较大，应进行适当自然晾晒脱水后再进行均化处理，以确保河砂含水率波动控制在 1.5% 以内。

(4) 自密实混凝土搅拌制度优化

在调整了搅拌机叶片间隙的基础上，进一步通过试验确定了自密实混凝土的生产搅拌制度为：生产自密实混凝土时，先往搅拌机内投入碎石、砂、胶凝材料（搅拌 30s）；再投 80% 用水量和 100% 减水剂（搅拌 1min）；最后投入剩余 20% 用水量（搅拌 2min）至结束。总搅拌时间不得少于 3min。

(5) 自密实混凝土开盘鉴定

一般情况下，在搅拌站开盘时，自密实混凝土状态和用水量不以第一盘混凝土为判定，建议以第二盘或者第三盘为准。开盘时第一盘料需进行预扣水，扣水量根据每个搅拌站具体情况而定。在生产过程中若要查看混凝土状态，在条件许可下，以铁铲在搅拌机下料口接料观察最为准确，并根据混凝土状态确定是否需要添加用水。而第二盘用水量可能会比第一盘略多几千克，属于正常现象。第三盘应该生产趋于正常。

7.3.2 固化自密实混凝土施工工艺

自密实混凝土施工装备和工艺需经过线下工艺性揭板试验确定。为实现自密实混凝土规范化施工的目标，应固定自密实混凝土施工装备的尺寸，固化自密实混凝土施工工艺控制参数。自密实混凝土搅拌出机后到入模前等待时间不得超过120min。

（1）混凝土入模状态控制

自密实混凝土不得出现离析泌水现象。在满足充填性能的前提下，尽可能降低自密实混凝土的入模扩展度，扩展度以小于680mm为宜，2h扩展度经时损失不得大于50mm。

（2）灌注高度控制

保证自密实混凝土灌注时有一定的压力，曲线段灌注高度（灌注料斗下料管高度）不宜小于100cm，直线段灌注高度（灌注料斗下料管高度）不宜小于80cm。

（3）终灌时间确定

终灌时间的确定原则是以所有排浆孔所排出的混凝土与自密实混凝土本体相当为准。

（4）模板优化改进

模板上排气孔应设在轨道板四角对应位置，长度不小于15cm，宽度不小于3cm。现有模板，可在模板四角处钻$\phi 10$cm左右的孔，以便自密实混凝土浮浆气泡的排出，具体数量和孔径可根据排气效果而定。

（5）自密实混凝土灌注料斗

自密实混凝土灌注料斗中应添加搅拌装置，尤其是用于自密实混凝土水平运输的中转斗。搅拌装置的电机功率、搅拌叶片设置等参数需根据试验确认。自密实混凝土下部的灌注料斗上口尺寸宜大于80cm×80cm，或$\phi 80$cm。

7.4 固化自密实混凝土施工人员

7.4.1 细化人员分工

自密实混凝土施工人员必须经过培训合格后方能进行上道施工，自密实混凝土施工人员培训包括基础知识和实际操作。不同标段或同一标段不同的施工作业队应分别进行工艺性试验考核。每一作业面固定自密实混凝土施工人员，并固定每个施工人员的分工。建议试验人员后置，即试验人员工作后置，从实验室延伸到搅拌站，从搅拌站延伸到施工现场，以了解自密实混凝土在施工过程中的性能变化，能够更好地指导室内自密实混凝土配合比设计。施工人员前移，即施工人员工作前移，从施工现场前移到搅拌站，从搅拌站前移到实验室，了解自密实混凝土性能的状态，提高对自密实混凝土入模状态的判定。

7.4.2 强化人员培训

自密实混凝土施工前应对所有参与人员进行分级培训,从自密实混凝土管理理念、制备技术、施工技术、现场操作要点、问题处理等综合培训。美国混凝土协会《Self-Consolidating Concrete》(ACI 237R—07)规定自密实混凝土质量控制应由专业人员来进行,现在美国混凝土协会还没有专门针对自密实混凝土性能测试程序,所以推荐从事自密实混凝土的试验人员应达到 ACI 水平 1 级现场测试水平。

7.4.3 实施一把手负责制

CRTSⅢ型板式无砟轨道自密实混凝土技术作为一门新技术在高速铁路中的应用经验非常有限,对于设计、建设、施工、监理或咨询单位而言都是新的挑战,自密实混凝土涉及的施工人员如图 7.2 所示,建议采用一把手负责制。一把手负责制能有效地形成自上而下对板式无砟轨道自密实混凝土技术的重视,从根本上树立起自密实混凝土是一种需精心对待的特种混凝土,而非普通混凝土的质量控制意识,从而确保自密实混凝土的施工质量。

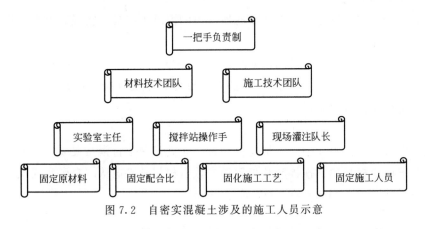

图 7.2 自密实混凝土涉及的施工人员示意

7.5 强化自密实混凝土工艺性试验

自密实混凝土工艺试验验收制度的目的是,在正式上线施工前,检验、验证底座混凝土施工工艺与工装设备、自密实混凝土配合比、自密实混凝土模板工装、轨道板铺设工艺、精调工艺、自密实混凝土灌注工艺的可行性以及锻炼培养自密实混凝土施工队伍。通过工艺试验验收制度,能快速培养队伍、固化施工工艺和工装设备,最大程度避免正式施工中的自密实混凝土的施工缺陷。场外工艺性试验可培训施工作业及技术管理人员,使其掌握施工工艺要点、熟悉每一道工序、清楚每一个施工细节、形成标准化管理施工理念;同时还可以掌握不同环境条件下的自密实混凝土性能变化特点。通过场外工艺性试验,能减少正线施工的质量不稳定造成的浪费及损耗。同时通过加强场外工艺性试验期间的技术管理,特别是进行专题技术分析、总结并对存在的问题逐一制定改进措施等方面的研究,可大大减少正线自密实混凝土施工过程的损耗。

7.6 强化自密实混凝土施工过程检测

7.6.1 强化过程检查

加强对自密实混凝土搅拌生产和灌注前拌合物工作性能的检测，包括扩展度、t_{500}、含气量、温度等。自密实混凝土工作性能检测合格后才能进行自密实混凝土的灌注。出现离析泌水的自密实混凝土不得进行灌注，不能现场依靠延长等待时间来灌注发生泌水的自密实混凝土。

7.6.2 树立重检慎修理念

脱模后及时对自密实混凝土质量进行检查，做好质量缺陷的记录，并提出相应的解决方案，修补方案应经过专家认证，并按程序进行报批，不得随意进行修补。

8 自密实混凝土常见问题与对策

自密实混凝土的高度敏感性、充填层自密实混凝土的特殊性、充填层结构的隐秘特征、自密实混凝土规模施工的困难性以及缺少现浇自密实混凝土技术储备等决定了自密实混凝土工程质量暴露出一些质量缺陷。为方便工程技术人员对自密实混凝土技术问题的理解和解决，本章总结了日本和欧洲对自密实混凝土问题产生原因的分析和解决途径的建议。结合我国高速铁路自密实混凝土的工程经验，系统梳理了自密实混凝土在原材料管理、配合比设计、生产过程、运输过程以及施工过程可能遇到的一些问题，并给出了相应的解决措施，以期确保高速铁路自密实混凝土的工程质量，拓展自密实混凝土在高速铁路工程中的应用。

8.1 自密实混凝土常见问题的汇总

8.1.1 日本对自密实混凝土技术问题总结

Masahiro Ouchi 等在"Guide for Manufacturing & Construction of Self-Compacting Concrete-Learning from Real Troubles"中总结了自密实混凝土应用过程中出现的 18 个问题，如表 8.1 所示，并按成因将问题分为 6 类，即混凝土生产计划、对原材料及其性能检查不足、对自密实混凝土性能了解不够、混凝土配合比设计、施工计划以及新拌混凝土的失效[1,2]。表 8.1 给出了不同问题的案例，事实上问题远不止这些。自密实混凝土工程所有问题的出现与自密实混凝土的特殊性密切相关，且同一问题的出现，其原因并不一定相同。如第 9 个夏季施工混凝土返大的问题，在我国高速铁路工程案例中，自密实混凝土工作性能的返大发生在冬季施工案例，冬季施工时，自密实混凝土的配合比还是使用夏季配合比和原材料，减水剂开始没有发挥减水作用，混凝土出机状态是靠提高减水剂掺量获得，浇筑到无砟轨道自密实混凝土层结构后减水剂逐渐发挥减水作用，自密实混凝土出现返大，以致出现离析泌水现象。因此，对于具体问题应该具体分析，从而找出更有针对性的解决方案。

表 8.1 问题总结及原因分析

序号	问题	现象描述	原因	经验
1	原材料堵塞	一搅拌站使用储存很久的粉煤灰制备自密实混凝土，正式施工时粉煤灰从储料罐中无法取出	粉煤灰在储料罐中存放1 个月左右，搅拌中其他设备运行产生振动使得粉煤灰在罐中堆积密实，在罐口堵塞	1. 生产自密实混凝土前对各种原材料进行检查，尤其是水泥、粉煤灰、矿渣粉以及石粉等粉料，也包括膨胀剂、黏度改性剂等粉体外加剂；2. 配合比设计时的实验室试拌与工程应用的正式搅拌之间的间隔不宜太久
2	投料困难	一搅拌站准备用粒化高炉矿渣粉来生产自密实混凝土，由于没有多余的储料罐，实际生产过程中采用人工加料的方式，搅拌效率很低，且投料时的粉尘引起工人们的抱怨	采用人工加料的方式，搅拌机周围操作空间小，打开搅拌机盖时粉尘很大。每一批粒化高炉矿渣粉的袋子打开举起来并放进搅拌机，非常费力	当使用额外矿物掺合料时，应尽量采用自动计量和加料装置。人工加料代替机械操作，会不可避免地造成生产效率低和混凝土生产质量降低

续表

序号	问题	现象描述	原因	经验
3	搅拌机停机	在一次混凝土开机搅拌时,搅拌机总会发生停机,然后试图通过重新启动搅拌机来继续搅拌,均会发生停机现象。最终只能将搅拌机中的原料倒掉,然后将搅拌机更换为搅拌能力更强的双轴强制式搅拌机,顺利生产	自密实混凝土水粉比很低,自密实混凝土具有较高的黏度,再加上搅拌机的荷载,事实上自密实混凝土生产所需功率比常规混凝土要高很多	搅拌自密实混凝土时,一是应保证搅拌量比常规混凝土少,宜为搅拌机搅拌能力的70%;二是注意自密实混凝土生产过程中的投料顺序
4	搅拌时间	一个搅拌站同时需要搅拌自密实混凝土和常规混凝土,在交替生产过程中,操作员忘记重新设置搅拌时间,生产自密实混凝土仍然采用搅拌时间1min(实际生产2min),最终搅拌出的混凝土为低流动性混凝土,无法使用被倒掉	由于自密实混凝土水粉比较低,需要比常规混凝土更长的搅拌时间,至少应为2min以上。现在常用的新拌搅拌系统中,搅拌时间一般可根据混凝土配合比自动调整	对搅拌机操作系统进行检查,混凝土搅拌时间设定的细则应在混凝土生产系统手册或核对表中给出
5	搅拌机类型	一家搅拌站使用微型搅拌站生产自密实混凝土。搅拌过程中无法通过搅拌机上的摄像头来控制混凝土的搅拌状态,操作员每次通过观察搅拌机的功率表来控制搅拌过程。在最初几盘混凝土的搅拌中,这种方法很有效,但是搅拌约10盘以后,功率表所显示的搅拌机功率变得越来越小,最终减到第一盘的50%左右,已经无法通过电流来控制混凝土的状态了	在搅拌过程中,混凝土不断黏着与堆积在搅拌机的叶片上,使得每批搅拌量变小,导致搅拌机搅拌功率降低	1. 推荐使用强制式搅拌机,双轴搅拌机或者盘式搅拌机; 2. 使用微型搅拌机时,应适当延长搅拌时间,并要对搅拌机内混凝土的状态进行监控
6	流动性的波动	某水利工程中使用自密实混凝土来填充坝体结构中预制廊道的下部。由于是夏季施工,搅拌站生产混凝土时,需要对骨料进行喷水预冷,导致混凝土流动性发生波动,每一批自密实混凝土的流动性都不尽相同	喷水遇冷使骨料表面含水率很高,料仓中骨料的含水率不均,在自密实混凝土配合比不变的情况下,势必会导致自密实混凝土流动性的波动	1. 骨料准备好之后至少要存放1~2d,静置至其含水率稳定且分布均匀,也可以通过加盖顶棚的方式避免骨料经受风吹、雨淋、日晒或雪等; 2. 每批混凝土拌合前先测定骨料的含水率; 3. 每次开始搅拌时不要使用料堆表层的那部分骨料; 4. 通过离心方式使湿砂脱水保持其含水率稳定
7	原材料变化	某搅拌站采用粉煤灰来生产自密实混凝土。由于储罐较小,每次进料只能使用2周。某一天发现自密实混凝土的含气量超出允许范围。还有一搅拌站,在采用粉煤灰生产自密实混凝土过程中,发现两盘自密实混凝土流动性差别很大	原材料中粉煤灰特性发生变化引起自密实性能的变化	1. 一次性购买足够的原材料,以免两次购入原材料特性的变化; 2. 每盘混凝土在搅拌前都要对配料单进行仔细核对,核查原材料的性能波动是否在允许范围之内

续表

序号	问题	现象描述	原因	经验
8	从搅拌车中溢出	在一个建筑工程中使用混凝土搅拌车，将自密实混凝土从搅拌站运输到施工现场，当搅拌车停在一个斜坡上并试图开动时，混凝土从罐车中溢出	一是搅拌车超载，在运输过程中装了过量的混凝土；二是自密实混凝土具有较高的流动性；三是搅拌车在斜坡上急停、急开	1. 确保自密实混凝土的装车量不超载； 2. 运输司机应对自密实混凝土性能有所了解，以免运输过程中发生问题
9	离析泌水	某搅拌站夏季生产自密实混凝土时，出机坍落扩展度满足设计要求，运到工地后自密实混凝土扩展度超过了700mm，且出现了离析泌水现象	混凝土运输到现场后温度较高，超过了30℃，高温会影响高效减水剂的作用效果以及作用时间	1. 配合比设计时需要模拟实际工程条件，对自密实混凝土的自密实性能及其经时变化进行检测； 2. 对于工期较长的工程中，还需要考虑到不同季节温度变化对自密实混凝土性能及其经时变化的影响
10	泵管爆裂	某建筑工地使用Y形管道泵送自密实混凝土，在泵送一半时，Y形管连接部分突然发生爆裂，大量混凝土从管道中流出	自密实混凝土黏度很高，泵送时需要较高的压力，如果管道承载力较低，则在泵送过程中受到较高的压力就有可能发生爆裂	1. 使用一些管壁较厚或直径较大的管道； 2. 定期检查管道的使用磨损情况
11	模板断裂	某工地使用自密实混凝土浇筑墙体，当浇筑完毕时，墙体下方模板局部开裂发生跑模，大量自密实混凝土从跑模缺口处流出，用来修补模板和清理流出混凝土的时间比浇筑混凝土的时间还要长很多。一水利工程使用自密实混凝土进行浇筑隧道衬砌时，模板选用的是滑动钢模，但是侧面选用的是木制模板，在浇筑过程中，侧面模板开裂发生跑模，自密实混凝土从缺口处流出	新拌自密实混凝土具有很高的流动性，对侧面模板的压力近似于液体的压力，当对模板的支撑力不够时，在自密实混凝土高侧压力下导致跑模	1. 保证自密实混凝土模板及其支撑的刚度和强度； 2. 浇筑过程中测量模板所受侧压力以及控制自密实混凝土的浇筑速度
12	泵送后流动性变小	某建筑工程中使用泵送的方式来浇筑自密实混凝土，混凝土泵送到仓面之后，混凝土变得很干，流动性几乎完全丧失。另一工地，将自密实混凝土泵送50m之后浇筑，自密实混凝土发生严重的离析泌水现象	泵送时的高压可能会改变自密实混凝土的自密实性能，表现为较低混凝土的流动性，还可能造成自密实混凝土离析泌水	在正式施工前，通过泵送试验来检验自密实混凝土自密实性能的变化情况

续表

序号	问题	现象描述	原因	经验
13	收缩裂缝	某桥梁工程中使用自密实混凝土浇筑桥的栏杆,拆模后第5天发现第一批裂缝,裂缝的宽度达到0.1mm,间距10m左右,不得不采用水泥与环氧化合物来修补裂缝,后来在自密实混凝土中添加膨胀剂,避免了该问题的发生	裂缝的产生可能是自收缩,也可能是干燥收缩或者温度应力的作用。另外,各种车辆经过时的震动对早期混凝土的影响也可能是产生裂缝的因素之一	混凝土特性、结构的设计、养护条件或者环境状况变化均可能引起自密实混凝土硬化后产生裂缝
14	温度裂缝	某水利工程中使用自密实混凝土封堵导流隧道,浇筑几天后拆模时,在混凝土的中间发现一条宽度约为0.5mm的裂缝,最终施工人员通过灌浆来修补裂缝	裂缝产生是由于高水化热造成的。在实际工程中使用自密实混凝土时出现了自密实混凝土抗离析能力没有达到工程需要,于是通过增加水泥用量的方法来调整自密实混凝土满足工程要求	1.使用石粉、粉煤灰等粉体材料可以有效降低自密实混凝土的水化热; 2.使用低热水泥; 3.自密实混凝土配合比设计时进行必要的温度应力分析
15	表面气泡	某水利工程在隧道衬砌使用自密实混凝土时,拆模后发现表面存在很多的大气泡,但取芯发现,内部并没有发现气泡的存在	自密实混凝土的高黏度导致在浇筑过程中混凝土内部气泡不能在初凝前及时从表面溢出	1.减慢浇筑速度; 2.增加混凝土流动距离; 3.减小混凝土垂直落差; 4.在模板的表面进行轻微振动
16	沙质表面或麻面	使用自密实混凝土进行一个高架桥墩的浇筑,在垂直方向上泵送40m后发现自密实混凝土发生了泌水现象。浇筑完毕拆模后发现混凝土表面好像被水冲过一样,此种现象被称为"麻面"。通过试验检测发现只有表面存在这种现象,混凝土结构体本身具有足够的强度,这对混凝土耐久性不会产生负面影响	自密实混凝土的离析泌水是由泵送时的高泵送压力引起的。该工程中混凝土的用水量也高于自密实混凝土最佳用水量,这是因为当时是冬季施工,却仍然使用夏季施工时的自密实混凝土配合比,只通过调整高效减水剂的用量并且增加用水量来调整新拌混凝土的自密实性能	混凝土的最佳配合比取决于环境温度以及使用原材料的特性,对于工程较长的工程,需要对自密实混凝土的配合比进行季节性调整
17	蜂窝	一次工程试验中使用流动性略小的自密实混凝土来浇筑一个建筑物的墙体,拆模后发现在墙体的底部出现了蜂窝现象,墙体中的钢筋都暴露在外面	除了自密实混凝土本身流动性小之外,泵送也会使自密实混凝土的流动性降低;浇筑过程中混凝土的垂直落差较大时会加剧骨料与浆体的分离	1.正式施工前需要对泵送后的混凝土进行自密实性能检测; 2.自密实混凝土不是万能的,也不可能在任何一个工程的任何部位都达到自密实,必须限制自密实混凝土的流动距离和落差
18	不硬化	某建筑工程在使用自密实混凝土浇筑时,发现浇筑2d后混凝土还没有开始初凝,最终在浇筑完成的第5d才开始硬化	该自密实混凝土是使用萘系减水剂,在生产前2d,减水剂储罐中搅拌叶片出现问题,保持混凝土坍落度的组分沉淀到储藏罐的底部,正式生产所使用的恰恰是含有大量保坍组分的减水剂	1.使用前对减水剂应进行充分搅拌,使其组分均匀; 2.生产自密实混凝土前,对所用原材料的状态进行必要的检查

8.1.2 欧洲相关规范对技术问题总结

《欧洲自密实混凝土（规格、生产和应用）指南》总结了自密实混凝土应用过程中的8种常见问题，如气孔、混凝土表面水纹、色差、浇筑面不平、蜂窝、剥落、接缝以及塑性开裂等，并针对每种问题提出了产生的实际原因、预防或纠正措施，如表8.2所示[3]。气孔或其他表面缺陷影响混凝土表面外观，而蜂窝、接缝、剥离以及开裂等将影响自密实混凝土的整体性。

表 8.2 自密实混凝土常见问题、产生原因以及预防或改正措施

序号	缺陷类型	主要原因	实际原因	预防或改正措施
1	气孔	裹入空气、裹入水、滞留脱模油	颗粒太细/比表面积过大	减少细粉料
			脱模油用量太大或者不均匀	最小应用量、涂抹均匀
			模板表面粗糙	1.确保模板表面清洁；2.使用可以吸收空气的土工纤维模衬
			浇筑速度太快	确保稳定的入模下料速度
			流动距离太长	限制流动距离小于5m
			流动距离太短	延长流动距离大于1m
			浇筑自由落差大	1.降低自由落差至小于1m；2.在深井中使用软管；3.自下而上泵送来排除空气
			混凝土温度太高	降低混凝土温度至25℃以下
			浇筑速度太慢	计划合理的供料速度，以确保现场浇筑连续
			超塑化剂中组分沉淀,特别是消泡剂	混凝土供应商：提高混凝土的储存性，在有效期前用完原材料
			黏度太高	1.减少黏度改性剂的用量；2.重新设计配合比
			不合理的骨料级配	使用黏度改性剂或者引气剂
			太长搅拌时间所带入的空气	重新设定搅拌时间
			胶凝材料与外加剂的相互作用	生产前检验外加剂与水泥的相容性
		物理原因	较差的填充性能；较差的通过障碍物的能力；高黏度或高屈服应力；小扩展度较小或 t_{500} 过长；坍落度损失快	
2	混凝土表面垂直条纹或可见水纹	泌水、细粉料析出	水胶比过高 黏度过低	1.使用黏度改性剂；2.提高细颗粒含量以增加黏度；3.使用引气剂来克服较差的粒径分布情况
		物理原因	稳定性较差	

续表

序号	缺陷类型	主要原因	实际原因	预防或改正措施
3	蜂窝麻面	浆体或细颗粒不够 低塑性黏度导致混凝土离析 混凝土不能填充整个模板	浆体含量或细颗粒含量低	增加细颗粒含量，每方混凝土中粉体的量至少大于450kg 掺加引气剂
			不连续级配	连续级配
			与钢筋净空相比，骨料的粒径过大	降低最大骨料粒径
			模板漏浆	检查模板的完整性，特别是连接处是否密封
	物理原因	填充性、间隙通过性和稳定性较差 扩展度或 t_{500} 过小 粗骨料和浆体离析		
4	色差	结构表面不同批次混凝土颜色不一致	温度太低	冬季施工时保持自密实混凝土的入模温度
			流动度高、黏度低	通过增加细粉料或使用黏度改性剂来增加混凝土的黏度
			外加剂或脱模剂的缓凝影响	仔细选择外加剂以满足施工时间要求 减少水的用量或减少增塑剂的用量 考虑使用温和的促凝剂 使用土工织物模板内衬
			浇筑速度的变化	连续浇筑，保持浇筑高度基本一致
			塑料养护膜与混凝土表面无规则的接触	塑料养护膜均匀接触混凝土表面
			表面干燥的木模板	施工前润湿模板，尽量选择表面有涂层的模板
	物理原因	油或外加剂等缓凝或污染的影响 太高的塑性黏度或屈服应力		
5	不平的浇筑面	模板变形，模板的印记印到混凝土表面	浇筑速度快，模板刚度设计较低	减少浇筑速度以降低混凝土净压力 使用黏度改性剂增加黏度 重新设计模板
			模板表面破损 黏附着残余混凝土	更新模板 浇筑前清理模板表面
			使用不合适的脱模剂或者脱模剂使用方法不当	试验确定选择最好的脱模剂 使用合适的压力和喷头来确保脱模剂涂刷厚度均匀适量
			太高的水粉比	增加塑化剂的量或使用黏度改性剂
	物理原因	模板压力高 塑性黏度低		

续表

序号	缺陷类型	主要原因	实际原因	预防或改正措施
6	剥落	表面层只有细颗粒，且凝结较快	没有养护或有限的养护	根据环境条件确定适当的养护
			由粉体量不足而引起的离析或泌水	增加粉体的量 使用黏度改性剂 添加引气剂
	物理原因	稳定性差、离析或泌水、混凝土表面水分蒸发干燥太快		
7	不同批次混凝土之间可见的节理面（冷接缝）	表面壳层的形成阻止随后浇筑混凝土与先浇筑混凝土成为整体	混凝土间断浇筑	不间断连续浇筑
			混凝土硬化较快	控制混凝土凝结太快
			混凝土或环境温度过高	混凝土温度低于25℃
			粗骨料离析	重新检查配合比 减少流动距离
			细颗粒比表面积太大	减少细颗粒的量
	物理原因	填充能力不足、触变硬化、坍落扩展度损失过快、黏度过高，外加剂和水泥相容性		
8	塑性开裂（早期收缩和塑性沉降）	蒸发干燥太快 塑形沉降 钢筋定位	不合适的早期养护制度	浇筑/抹面后立即养护，根据环境条件确定适当的养护
			离析和泌水	混凝土凝固前封闭塑性裂缝 增加粉体的量 使用黏度改性剂 使用引气剂
			极端的环境条件（温度、湿度、风速等）	根据当时环境进行抹面
			表面附近有钢筋的深井结构	重新设计钢筋笼
	物理原因	塑性增加、干燥收缩、稳定性差		

8.2 高速铁路自密实混凝土拌合物性能常见问题与对策

自密实混凝土拌合物性能的常见问题主要包括自密实混凝土拌合物流动性不足、离析泌水、气泡上浮、工作性能损失过快以及坍落扩展度返大等，这些问题将对自密实混凝土硬化体或者自密实混凝土实体结构产生不利影响，具体如表8.3所示[4]。

表8.3 自密实混凝土拌合物质量缺陷对自密实混凝土结构的影响

序号	缺陷描述	对硬化体性能影响
1	拌合物流动性不足	无法填充整个板腔，可能出现蜂窝空洞
2	离析、泌水	灌注时出现堵塞，硬化结构中出现表面浮浆层，与灌注点相对的一侧出现较厚的浮浆层，限位凹槽上表面浮浆层较厚
3	气泡上浮	灌注后的自密实混凝土表面出现泡沫层，自密实混凝土表面出现工艺性气泡
4	工作性能损失过快	无法充填整个模板

续表

序号	缺陷描述	对硬化体性能影响
5	坍落扩展度返大	混凝土离析、泌水,无法灌注;灌注后自密实混凝土层上表面出现泡沫层或较厚的浮浆层
6	超缓凝	塑形收缩增加,轨道板和自密实混凝土层出现离缝

8.2.1 拌合物流动性不足

(1) 现象描述

自密实混凝土拌合物流动性不足是指自密实混凝土的坍落扩展度小于550mm,无法依靠自身的自密实性来实现充填整个模板,如图8.1所示。当自密实混凝土入模前流动性稍微比目标值低,可以添加少量自密实混凝土用减水剂进行调整,但必须要有专业技术人员进行操作。

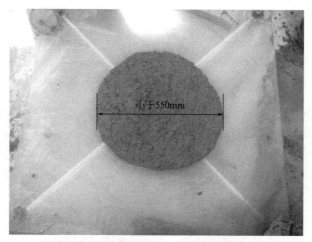

图 8.1 自密实混凝土拌合物流动性不足

(2) 原因分析

如果在自密实混凝土配合比设计过程中出现拌合物流动性不足的问题,其原因可能是水胶比不当、浆体量较少、减水剂保坍性能不足、水泥与外加剂相容性不好等原因。

如果在连续生产自密实混凝土过程中,自密实混凝土拌合物出现流动性不足的问题,其原因是原材料波动或计量问题,如:①粉体的比表面积增加,增加了润湿颗粒表面所需要的水分,如胶凝组分的细度变细,骨料中石粉的含量增加;②粉煤灰、矿渣粉等胶凝组分的烧失量增加,相同用水量的情况下,采用烧失量较大的矿物掺合料,自密实混凝土流动度降低;③粗、细骨料含水率降低;④减水剂发生沉淀,有效组分减少;⑤搅拌站原材料计量的问题,原材料计量发生变化,水粉比降低,导致自密实混凝土流动度不足。

(3) 解决途径

原材料波动:确保自密实混凝土用各种原材料的均质性,主要确保粉体材料的比表面积、胶凝材料的烧失量、骨料中粉体的含量,粉体材料的比表面积和胶凝材料的烧失量可以加强原材料进料检验,验证该指标的一致性。骨料中粉体的含量包括砂中小于

0.125mm 颗粒的量以及粗骨料中石粉的含量,砂中小于 0.125mm 粉体的量应加强骨料检测,粗骨料中石粉的含量,除了原材料控制外,还要对骨料进行均化,不能只用料堆某一部分的粗骨料。

减水剂沉淀:减水剂容器中应设置搅拌装置,在使用减水剂之前,采用搅拌装置对减水剂进行搅拌,以确保减水剂的均质性。

骨料含水率降低:对骨料进行均化,以确保同堆场不同部位骨料含水率相当,当骨料平均含水率变化超过 1‰时,必须对配合比进行调整。

计量问题:定期检测各原材料的计量设备,确保计量满足《铁路混凝土》(TB/T 3275—2011) 对各原材料最大允许偏差的要求。

8.2.2 自密实混凝土离析和泌水

(1) 问题描述

离析是指新拌混凝土成分的析出,砂浆和粗骨料的分离,形成一个不均一的拌合物,如图 8.2(a) 所示。泌水是指混凝土体积已经固定但尚未凝结之前,水分或浆体的向上运动,泌水是离析的一种特殊形式,如图 8.2(b) 所示。离析和泌水是自密实混凝土最为常见的,也是对自密实混凝土质量影响最为严重的问题,如果在施工现场发现自密实混凝土出现离析或泌水现象,必须将自密实混凝土废弃处理。

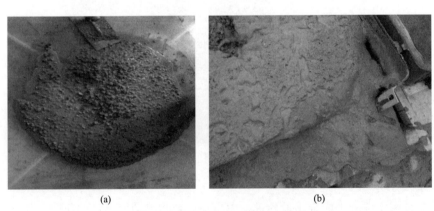

图 8.2 自密实混凝土离析和泌水

(2) 原因分析

自密实混凝土产生泌水和离析的原因如下。①原材料选择不当:骨料粒径过大,或颗粒粒度分布不连续;②原材料波动:砂、石骨料含水率变大;③配合比不当:如水粉比太大,自密实混凝土的黏度较小,混凝土中粉体量较小;④混凝土运输过程无搅拌装置,骨料和浆体发生静态分离。

(3) 解决途径

混凝土配合比不当:降低水粉比或降低用水量;增加自密实混凝土中粉体的含量或者采用黏度改性材料(VMA)来增加浆体的黏度;还可以添加适量的引气剂。

原材料选择不当:选择最大公称粒径小的骨料,采用多级配骨料混合的方式,来获得连续级配的骨料。

原材料波动：加强对骨料的检测频率，尤其是雨天施工，及时调整自密实混凝土的施工配合比。

混凝土运输方式不当：选择混凝土专用搅拌车来运输自密实混凝土，自密实混凝土在运输时，保证搅拌机以 2～6r/min 的速度旋转，以防止自密实混凝土发生离析。

8.2.3 自密实混凝土气泡上浮

(1) 问题描述

自密实混凝土中所含气泡的质量较差，含有较大直径的气泡，在静止状态时自密实混凝土中大量气泡无法稳定在混凝土中，而是浮到自密实混凝土的表面，如图 8.3 所示。自密实混凝土中大气泡对硬化体强度和耐久性均不利，严重时无法实现灌注，应在施工过程中坚决杜绝。

图 8.3 自密实混凝土大量气泡上浮

(2) 原因分析

自密实混凝土的黏度太小，且混凝土中所引入的气泡质量差，大量气泡聚集并上浮。主要原因有：减水剂引入大量劣质的气泡；混凝土含气量较高；所用砂的颗粒较粗。

(3) 解决对策

采用非引气的减水剂来配制自密实混凝土，如果有抗冻性要求时，适当添加引气剂，在混凝土内部引入均匀的、粒径小于 1mm、近似球形且稳定的气泡。控制混凝土中的含气量不宜太高，无抗冻要求，自密实混凝土的含气量应小于 4%，有抗冻要求的自密实混凝土的含气量宜控制在 4%～7%。砂的颗粒较粗，浆体的黏度小时，自密实混凝土中的气泡也会上浮，因此，可选择细度模数 2.3～2.7 范围内的中砂为宜。在自密实混凝土中添加适当的黏度改性材料来提高浆体的黏度，以抑制气泡的上浮。

8.2.4 自密实混凝土工作性能快速损失

(1) 问题描述

自密实混凝土出机扩展度能够满足自密实的要求，即能达到目标值 600～700mm，但 60min 后自密实混凝土的扩展度损失到 550mm 以下，无法实现自密实的要求，如图 8.4 所示。如果工作性能损失不是太严重，可以添加自密实混凝土使用的外加剂进行适当调整，但是决不能加水。

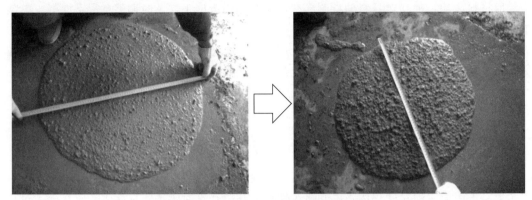

图 8.4　自密实混凝土坍落扩展度损失快

(2) 原因分析

自密实混凝土坍落扩展度损失大有两方面的原因。一方面是混凝土中组分的原因：水泥中 C_3A 含量较高，当水泥中 C_3A 含量大于 10% 时，会引起混凝土工作性保持显著降低；水泥的颗粒过细；减水剂中的保坍组分不够；水泥和外加剂相容性差。另一方面的原因可能是因为温度过高，水泥水化过快造成自密实混凝土过早地失去流动性。

(3) 解决对策

水泥选择低热水泥，控制其 C_3A 的含量小于 8%，且比表面积不大于 350m^2/kg，或者添加矿物掺合料以减少水泥的比例，通常自密实混凝土中水泥用量为 350～450kg/m^3。增加减水剂中的保坍组分，延长自密实混凝土工作性能的保持。试验检验胶凝组分与外加剂的相容性，以确保两者的适应性。采用冷却水或冷却骨料，降低混凝土的温度，确保水泥的入仓温度不得高于 50℃，夏季施工时水泥入机温度不得高于 40℃，最终控制自密实混凝土入模温度为 5～30℃。

8.2.5　自密实混凝土工作性能返大

(1) 问题描述

自密实混凝土出机扩展度能够满足自密实的要求，即能达到目标值 600～700mm，但过一段时间后自密实混凝土的坍落扩展度增加，甚至出现离析泌水等现象。该现象容易发生在季节之交，或者是冬季施工，多是由减水剂还没有来得及更换所造成。夏季使用的减水剂需要的保坍组分较多，但是到了秋季或冬季，气温较低，自密实混凝土如果还使用夏季的外加剂就很容易出现返大现象，如图 8.5 所示。而这种现象，在工程中很难调整，因此，应尽量避免。

(2) 原因分析

自密实混凝土坍落扩展度返大多是由于外加剂发挥作用较慢，在搅拌机中自密实混凝土中的外加剂没有完全发挥减水作用造成。另外，搅拌时间和温度也是造成自密实混凝土工作性能返大的因素。自密实混凝土生产搅拌时间不够，没有将各种组分搅拌均匀，减水剂的作用没有得到发挥；温度降低，外加剂减水作用发挥随着温度降低而变慢。

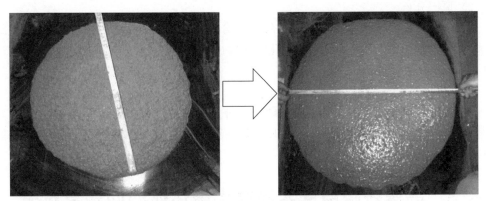

图 8.5 自密实混凝土坍落扩展度返大

(3) 解决对策

选择合适的减水剂，尤其验证减水剂与胶凝组分的相容性。延长搅拌时间，使外加剂与水泥能够充分作用。采用热水或者对骨料进行加热，适当提高自密实混凝土的温度，让减水剂的减水作用充分发挥。实验室配制自密实混凝土时，一定要验证自密实混凝土拌合物性能的经时性。

8.2.6 自密实混凝土超缓凝

(1) 问题描述

自密实混凝土扩展度为 710mm，含气量 3%，工作性能良好，灌注过程顺利。次日揭板后发现，灌注孔有塌陷现象，自密实混凝土未终凝，手捏能使浆骨分离，充填层软绵塌陷，与轨道板之间形成了 1~3mm 离缝，如图 8.6 所示。

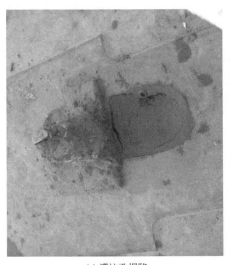

(a) 灌注孔塌陷　　　　　　　　(b) 拆模后离缝

图 8.6　脱模后自密实混凝土层与轨道板之间的离缝

(2) 原因分析

自密实混凝土凝结硬化过慢，有超缓凝成分引入自密实混凝土中，使自密实混凝土 48h 尚未凝结。自密实混凝土的凝结硬化时间过长导致其塑性收缩增加，从而导致轨道板与自密实混凝土层之间出现离缝。

(3) 解决对策

根据实际工况合理调控混凝土凝结硬化时间。调整施工现场实际温度情况，调控减水剂中保坍组分含量。对自密实混凝土用原材料进行分析，更换了矿渣粉，矿渣粉中可能含有对水泥水化延迟的组分。

8.3 高速铁路自密实混凝土硬化体的问题与对策

自密实混凝土工作性能的质量缺陷最终会体现在硬化体上，对于高速铁路自密实混凝土层而言，其隐蔽结构特征决定了自密实混凝土层质量缺陷检测困难、修复难度则更大。高速铁路自密实混凝土层硬化体的质量缺陷、产生的原因以及对结构的危害如表 8.4 所示。

表 8.4 自密实混凝土硬化体的质量问题及其危害

序号	缺陷描述	与新拌混凝土的关系	对结构危害
1	表面泡沫层	(1) 混凝土离析泌水； (2) 含气量过大	(1) 承载力不足； (2) 出现离缝； (3) 结构耐久性差
2	轨道板和自密实混凝土层之间离缝	(1) 混凝土终灌时间不当，出现回流； (2) 混凝土塑性阶段的竖向收缩	(1) 水、腐蚀介质进入离缝，影响结构耐久性； (2) 列车的拍打作用，加速劣化
3	收缩裂缝	(1) 胶凝材料用量过高； (2) 单方用水量较大； (3) 养护不及时或养护方法不当	水、腐蚀介质进入裂缝，内部钢筋锈蚀，影响结构耐久性
4	塑性开裂	(1) 流动度过大； (2) 养护不及时或养护方法不当； (3) 浇筑速度过快	水、腐蚀介质进入裂缝，内部钢筋锈蚀，影响结构耐久性
5	表面工艺性气泡	(1) 混凝土的黏度大； (2) 浇筑速度过快	减少自密实混凝土层与轨道板或道岔板有效接触面积，降低黏结力
6	浮浆层	轻微泌水	降低轨道板与自密实混凝土层之间的黏结力
7	表面水纹	(1) 底座润湿时，积水较多； (2) 雨天施工，雨水从观察孔或灌注孔进入	(1) 影响与上层结构的黏结力； (2) 影响 CRTS Ⅲ 型无砟轨道复合板结构的整体性
8	贯穿气孔	(1) 底面润湿不足； (2) 底座混凝土上面较为粗糙	影响与上层、与下层结构的黏结作用
9	灌注不饱满	(1) 工作性能差，流动度不够； (2) 水平流动距离太远	承载力和黏结力不足，严重者会导致轨道板或道岔板悬空
10	侧面蜂窝麻面	(1) 含气量过大； (2) 模板污染(脱模剂、残余混凝土)	水、腐蚀介质进入蜂窝中，引起耐久性不足

8.3.1 自密实混凝土充填层表面泡沫层

（1）问题描述

自密实混凝土层表面有一层蜂窝状的泡沫层，如图8.7所示。该泡沫层的厚度为几毫米，多者可以到达几厘米，泡沫层的强度很低，用手能够轻轻按下去。自密实混凝土层表面的泡沫层严重降低充填层结构的承载力，危及自密实混凝土层结构的基本使用功能。

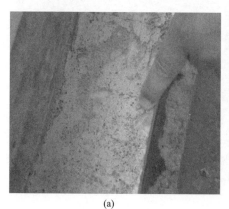

(a)   (b)

图8.7 自密实混凝土表面泡沫层

（2）原因分析

自密实混凝土表面泡沫层的出现，是自密实混凝土出现了严重的质量问题，即离析泌水现象，且自密实混凝土中内部含有大量质量较差的气泡。在混凝土静止过程中，骨料下沉，气泡上浮，自密实混凝土中气泡聚集到轨道板底面，硬化后形成泡沫层。

（3）解决对策

优化自密实混凝土用原材料，重新设计自密实混凝土的配合比：增加自密实混凝土浆体的黏度、减小自密实混凝土中的含气量以及细化自密实混凝土的气泡质量。降低混凝土中骨料的最大粒径，以减少骨料下沉的可能；对减水剂进行先消泡，将减水剂的含气量降低到4%以下，然后再引入优质的气泡；调整混凝土的配合比，增加混凝土中粉体或浆体的含量，或使用黏度改性材料。

8.3.2 离缝（自密实混凝土与上部结构分离）

（1）问题描述

自密实混凝土与上部轨道板或道岔板之间分离，出现离缝，如图8.8所示。自密实混凝土与轨道板之间的离缝将成为水、腐蚀介质进入内部的途径，从而腐蚀充填层混凝土。在列车的拍打作用下，将加剧离缝的扩展，内部还可能向外析出白色物质。

（2）原因分析

自密实混凝土与上部结构的离缝可能有两方面的原因，材料方面的原因可能是自密实混凝土塑性阶段的竖向收缩造成自密实混凝土与上层结构的脱离；施工方面的原因一是由于施工时终罐时间提前，自密实混凝土出现回流；二是在自密实混凝土浇筑时，没有对上

图 8.8 自密实混凝土层与上部结构（轨道板、道岔板）离缝

层结构底面进行充分润湿，浇筑过程中上层结构下底面吸水所致。

（3）解决对策

材料问题解决途径为：在配合比设计时应考虑自密实混凝土塑性阶段的竖向膨胀率，自密实混凝土在塑性阶段不发生竖向收缩，竖向膨胀率为 0~1%。施工问题解决的途径为：确定合适的终罐时间；在浇筑之前，充分润湿轨道板或道岔板的底面。

8.3.3 自密实混凝土的收缩裂缝

（1）问题描述

自密实混凝土层沿长度方向出现裂缝，如图 8.9 所示。雨雪天气，裂缝中将有水渗入，在寒冷地区，裂缝中的水会导致充填层混凝土结构因冻融而破坏。如果在酸雨地区，酸雨将中和自密实混凝土的水化产物，形成无胶凝作用的水化产物。在有海雾的情况下，

图 8.9 自密实混凝土的裂缝

盐雾进入混凝土内部，将会加剧内部钢筋的锈蚀。

(2) 原因分析

自密实混凝土的收缩裂缝多是由混凝土水泥用量过大或用水量过高而引起的。当单方自密实混凝土中水泥用量过高，收缩裂缝加剧。单方自密实混凝土中用水量过大，也会引起较大的自密实混凝土干燥收缩。

(3) 解决对策

单方自密实混凝土水泥用量在350～450kg为宜，为达到自密实的功效可以添加活性或惰性矿物掺合料。用水量是影响自密实混凝土干燥收缩的主要因素之一，自密实混凝土的用水量宜控制在180kg/m³以内。为减少自密实混凝土的收缩，还可以适量添加适当的减缩剂或膨胀剂。

8.3.4 自密实混凝土的塑性开裂

(1) 问题描述

自密实混凝土塑性开裂的出现时间多在混凝土浇筑完成30min至终凝前，在构件表面出现如图8.10所示的裂缝。裂缝多为浅层裂缝，形状不规则，长短不一，互不连通。

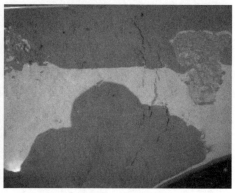

图8.10 自密实混凝土的塑性收缩裂缝

(2) 原因分析

自密实混凝土塑性收缩是由于混凝土表面水分快速蒸发，养护没有及时到位，造成表面出现塑性开裂。自密实混凝土中使用大量矿物掺合料等粉体以及使用膨胀剂等组分，这些都对养护提出了很高的要求。在初凝后、终凝前，外力的破坏作用，也是造成塑性开裂的原因。

(3) 解决对策

当混凝土浇筑完毕，就立即采取适当的养护措施，在气候较为恶劣的情况下，也可延长脱模时间，即采取带模养护的方式。CRTSⅢ型板式无砟轨道自密实混凝土带模养护时间不得少于3d。初凝后，严禁对自密实混凝土层扰动。当自密实混凝土不具有足够的承载力时，不能有外物侵入，以防止外力对自密实混凝土产生破坏。在终凝前发现塑性开裂时，应采取抹面的措施对裂缝进行修饰，再采取覆盖的养护措施，养护时间不宜小于14d。

8.3.5 自密实混凝土表面工艺性气泡

(1) 问题描述

自密实混凝土表面出现大量的放射状工艺性气泡,放射状的方向与自密实混凝土流动方向一致,如图 8.11 所示,气泡大者直径可达 5cm 以上。工艺性气泡影响充填层与轨道板或道岔板的有效接触面积,降低黏结强度。

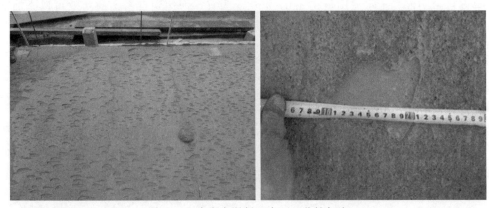

图 8.11 自密实混凝土表面工艺性气泡

(2) 原因分析

自密实混凝土表面工艺性气泡产生的原因有:一是自密实混凝土的黏度较大,其中的气泡在浇筑过程中无法排出;二是自密实混凝土的浇筑速度太快,且没有足够的流动距离,导致浇筑过程中裹进去一些大的气泡;三是低温季节施工也容易使工艺性气泡较多。

(3) 解决对策

优化自密实混凝土的配合比,降低混凝土的黏度,可以从提高水粉比、降低粉体掺量等技术途径来解决。从施工角度来说,应设置一定长度的溜槽,溜槽长度宜在 1.5m 以上,以利于气泡的排除。控制自密实混凝土的浇筑速度,不宜浇筑速度太快。

8.3.6 浮浆层

(1) 问题描述

自密实混凝土表面浮浆层,如图 8.12 所示,上部看不到粗骨料。浮浆层多出现在流动最远端或者竖向结构的上端。《自密实设计与施工指南》[6] 对硬化混凝土匀质性检验中该规定,取芯样长度为 100mm,观察石子的均匀状况,然后测量表层砂浆的厚度,其厚度不宜小于 15mm。

(2) 原因分析

自密实混凝土的坍落度过大,或者黏度较低,虽然没有到离析泌水的地步,但粗骨料在静态状态会出现下沉的情况。配制自密实混凝土时,细骨料的细度模数过大。也有可能是卸料位置设置不当,卸料高度太高。

(3) 解决对策

检验自密实混凝土的配合比,适当提高自密实混凝土的黏度,采用添加细粉颗粒或添

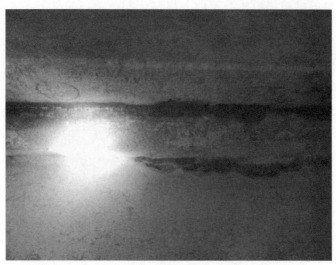

图 8.12 自密实混凝土表面浮浆层

加黏度改性材料。更换为细度模数较小的细骨料。调整自密实混凝土的浇筑位置，降低下料的高度，避免骨料和浆体分离。

8.3.7 充填层表面水纹

（1）问题描述

轨道板或道岔板揭板后，自密实混凝土充填层表面有水纹，如图 8.13 所示。

图 8.13 自密实混凝土充填层表面水纹

（2）原因分析

在灌注自密实混凝土前，对轨道板或道岔板润湿过度，板底出现积水而未清除，当混凝土灌注入板腔后，会把板底积水挤到表面，从而形成泌水纹或流水痕迹。另外，还有可能自密实混凝土灌注后，出现下雨，没有及时采取遮盖措施，有些雨水从灌注孔等深入到充填层表面，形成水纹。

（3）解决对策

在自密实混凝土灌注施工前，必须派专人对板腔润湿情况进行检查，根据润湿情况采取相应清除积水的措施。雨季施工时，应制定相应的浇筑计划，及时对灌注面进行遮挡。

8.3.8 充填层贯穿孔

（1）问题描述

自密实混凝土层出现上下贯通的气孔，如图 8.14 所示。该气孔从底座板上，上下贯穿整个自密实混凝土层。

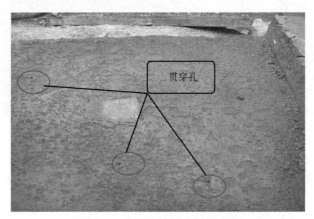

图 8.14 自密实混凝土层贯穿孔

（2）原因分析

在灌注自密实混凝土前，对道岔板润湿不足，当底座下出现高低不平的凸凹处时，在相应的位置就会出现贯穿整个自密实混凝土层的气孔。底座板凸凹处没有润湿，存留少量空气，浇筑自密实混凝土后，凹处空间被自密实混凝土占据，空气则向上运动，塑性阶段自密实混凝土没有形成强度，气体达到上表面，形成贯穿气孔。

（3）解决对策

对道岔板和底座进行充分润湿，但应把握润湿程度和润湿时机，即做到润湿充分，又要做到不得有可见积水。当底座高低不平，有大量坑洼处，应采取相应的修补措施，对坑洼处进行修补。

8.3.9 充填层灌注不饱满

（1）问题描述

自密实混凝土灌注不饱满即表示自密实灌注失败，自密实混凝土灌注不饱满有两种情况，一种情况是无法灌注完整个模板；另一种情况是无法充满最远端的模板（图 8.15）。

（2）原因分析

自密实混凝土灌注不饱满的原因之一是自密实混凝土流动性和充填性较差，无法充满真个模板，当扩展度小于 600mm 时，则可能出现无法灌注满整个板腔的情况，或者自密实混凝土出现离析泌水现象，骨料的阻塞造成自密实混凝土无法充填整个模板；原因之二是自密实灌注时灌注结束时间太早，造成自密实混凝土没有到达最远端的边角处。

图 8.15 自密实混凝土灌注不饱满

(3) 解决对策

调整自密实混凝土工作性能,将自密实混凝土的入模扩展度控制在 650～700mm。适当提高自密实混凝土灌注的高度,当内外侧模板高于道岔板 20cm 时,自密实混凝土扩展度 670mm,自密实混凝土水平流动距离可以达到 7.0m 以上。确保 CRTSⅢ型板式无砟轨道自密实混凝土直线段和曲线段的灌注高度。加强施工管理,确定合理的终罐条件,让自密实混凝土能够充满模板的每一个角落。

8.3.10 充填层四周疏松多孔

(1) 问题描述

自密实混凝土层脱模后,自密实混凝土侧面呈现疏松多孔,如图 8.16 所示。

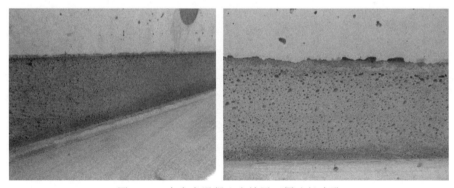

图 8.16 自密实混凝土充填层四周疏松多孔

(2) 原因分析

自密实混凝土暴露面呈现疏松多孔状有两方面的原因,一是自密实混凝土的含气量太大;二是自密实混凝土层模板出现问题,模板表面粗糙,脱模油使用不当或者模板表面吸附水分过多。

(3) 解决对策

降低混凝土的含气量,非抗冻环境,自密实混凝土的含气量最好小于 4.0%。对模板表面进行处理,清除黏附的水泥浆体。选择适当的脱模剂并进行合理的涂刷。如果是模板问题造成的疏松多孔,最好的解决途径是在模板内侧附上一层透水模板布。

参 考 文 献

［1］ Masahiro Ouchi,Nakajima Y. Guide for Manufacturing & Construction of Self-Compacting Concrete-Learning from Real Troubles [M]. Tokyo:COMS Engineering Corporation,2001.

［2］ 安雪晖,黄绵松,大内雅博等. 自密实混凝土技术手册 [M]. 北京:中国水利水电出版社,知识产权出版社,2008.

［3］ BIBM,CEMBUREAU,ERMCO,et al. The European Guidelines for Self-Compacting Concrete [S]. 2005.

［4］ 余志武,郑建岚,谢友均,等. CCES 02 自密实混凝土设计与施工指南 [S]. 北京:中国建筑工业出版社,2004.